CHANGEZ VOTRE FAÇON DE PENSER, CHANGEZ VOTRE VIE

CHANGEZ VOTRE FAÇON DE PENSER, CHANGEZ VOTRE VIE

*Comment libérer votre potentiel de
réussite et d'accomplissement*

BRIAN TRACY

Changez votre façon de penser, changez votre vie
Comment libérer votre potentiel de réussite et d'accomplissement
Brian Tracy
ABP Éditions

Copyright © 2003 Brian Tracy
Titre original : CHANGE YOUR THINKING, CHANGE YOUR LIFE
How to Unlock Your Full Potential for Success and Achievement
Traduit de l'anglais © 2023 Fabienne Mardon, ABP Éditions

Tous droits réservés. Publié par ABP Éditions,
appartenant au groupe ABP Publishing Ltd.
ABP Éditions est une marque déposée d'ABP Publishing Ltd.

Photo pour la couverture © Michael Campbell
Design de couverture : Natalia Gulina
Composition et mise en pages : Eldar Huseynov
Rédactrice en chef : Viktoria Salnikova
Rédactrice : Valéria Karpochéva

ISBN (broché) : 978-1-62861-606-4
ISBN (relié) : 978-1-62861-607-1
ISBN (numérique) : 978-1-62861-608-8
ISBN (livre audio) : 978-1-62861-605-7

*À ma femme Barbara, auprès de qui j'ai tant appris sur l'importance de l'amour et de la famille.
Tu es mon pilier et ma plus grande inspiration.*

TABLE DES MATIÈRES

AVANT-PROPOS 9
REMERCIEMENTS 13
INTRODUCTION 15
CHAPITRE 1. CHANGEZ VOTRE MANIÈRE DE PENSER 25
CHAPITRE 2. CHANGEZ VOTRE VIE 51
CHAPITRE 3. FAITES DE GRANDS RÊVES 85
CHAPITRE 4. DÉCIDEZ DE DEVENIR RICHE 103
CHAPITRE 5. PRENEZ VOTRE VIE EN MAIN 141
CHAPITRE 6. S'ENGAGER À ATTEINDRE L'EXCELLENCE 159
CHAPITRE 7. LES GENS D'ABORD 201
CHAPITRE 8. PENSEZ COMME UN GÉNIE 229
CHAPITRE 9. LIBÉREZ VOS POUVOIRS MENTAUX 257
CHAPITRE 10. OPTIMISEZ VOTRE RÉFLEXION 295
CHAPITRE 11. CRÉEZ VOTRE PROPRE AVENIR 327
CHAPITRE 12. VIVEZ UNE VIE FORMIDABLE 359
RÉSUMÉ ET CONCLUSIONS 399
BIBLIOGRAPHIE 409
À PROPOS DE L'AUTEUR 413

AVANT-PROPOS

Si vous êtes prêt à vous surpasser et à obtenir des résultats gigantesques, vous disposez de la bonne feuille de route. Vous avez devant vous l'ADN de votre avenir. Tout ce dont vous avez besoin pour vous créer un avenir merveilleux, c'est de lire ce livre, de décider comment vous allez l'appliquer à votre propre vie, de rédiger un plan, puis de vous lancer avec enthousiasme et de le réaliser.

J'ai une confession à vous faire. Je suis l'un des fans inconditionnels de Brian. Je l'ai étudié, ainsi que son brillant travail et les résultats extraordinaires qu'il a obtenus. Je suis également l'un de ses proches collègues et amis. Nous avons travaillé ensemble sur de nombreuses plateformes et nous nous sommes rencontrés et entretenus à de nombreuses occasions.

Brian est l'un des meilleurs penseurs et auteurs au monde en matière de développement intérieur et de réussite personnelle. Je le sais ; j'ai vendu plus de 82 millions de livres visant à aider les gens à tirer le meilleur d'eux-mêmes.

Changez votre façon de penser, changez votre vie vous explique comment découvrir vos extraordinaires ressources intérieures et exploiter vos incroyables pouvoirs. Vous apprendrez à attirer dans votre vie toutes les personnes et les ressources dont vous avez besoin pour atteindre tous les objectifs que vous pouvez vous fixer.

Vous vous étonnerez vous-même lorsque vous commencerez à obtenir de nouveaux et meilleurs résultats en utilisant ces concepts et ces idées dans tout ce que vous faites. Ce sont les mêmes concepts que ceux utilisés par tous les grands gagnants, les millionnaires indépendants et les leaders dans tous les domaines.

Dans ce livre, vous découvrirez le processus par étapes vers une grande réussite, et vous finirez par le mettre en œuvre, facilement et sans effort. Cette stratégie de la réussite est si logique, si attrayante, et finalement si épanouissante et omni-bénéfique qu'elle constitue quasiment une avancée dans la performance personnelle.

Puisque vous allez penser de toute façon, pourquoi ne pas avoir de grandes réflexions et obtenir de grands résultats ?

Brian est un grand personnage dans le monde de la parole et de l'écriture. Il a mené une réflexion incroyable et obtenu des résultats étonnants, pour lui-même et pour plusieurs centaines de milliers d'autres personnes. La pensée de Brian dans ce livre vous incitera à faire la même chose, voire plus.

Préparez-vous à vivre l'une des plus grandes aventures et explorations de la dernière grande frontière, et la première : votre esprit ! Vous êtes sur le point de vivre une expérience merveilleuse.

MARK VICTOR HANSEN
Auteur, Bouillon de poulet pour l'âme

REMERCIEMENTS

L'écriture de ce livre a nécessité de nombreuses années de travail, de lecture, d'enseignement et d'expérience. De nombreuses personnes ont contribué à ma réflexion et ont été des guides invisibles lors de l'élaboration de ces chapitres. Je voudrais tout d'abord remercier mon ami Mark Victor Hansen, qui m'a fait connaître Emmet Fox, il y a de nombreuses années, peut-être le meilleur penseur spirituel du vingtième siècle. Ernest Holmes, fondateur de la Science de l'esprit, m'a ouvert les yeux et le cœur à l'incroyable univers de potentiel contenu dans chaque personne lorsqu'elle change sa façon de penser et sa vie. De grands maîtres spirituels tels que Charles Fillmore, Neville, Eric Butterworth, Wayne Dyer et Roberto Assagioli ont eu une profonde influence sur ma façon de penser.

Je voudrais également remercier les grands penseurs pratiques de la réussite qui ont eu une si merveilleuse influence sur moi — et sur le monde — tels que Napoleon Hill, Maxwell Maltz, Claude Bristol, David Schwarz, W. Clement Stone, Earl Nightingale, Jim Rohn, Zig Ziglar, Dennis Waitley et Charlie Jones.

Des penseurs du monde des affaires tels que Peter Drucker, Andrew Grove, Ken Blanchard, Warren Bennis, Tom Peters, Nido Qubein et Marshall Goldsmith m'ont énormément enrichi grâce leurs idées et leurs réflexions.

J'aimerais remercier mon éditeur américain, Matthew Holt de John Wiley & Sons, pour son soutien indéfectible à ce livre et ses encouragements constants au cours des nombreux mois qu'il a fallu pour l'écrire et le réviser.

Enfin, je remercie ma merveilleuse épouse Barbara et mes fabuleux enfants, Christina, Michael, David et Catherine, pour leur soutien et leur patience pendant les longues heures passées loin d'eux pour terminer ce livre.

INTRODUCTION

Il n'y a rien sur terre que vous ne puissiez avoir une fois que vous avez accepté mentalement le fait que vous pouvez l'avoir.

—ROBERT COLLIER

LA VÉRITÉ SUR VOUS

Vous êtes une personne profondément bonne. Vous méritez une vie merveilleuse, pleine de succès, de bonheur, de joie et d'excitation. Vous avez le droit d'avoir des relations heureuses, une excellente santé, un travail intéressant et une indépendance financière. Ce sont vos droits de naissance. C'est ce que votre vie est censée inclure.

Vous êtes conçu pour réussir et pour avoir un haut niveau d'estime de vous-même, de respect de vous-même et de fierté personnelle. Vous êtes extraordinaire ; il n'y a jamais eu de personne exactement comme vous dans toute l'histoire de l'humanité sur terre. Vous avez des talents et des capacités inexploités absolument incroyables qui, lorsqu'ils sont libérés et utilisés correctement, peuvent vous apporter tout ce que vous pouvez désirer dans la vie.

Vous vivez à la meilleure époque de toute l'histoire de l'humanité. Vous êtes entouré d'abondantes opportunités dont vous pouvez tirer parti pour réaliser vos rêves. Les seules limites réelles à ce que vous pouvez être, faire ou avoir sont les limites que vous vous imposez par votre propre pensée. Votre avenir est virtuellement illimité.

SOYEZ RÉALISTE !

Comment avez-vous réagi aux trois paragraphes précédents ? Vous avez probablement eu deux réponses. D'abord, vous avez aimé ce qu'ils disaient, et votre souhait le plus cher était qu'ils soient vrais pour vous. Mais votre deuxième réponse a probablement été le scepticisme et l'incrédulité. Même si vous désirez profondément vivre une vie merveilleusement saine, heureuse et prospère, lorsque vous avez lu ces mots, vos doutes et vos craintes se sont immédiatement manifestés pour vous rappeler les raisons pour lesquelles ces rêves et ces objectifs ne sont peut-être pas réalisables pour vous. Eh bien, écoutez-moi !

C'est exactement ce que j'ai ressenti il y a plusieurs années. Même si je voulais réussir dans la vie, je n'avais aucune qualification, aucune éducation et j'étais au chômage. Je n'avais aucune idée de ce que je pouvais faire pour améliorer ma situation. Je me sentais coincé entre les grandes idées d'une part et les ressources et opportunités limitées d'autre part. C'est alors que j'ai découvert une série de principes remarquables qui sont à l'origine de tous les grands succès et de toutes les grandes réussites de l'histoire, et ma vie a changé à jamais.

Après avoir éprouvé ces lois et principes dans ma propre vie, j'ai commencé à parler et à former d'autres personnes pour qu'elles appliquent les mêmes idées. Depuis lors, j'ai donné plus de deux mille conférences et séminaires d'une durée allant jusqu'à quatre jours, dans 24 pays, à un total de plus de deux millions de participants. La plupart d'entre eux étaient également sceptiques lorsqu'ils ont entendu pour la première fois ces idées d'optimisme et de possibilité, jusqu'à ce qu'ils apprennent ce que vous allez apprendre dans les pages qui suivent. Cela a changé leur vie, comme cela changera la vôtre.

LE GRAND PRINCIPE

Le principe mental et spirituel le plus important jamais découvert est peut-être que vous devenez ce à quoi vous pensez la plupart du temps. Votre monde extérieur est en grande partie un miroir de votre monde intérieur. Ce qui se passe à l'extérieur de vous est le reflet de ce qui se passe à l'intérieur de vous. Vous pouvez connaître la condition intérieure d'une personne en regardant les conditions extérieures de sa vie. Et il ne peut en être autrement.

LES PENSÉES SONT DES CHOSES

Votre esprit est extraordinairement puissant. Vos pensées contrôlent et déterminent presque tout ce qui vous arrive. Elles peuvent augmenter ou diminuer votre rythme cardiaque, améliorer ou perturber votre digestion, modifier la composition chimique de votre sang, vous aider à dormir ou vous empêcher de dormir la nuit.

Vos pensées peuvent vous rendre heureux ou triste, parfois en un instant. Elles peuvent vous rendre alerte et conscient, ou distrait et déprimé. Elles peuvent vous rendre populaire ou impopulaire, confiant ou peu sûr de vous, positif ou négatif. Vos pensées peuvent vous faire sentir puissant ou impuissant, victime ou vainqueur, héros ou lâche.

Dans votre vie matérielle, vos pensées peuvent faire de vous une personne qui réussit ou qui échoue, une personne prospère ou pauvre, respectée ou ignorée. Vos pensées, et les actions qu'elles déclenchent, déterminent votre vie entière. Et la meilleure nouvelle de toutes, c'est qu'elles sont entièrement sous votre propre contrôle.

PENSÉES, SENTIMENTS ET DÉSIRS

Vous êtes un ensemble complexe de pensées, de sentiments, d'attitudes, de désirs, d'images, de peurs, d'espoirs, de doutes, d'opinions et d'ambitions, chacun d'entre eux changeant constamment, parfois de seconde en seconde. Chacun de ces éléments de votre personnalité affecte les autres, parfois de manière imprévisible. Votre vie entière est le résultat de l'entrelacement et de l'interconnexion de ces facteurs.

Vos pensées déclenchent des images et des représentations, ainsi que les émotions qui les accompagnent. Ces images et émotions déclenchent des attitudes et des actions. Vos actions ont ensuite des conséquences et des résultats qui déterminent ce qui vous arrive.

Si vous pensez au succès et à la confiance, vous vous sentirez fort et compétent, et vous serez plus performant dans tout ce que vous entreprendrez. Si vous pensez que vous faites des erreurs ou que vous vous sentez embarrassé, vos performances seront médiocres, même si vous êtes vraiment bon.

Les représentations et les images, issues de votre imagination ou des influences extérieures, produisent des idées, des émotions et des attitudes qui leur correspondent. Elles déclenchent ensuite des actions qui entraînent certains résultats et issues. La pensée d'une personne ou d'une situation peut vous amener à vous sentir instantanément heureux ou triste, exalté ou en colère, amoureux ou solitaire.

ATTITUDES, ACTIONS ET ÉMOTIONS

Vos attitudes, positives ou négatives, constructives ou destructives, entraînent des images, des émotions et des actions correspondantes qui affectent votre vie et vos relations. Vos attitudes, à leur tour, sont fondées sur vos expériences antérieures et vos prémisses de base sur la façon dont les choses sont censées être.

Vos actions déclenchent les émotions et les attitudes qui les accompagnent. Grâce à la loi de la réversibilité, vous pouvez agir de manière à ressentir des sentiments en accord avec votre action. En agissant comme si vous étiez déjà heureux, positif et confiant, vous commencez rapidement à vous sentir ainsi à l'intérieur. Et vos actions sont sous votre contrôle direct, alors que vos émotions ne le sont pas.

En soi, les aspects extérieurs de votre vie sont neutres. C'est seulement le sens que vous leur donnez qui détermine vos attitudes, opinions, émotions et réactions à leur égard. Si vous changez votre façon de penser sur n'importe quelle partie de votre vie, vous changerez vos sentiments et votre comportement dans ce domaine. Et comme vous seul pouvez décider de ce que vous pensez, vous avez la capacité de prendre le contrôle total de votre vie.

REMETTEZ EN QUESTION VOS CROYANCES

La loi de la foi dit : Ce que vous croyez, avec conviction, devient votre réalité. Vous agissez toujours de manière cohérente avec vos croyances les plus profondes et les plus intenses, qu'elles soient vraies ou non. Et toutes vos croyances sont acquises. À un moment donné, vous ne les aviez pas.

Vos croyances déterminent en grande partie votre réalité. Vous ne croyez pas ce que vous voyez ; vous voyez plutôt ce que vous croyez déjà. Vous pouvez avoir des croyances qui améliorent la vie et vous rendent heureux et optimiste, ou vous pouvez avoir des croyances négatives sur vous-même et votre potentiel qui agissent comme des obstacles à la réalisation de tout ce qui est vraiment possible pour vous.

Les croyances les plus nuisibles que vous puissiez avoir sont vos croyances autolimitantes. Ce sont des croyances sur vous-même et votre potentiel qui vous retiennent. La plupart d'entre elles ne sont pas vraies. La plupart d'entre elles sont le résultat d'informations que vous avez acceptées sans poser de questions, souvent depuis votre petite enfance. Même si elles sont totalement fausses, si vous croyez que vous êtes limité dans des domaines tels que l'obtention d'une santé et d'un bonheur merveilleux et le fait de gagner beaucoup d'argent, cela deviendra votre vérité. Comme l'a écrit l'auteur Richard Bach dans son livre *Illusions*, « Argumentez en faveur de vos limites et elles deviendront évidemment réelles ».

VOUS ÊTES UN AIMANT VIVANT

La loi de l'attraction dit que vous êtes un « aimant vivant » et que vous attirez invariablement dans votre vie les personnes, les idées, les opportunités et les circonstances en harmonie avec vos pensées dominantes.

Lorsque vous avez des pensées positives, optimistes, aimantes et porteuses de succès, vous créez un champ de force de magnétisme qui attire, comme la limaille de fer vers un aimant, les choses mêmes auxquelles vous pensez. Cette loi explique pourquoi vous n'avez pas à vous préoccuper de l'origine de votre bien. Si vous pouvez garder votre esprit clairement concentré sur ce que vous voulez, et vous abstenir de penser à ce que vous ne voulez pas, vous attirerez tout ce dont vous avez besoin pour atteindre vos objectifs, exactement quand vous serez prêt. Changez votre façon de penser et vous changez votre vie.

LA SEULE VRAIE MESURE

Bertrand Russell, philosophe anglais, a dit un jour : « La meilleure preuve qu'une chose peut être faite est que d'autres l'ont déjà faite ». Dans le Nouveau Testament, Jésus a enseigné la manière de mesurer la vérité de tout principe : « C'est à leurs fruits que vous les reconnaîtrez ».

En d'autres termes, la seule question que vous devez poser à propos d'une idée est : « Est-ce qu'elle marche ? » Apporte-t-elle les résultats que vous souhaitez ? Milton Friedman, l'économiste lauréat du prix Nobel, a déclaré : « La seule véritable mesure d'une théorie ou d'une idée est votre capacité à faire des prédictions précises sur l'avenir en vous basant dessus ».

La bonne nouvelle est que les idées et les principes que vous êtes sur le point d'apprendre ont été testés et éprouvés dans la vie et les expériences de millions de personnes. En eux-mêmes, comme tout principe de la nature, ils sont neutres. La nature ne fait pas de favoritisme. La nature traite tout le monde de la même manière. Quelle que soit la graine que vous plantez dans le sol, la nature la fera pousser. Quelles que soient les graines de pensées que vous semez dans votre esprit, la nature les fera pousser également. Cela dépend entièrement de vous.

CHOISISSEZ VOS PENSÉES

Les personnes qui réussissent sont celles qui pensent plus efficacement que les personnes qui échouent. Elles abordent leur vie, leurs relations, leurs objectifs, leurs problèmes et leurs expériences différemment des autres. Elles sèment de meilleures graines, et par conséquent, elles récoltent de meilleures vies. Si vous apprenez à penser et à agir comme d'autres personnes qui réussissent, qui sont heureuses, en bonne santé et prospères, vous aurez bientôt le même genre de vie qu'elles. Lorsque vous changez votre façon de penser, vous changez votre vie.

La nature ne comprend pas la plaisanterie. Elle est toujours vraie, toujours sérieuse, toujours sévère. Elle a toujours raison, et les erreurs et les fautes sont toujours celles de l'Homme. Elle méprise l'Homme incapable de l'apprécier, et ce n'est qu'à l'apte, au pur et au vrai qu'elle se résigne et révèle ses secrets.

—JOHANN WOLFGANG VON GOETHE

CHAPITRE 1

CHANGEZ VOTRE MANIÈRE DE PENSER

Il existe une loi en psychologie selon laquelle si vous créez dans votre esprit une image de ce que vous aimeriez être, et que vous la conservez assez longtemps, vous deviendrez bientôt exactement ce que vous avez imaginé.

—WILLIAM JAMES

Il était une fois une femme d'environ 30 ans, mariée et mère de deux enfants. Comme beaucoup de gens, elle avait grandi dans un foyer où elle était constamment critiquée et souvent traitée de manière injuste par ses parents. En conséquence, elle a développé un profond sentiment d'infériorité et un manque d'estime d'elle-même. Elle était négative et craintive, et n'avait pas du tout confiance en elle. Elle était timide et effacée, et ne se considérait pas comme particulièrement importante ou digne d'intérêt. Elle pensait qu'elle n'était pas vraiment douée pour quoi que ce soit.

Un jour, alors qu'elle se rendait au magasin, une autre voiture a grillé un feu rouge et l'a percutée. À son réveil, elle était à l'hôpital avec une légère commotion cérébrale et une perte de mémoire totale. Elle pouvait encore parler, mais ne se souvenait d'aucun élément de sa vie passée. Elle était totalement amnésique.

Au début, les médecins pensaient que ce serait temporaire. Mais les semaines ont passé et aucune trace de sa mémoire n'est revenue. Son mari et ses enfants lui rendaient visite tous les jours, mais elle ne les reconnaissait pas. Ce cas était si inhabituel que d'autres médecins et spécialistes venaient la voir pour la tester et lui poser des questions sur son état.

RECOMMENCER À ZÉRO

Elle finit par rentrer chez elle, la mémoire complètement vide. Déterminée à comprendre ce qui lui était arrivé, elle a commencé à lire des manuels médicaux et à étudier le domaine spécialisé de l'amnésie et de la perte de mémoire. Elle a rencontré et parlé avec des spécialistes dans ce domaine. Elle finit par rédiger un article sur son état. Peu de temps après, elle a été invitée à prendre la parole lors d'une convention médicale pour présenter son article, répondre aux questions sur son amnésie et partager ses expériences et ses idées sur le fonctionnement neurologique.

Au cours de cette période, quelque chose d'étonnant s'est produit. Elle est devenue une toute nouvelle personne. Toute l'attention dont elle a fait l'objet à l'hôpital et par la suite lui a permis de se sentir utile, importante et vraiment aimée par sa famille. L'attention et les éloges qu'elle a reçus des membres du corps médical ont renforcé son estime et son respect d'elle-même. Elle est devenue une femme authentiquement positive, confiante, extravertie, très éloquente, avisée et très demandée comme conférencière et autorité dans le milieu médical.

Tout souvenir de son enfance négative avait été effacé. Son sentiment d'infériorité avait également été effacé. Elle est devenue une nouvelle personne. Elle a changé sa façon de penser et sa vie.

L'ARDOISE VIERGE

Le philosophe écossais David Hume a été le premier à proposer l'idée de la *tabula rasa* ou ardoise vierge. Selon cette théorie, chaque personne vient au monde sans aucune pensée ou idée, et tout ce qu'elle pense et ressent est appris dès l'enfance. C'est comme si l'esprit de l'enfant était une ardoise vierge sur laquelle chaque personne et chaque expérience laissent une trace. L'adulte devient la somme totale de tout ce qu'il ou elle apprend, ressent et vit en grandissant. Ce que l'adulte fait et devient par la suite est le résultat de ce conditionnement précoce. Comme l'a écrit Aristote, « Tout ce qui est imprimé est exprimé ».

La plus grande avancée dans le domaine du potentiel humain au vingtième siècle a sans doute été la découverte de l'image de soi. C'est l'idée que chaque personne développe un ensemble de croyances à son égard, dès la naissance. L'image que vous avez de vous-même devient alors le programme principal de votre ordinateur subconscient, déterminant tout ce que vous pensez, dites, ressentez et faites. C'est pourquoi tout changement dans votre vie extérieure commence par un changement dans votre image de vous-même, par un changement dans la façon dont vous pensez et ressentez votre monde et vous-même.

L'enfant naît sans aucune image de lui-même. Chaque idée, opinion, sentiment, attitude ou valeur que vous avez en tant qu'adulte, vous l'avez appris dans votre enfance. Tout ce que vous êtes aujourd'hui est le résultat d'une idée ou d'une impression que vous avez intégrée et acceptée comme vraie. Lorsque vous croyez qu'une chose est vraie, elle devient vraie pour vous, quel que soit le fait. « Vous n'êtes pas ce que vous pensez être, mais vous êtes ce que vous pensez. »

LES PREMIÈRES IMPRESSIONS SONT PERSISTANTES

Si vous avez été élevé par des parents qui vous disaient continuellement à quel point vous étiez une bonne personne, qui vous aimaient, vous encourageaient, vous soutenaient et croyaient en vous, peu importe ce que vous faisiez ou non, vous avez grandi avec la conviction que vous êtes une personne bonne et importante. À l'âge de trois ans, cette croyance s'installe et devient un élément fondamental de la façon dont vous vous percevez par rapport au monde. Par la suite, quoi qu'il vous arrive, vous vous accrochez à cette croyance. Elle devient votre réalité.

Si vous avez été élevé par des parents qui ne savaient pas à quel point leurs paroles et leurs comportements pouvaient contribuer à façonner votre personnalité, ils ont très facilement pu utiliser des critiques destructrices, la désapprobation et des punitions physiques ou émotionnelles pour vous discipliner ou vous contrôler. Lorsqu'un enfant est continuellement critiqué à un jeune âge, il en conclut rapidement que quelque chose ne va pas chez lui. Il ne comprend pas pourquoi il est critiqué ou puni, mais il suppose que ses parents savent la vérité sur lui et qu'il le mérite. Il commence à penser qu'il n'est pas important et qu'il n'est pas digne d'être aimé. Il ne vaut pas grand-chose. Il doit donc être sans valeur.

Presque tous les problèmes de personnalité à l'adolescence et à l'âge adulte trouvent leur origine dans ce que les psychologues appellent l'amour refusé. L'enfant a besoin d'amour comme les roses ont besoin de pluie. Lorsque les enfants ne se sentent pas aimés, ils ne se sentent pas en sécurité et sont peu sûrs d'eux. Ils pensent : « Je ne suis pas assez bien ». Ils commencent à adopter des comportements compensatoires pour pallier à cette anxiété intérieure. Ce sentiment de manque d'amour se manifeste par un mauvais comportement, des problèmes de personnalité, des accès de colère, la dépression, le désespoir, le manque d'ambition et des problèmes avec les gens et les relations.

VOUS ÊTES NÉ SANS CRAINTE

L'enfant naît sans aucune peur, sauf celles de tomber et des bruits forts. Toutes les autres peurs doivent être enseignées à l'enfant au fur et à mesure qu'il grandit.

Les deux principales peurs que nous développons tous sont la peur de l'échec ou de la perte et la peur de la critique ou du rejet. Nous commençons à apprendre la peur de l'échec si nous sommes continuellement critiqués et punis lorsque nous essayons quelque chose de nouveau ou de différent. On nous crie dessus et on nous dit : « Non ! Éloigne-toi de là ! Arrête ça ! Pose ça ! » Les punitions physiques et le refus d'amour, des possibilités qui nous effraient et nous font sentir peu sûrs de nous, accompagnent souvent ces cris et ces critiques.

Nous commençons bientôt à croire que nous sommes trop petits, trop faibles, incompétents, inadaptés et incapables de faire quelque chose de nouveau ou de différent. Nous exprimons ce sentiment par les mots « Je ne peux pas, je ne peux pas, je ne peux pas ». Dès que nous pensons à faire quelque chose de nouveau ou de stimulant, nous réagissons automatiquement par des sentiments de peur, des tremblements et un estomac qui se retourne. Nous réagissons exactement comme si nous avions peur de recevoir une fessée. Nous répétons sans cesse : « Je ne peux pas ».

La peur de l'échec est la principale raison de l'échec dans la vie adulte. À cause des critiques destructrices de l'enfance, nous nous retenons à l'âge adulte. Nous nous dévalorisons. Nous abandonnons avant même d'avoir essayé la première fois. Au lieu d'utiliser notre esprit extraordinaire pour trouver comment obtenir ce que nous voulons, nous utilisons notre capacité de raisonnement pour créer des raisons pour lesquelles nous ne pouvons pas, et pourquoi les choses que nous voulons ne sont pas possibles pour nous.

LE BESOIN D'ÊTRE AIMÉ

La deuxième grande peur qui nous retient, ébranle notre confiance et détruit notre désir d'une vie heureuse est la peur du rejet et son expression, la critique. Cette émotion est acquise dans la petite enfance suite à l'expression par nos parents de leur désapprobation à notre égard chaque fois que nous faisons quelque chose qui ne leur plaît pas, ou que nous ne faisons pas ce qu'ils attendent. Si nous leur déplaisons, ils se mettent en colère et nous refusent l'amour et l'approbation dont nous avons tant besoin en tant qu'enfants.

La peur de ne pas être aimé et d'être seul est si traumatisante pour une enfant qu'il se conforme rapidement à ce qu'il pense être approuvé par ses parents. Il perd sa spontanéité et son originalité. Il commence à penser : « Je dois le faire ! Je dois le faire ! Je dois le faire ! » Il conclut : « Je dois faire tout ce que maman et papa veulent que je fasse, sinon ils ne m'aimeront pas et je serai tout seul ! »

L'AMOUR CONDITIONNEL

À l'âge adulte, un enfant élevé avec ce qu'on appelle « l'amour conditionnel» (par opposition à l'amour inconditionnel, le plus grand cadeau qu'une personne puisse faire à une autre) devient hypersensible aux opinions des autres. Dans sa forme extrême, il ne peut rien faire s'il y a le moindre risque que quelqu'un d'autre ne l'approuve pas. Il projette sa relation d'enfance avec ses parents sur les personnes importantes de sa vie d'adulte (conjoint, patron, parents, amis, figures d'autorité) et tente désespérément de gagner leur approbation, ou du moins de ne pas la perdre.

La peur de l'échec et du rejet, provoquée par les critiques destructives de la petite enfance, est à l'origine de la plupart de nos malheurs et de nos angoisses à l'âge adulte. Nous pensons continuellement : « Je ne peux pas » ou « Je dois le faire ». Le pire sentiment est celui que nous éprouvons lorsque nous nous disons « Je ne peux pas, mais je dois le faire ! » ou « Je dois le faire, mais je ne peux pas ! ».

Nous voulons faire quelque chose, mais nous avons peur d'échouer ou de perdre, ou si nous n'avons pas peur de perdre, nous avons peur de la désapprobation. Nous voulons faire quelque chose pour améliorer notre vie, au travail ou à la maison, mais nous avons peur d'échouer, ou que quelqu'un d'autre nous critique, ou les deux.

Pour la plupart des gens, leurs peurs régissent leur vie. Tout ce qu'ils font est organisé de manière à éviter l'échec ou la critique. Ils pensent continuellement à jouer la sécurité, plutôt que de se battre pour atteindre leurs objectifs. Ils recherchent la sécurité plutôt que les opportunités.

DOUBLEZ VOTRE TAUX D'ÉCHEC

L'auteur Arthur Gordon a un jour approché Thomas J. Watson Sr, le fondateur d'IBM, et lui a demandé comment il pourrait réussir plus rapidement en tant qu'écrivain. Thomas J. Watson, l'un des géants de l'économie américaine, lui a répondu par ces mots profonds : « Si vous voulez réussir plus vite, vous devez doubler votre taux d'échec. Le succès se trouve de l'autre côté de l'échec. »

Le fait est que plus vous avez déjà échoué, plus il est probable que vous soyez sur le point de connaître un grand succès. Vos échecs vous ont préparé à la réussite. C'est pourquoi une série de chance semble suivre une série de malheurs. Dans le doute, « doublez votre taux d'échec ». Plus vous essayez de choses, plus vous avez de chances de triompher. Vous ne surmontez vos peurs qu'en faisant la chose que vous craignez jusqu'à ce que la peur n'ait plus de contrôle sur vous.

VOTRE DISQUE DUR MENTAL

Tout ce que vous savez sur vous-même, toutes vos croyances, sont enregistrées sur le disque dur de votre personnalité, dans votre image de vous-même. Votre image de vous-même précède et prédit vos niveaux de performance et d'efficacité dans tout ce que vous faites. En raison de la loi de correspondance, vous vous comportez toujours à l'extérieur d'une manière qui correspond à l'image que vous avez de vous-même à l'intérieur. Toute amélioration dans votre vie commence donc par une amélioration de l'image que vous avez de vous-même.

Vous avez une image globale de vous-même qui est constituée de toutes vos croyances sur vous-même et vos capacités. Cet ensemble de croyances comprend toutes les expériences, décisions, succès, échecs, idées, informations, émotions et opinions de votre vie jusqu'à présent. Cette image globale de vous-même détermine comment et ce que vous pensez et ressentez à votre égard, et mesure votre réussite en général.

VOS MINI-IMAGES DE VOUS-MÊME

Vous avez également une série de « mini-images de vous-même ». Ces mini-images de vous-même se combinent pour constituer votre image globale de vous-même. Vous avez une image de vous-même pour chaque domaine de votre vie que vous considérez comme important. Cette mini-image de vous-même détermine la façon dont vous pensez, ressentez et agissez dans ce domaine.

Par exemple, vous avez une image de votre santé et de votre forme physique, de la quantité de nourriture que vous mangez ou de l'exercice que vous faites. Vous avez une image de vous-même qui détermine à quel point vous êtes sympathique et populaire auprès des autres, en particulier les membres du sexe opposé. Vous avez une image du type de conjoint ou de parent que vous êtes, de la qualité de l'amitié que vous avez avec vos amis, de votre intelligence et de votre capacité d'apprentissage. Vous avez une image de chaque sport que vous pratiquez, de chaque activité que vous entreprenez, y compris la façon dont vous conduisez votre voiture.

Vous avez une image de la façon dont vous faites votre travail, et pour la façon dont vous faites chaque partie de votre travail. Vous avez une image concernant l'argent que vous gagnez et de la façon dont vous l'économisez et l'investissez. C'est un domaine essentiel. Le fait est que vous ne pouvez jamais gagner beaucoup plus ou moins que le niveau de revenu que vous vous êtes fixé. Si vous voulez gagner plus d'argent, vous devez changer vos croyances sur vous-même par rapport au revenu et à l'argent. C'est une partie importante de ce livre.

CHANGEZ VOS CROYANCES

Dans tous les cas, si vous voulez changer vos performances et vos résultats dans un domaine quelconque de votre vie, vous devez changer l'image que vous avez de vous-même, ou vos croyances sur vous-même, pour ce domaine. Heureusement, vos croyances sont largement subjectives. Elles ne sont pas toujours fondées sur des faits. Elles reposent plutôt sur des informations que vous avez acquises et acceptées comme vraies, parfois avec très peu de preuves.

Les pires croyances que vous puissiez avoir sont les croyances autolimitantes de toute sorte. Ce sont des croyances sur vous-même qui vous font vous sentir limité ou déficient dans un domaine particulier. Ces croyances sont rarement vraies, mais si vous les acceptez comme des estimations valables de vos capacités, elles deviennent vraies pour vous, exactement comme si elles étaient correctes.

Le point de départ de la libération de votre potentiel, et de l'accomplissement de plus de choses que vous n'avez jamais fait auparavant, est de défier vos croyances autolimitantes. Vous commencez ce processus de libération des croyances autolimitantes en imaginant que, quelles qu'elles soient, elles sont complètement fausses. Imaginez pour l'instant que vos capacités ne sont pas du tout limitées. Imaginez que vous pouvez être, faire ou avoir tout ce que vous voulez dans la vie. Imaginez que votre potentiel est illimité de quelque manière que ce soit.

Par exemple, imaginez que vous pourriez gagner deux fois plus que ce que vous gagnez aujourd'hui. Imaginez que vous puissiez vivre dans une plus grande maison, conduire une meilleure voiture et avoir un style de vie plus coûteux.

Imaginez que vous ayez la possibilité d'être l'une des meilleures personnes dans votre domaine. Imaginez que vous êtes l'une des personnalités les plus populaires, les plus puissantes et les plus influentes dans votre environnement social et professionnel. Imaginez que vous êtes calme, confiant et que vous n'avez peur de rien. Imaginez que vous puissiez vous fixer et atteindre tous les objectifs que vous vous fixez. C'est ainsi que vous commencez à changer votre façon de penser et à changer votre vie.

Le point de départ pour éliminer vos peurs et libérer votre potentiel est de reprogrammer votre disque dur mental avec de nouvelles croyances positives, constructives et audacieuses sur vous-même et votre avenir. Vous allez apprendre cela tout au long de ce livre.

LES TROIS PARTIES DE VOTRE IMAGE DE VOUS-MÊME

L'image que vous avez de vous-même comporte trois parties, comme une tarte divisée en trois parts. Chacune est liée à chacune des autres. L'ensemble de ces trois éléments constitue votre personnalité. Ils déterminent en grande partie ce que vous pensez, ressentez et faites, ainsi que tout ce qui vous arrive.

Votre idéal personnel est la première partie de votre personnalité et de votre image de vous-même. Votre idéal personnel est constitué de tous vos espoirs, rêves, visions et idéaux. Votre idéal personnel est composé des vertus, des valeurs et des qualités que vous admirez le plus chez vous et chez les autres. Votre idéal personnel est la personne que vous aimeriez le plus devenir, si vous pouviez être une personne parfaite en tous points. Ces idéaux guident et façonnent votre comportement.

Les grands hommes et femmes, les leaders et les personnes de caractère sont très clairs sur leurs valeurs, leurs visions et leurs idéaux. Ils savent qui ils sont et ce en quoi ils croient. Ils se fixent des critères élevés et ne transigent pas avec ceux-ci. Ce sont des hommes et des femmes que les autres peuvent admirer et sur lesquels ils peuvent compter. Ils sont précis et distincts dans leurs interactions avec les autres. Dans tout ce qu'ils font, ils s'efforcent d'être à la hauteur de leurs idéaux.

LA FAÇON DONT VOUS VOUS VOYEZ

La deuxième partie de votre image de vous-même est votre représentation personnelle. C'est la façon dont vous vous voyez et dont vous pensez à vous. On l'appelle souvent votre « miroir intérieur ». Cela signifie que vous vous observez de l'intérieur pour voir comment vous devriez vous comporter dans une situation particulière. En raison de la puissance de votre représentation personnelle, vous vous comportez toujours, à l'extérieur, conformément à l'image que vous avez de vous-même à l'intérieur.

La découverte de la représentation personnelle, dont Maxwell Maltz a été le pionnier, est une percée majeure dans la compréhension de la performance et de l'efficacité humaines. En vous visualisant et en vous imaginant en train de donner le meilleur de vous-même dans une situation à venir, vous envoyez un message à votre subconscient. Celui-ci accepte ce message comme un ordre, et coordonne ensuite vos pensées, vos paroles et vos actions de manière à ce qu'elles correspondent à un modèle cohérent avec l'image que vous avez créée.

Toute amélioration de votre vie commence par une amélioration de vos images mentales. Vos images internes influencent vos émotions, vos comportements, vos attitudes, et même la façon dont les autres personnes vous répondent. Le développement d'une image positive de vous-même est un élément essentiel pour changer votre façon de penser et changer votre vie.

LA FAÇON DONT VOUS VOUS SENTEZ

La troisième partie de votre image de vous-même est votre estime de vous-même. C'est la composante émotionnelle de votre personnalité, et c'est le facteur le plus important pour déterminer vos pensées, ressentis et comportements. Votre niveau d'estime de vous-même détermine en grande partie ce qui vous arrive dans la vie.

Votre estime de vous-même se définit par la mesure dans laquelle vous vous aimez. Plus vous vous aimez, plus vous êtes performant dans tout ce que vous entreprenez. Et selon la loi de la réversibilité, plus vous êtes performant, plus vous vous aimez.

Votre estime de vous-même est le « cœur du réacteur » de votre personnalité. C'est la source d'énergie qui détermine vos niveaux de confiance et d'enthousiasme. Plus vous vous appréciez, plus les critères que vous vous fixez sont élevés. Plus vous vous appréciez, plus vous vous fixerez des objectifs élevés et plus vous persisterez à les atteindre. Les personnes ayant une haute estime d'elles-mêmes sont pratiquement inarrêtables.

Votre niveau d'estime de vous-même détermine la qualité de vos relations avec les autres. Plus vous vous aimez et vous respectez, plus vous aimez et respectez les autres et plus ils se sentent bien avec vous. Dans votre vie professionnelle et votre carrière, votre niveau d'estime de vous-même sera le facteur critique qui déterminera si oui ou non les gens achèteront chez vous, vous engageront, concluront des affaires avec vous, et même vous prêteront de l'argent.

Plus votre estime de vous-même est élevée, plus vous serez un bon conjoint et un bon parent. Les parents qui ont une bonne estime d'eux-mêmes élèvent des enfants qui ont une bonne estime d'eux-mêmes aussi. Ces enfants développent une grande confiance en eux et s'associent à d'autres enfants ayant une grande estime d'eux-mêmes. Les foyers ayant une haute estime de soi sont caractérisés par l'amour, le rire et le bonheur de tous ceux qui y vivent.

LE DÉTERMINANT DE L'ESTIME DE SOI

Votre niveau d'estime de vous-même est largement déterminé par le degré d'adéquation entre l'image que vous avez de vous-même (votre performance et votre comportement actuels) et votre idéal personnel (l'image que vous avez de la façon dont vous vous comporteriez si vous étiez au mieux de votre forme). À un niveau inconscient, vous comparez toujours vos performances réelles à vos performances idéales. Chaque fois que vous pensez donner le meilleur de vous-même, vous vous sentez très bien dans votre peau. Votre estime de vous-même monte en flèche, vous vous sentez heureux et épanoui.

Dès que vous faites ou dites quelque chose qui n'est pas conforme à vos idéaux ou au meilleur de ce dont vous vous sentez capable, votre estime de vous-même baisse. Chaque fois qu'il y a une grande rupture entre la personne que vous êtes dans le moment présent et la personne idéale que vous voulez absolument être dans le futur, vous vous sentez mal dans votre peau. C'est pourquoi vous vous mettez en colère contre vous-même chaque fois que vous échouez à quelque chose ou que vous vous comportez mal dans une situation avec d'autres personnes. Votre idéal personnel vous rappelle continuellement à quel point vous pouvez être une meilleure personne.

LA BASE DE LA PERSONNALITÉ

Les psychologues s'accordent aujourd'hui à dire que votre estime de vous-même se trouve au cœur de l'image que vous avez de vous-même et de votre personnalité. Chaque amélioration d'un aspect de votre personnalité ou de vos performances renforce votre estime de vous-même et vous amène à vous apprécier et à vous respecter encore davantage. Plus vous vous appréciez, meilleure sera votre image de vous-même et vos performances ultérieures, et plus vite vous vous rapprocherez de votre idéal personnel.

La meilleure nouvelle est qu'il existe une relation inverse entre votre niveau d'estime de vous-même et vos peurs de l'échec et du rejet. Plus vous vous aimez, moins vous avez peur de l'échec. Plus vous vous appréciez, moins vous vous préoccupez de l'opinion des autres, et moins vous craignez les critiques. Plus vous vous aimez, plus vous prenez vos décisions en fonction de vos propres objectifs et critères, et moins vous vous souciez de ce que les autres pensent ou disent.

CONTRÔLEZ VOTRE DIALOGUE INTÉRIEUR

Tout comme vous devenez ce que vous pensez, vous devenez également ce que vous vous dites. Les mots les plus puissants que vous pouvez vous répéter, surtout si vous vous sentez tendu ou mal à l'aise à propos d'un événement à venir, sont : « Je m'aime ! Je m'aime ! Je m'aime ! »

Chaque fois que vous dites « Je m'aime ! », vos craintes diminuent et votre courage augmente. Les mots « Je m'aime ! » sont si puissants et positifs qu'ils sont immédiatement acceptés par votre subconscient comme un ordre. Ils affectent instantanément vos pensées, vos sentiments et vos attitudes. Votre langage corporel s'améliore immédiatement, vous vous tenez plus droit, votre visage devient plus positif et joyeux, le ton de votre voix devient plus fort et plus confiant. Vous vous sentez mieux dans votre peau et, par conséquent, vous traitez tous ceux qui vous entourent de manière plus chaleureuse et plus amicale.

Vous commencez le processus de changement de votre façon de penser et de votre vie en travaillant sur votre image de vous-même. Vous commencez par développer un idéal personnel clair, positif, passionnant et inspirant, correspondant à la meilleure personne que vous pouvez vous imaginer devenir. Vous développez une image positive de vous-même en vous imaginant en train de donner le meilleur de vous-même dans tout ce que vous faites. Enfin, vous développez des niveaux élevés et inébranlables d'estime de vous-même en vous aimant et en vous acceptant inconditionnellement comme une personne de valeur et digne d'intérêt.

EXAMINEZ VOS PRÉMISSES FONDAMENTALES

La plupart de vos pensées et de vos réponses aux événements et aux personnes de votre vie sont déterminées par vos prémisses de base. Ce sont les idées, les croyances, les opinions et les conclusions auxquelles vous êtes parvenu à la suite d'avis et d'expériences remontant à l'enfance. Elles constituent non seulement l'image que vous avez de vous-même, mais aussi votre philosophie de vie. Plus vous êtes inflexible et convaincu de vos prémisses de base, plus elles prédisent et contrôlent tout ce que vous faites, dites et ressentez.

Si vous pensez être une personne excellente, pleine de talent et de capacités, amicale et populaire, en bonne santé et énergique, curieuse et créative, et destinée à avoir une vie merveilleuse, ces prémisses de base vous amèneront à vous fixer des objectifs, à travailler dur, à vous développer, à bien traiter les autres, à rebondir dans l'adversité, et finalement à réussir. Rien ne pourra vous arrêter à long terme.

Ce n'est pas ce qui vous arrive dans la vie qui est important, mais seulement la façon dont vous réagissez face à cela. L'endroit d'où vous venez n'a pas d'importance non plus. Tout ce qui compte vraiment, c'est où vous allez. Et où vous allez n'est limité que par votre propre imagination. Et puisque votre imagination est illimitée, votre avenir l'est aussi. Ce sont les prémisses et les croyances de base dont vous avez besoin pour réaliser votre potentiel.

DISSOUDRE LES MYTHES

Malheureusement, il existe plusieurs mythes que nous acceptons en grandissant et qui peuvent saboter nos espoirs de réussite, de joie et d'épanouissement plus tard dans la vie. Examinons ces croyances autolimitantes une par une.

La première et la pire se résume au sentiment : « Je ne suis pas assez bon » Il s'agit de la prémisse de base qui provoque des sentiments d'infériorité et d'inadaptation. Nous supposons que d'autres personnes sont meilleures que nous, simplement parce que, à ce moment-là, elles font mieux que nous. Nous pensons qu'ils doivent valoir plus que nous. Par conséquent, nous devons valoir moins qu'elles. Ce sentiment de dévalorisation est profondément ancré dans la psyché et nous pousse à nous dévaloriser. Nous nous contentons de moins que ce dont nous sommes réellement capables. Plutôt que d'échouer à atteindre un nouvel objectif, nous ne le fixons pas en premier lieu.

La bonne prémisse de base que vous devez développer, ou la croyance que vous devez avoir, est que non seulement vous êtes suffisamment bon, mais que vous avez la capacité d'être excellent dans tout domaine qui vous importe. Vous avez un potentiel illimité pour être, faire et avoir plus que ce que vous avez réalisé jusqu'à présent. Comme l'a dit William Shakespeare dans La Tempête, « Ce qui est passé est un prologue ». Tout ce que vous avez accompli dans le passé n'est qu'un indice de ce que vous pouvez faire dans le futur.

PARLEZ-VOUS DE MANIÈRE POSITIVE

Les mots les plus puissants de votre vocabulaire sont ceux que vous vous dites et que vous croyez. Votre discours personnel, votre dialogue intérieur, détermine 95 % de vos émotions. Lorsque vous vous parlez à vous-même, votre esprit subconscient accepte ces mots comme des ordres. Il ajuste ensuite votre comportement, votre image de vous-même et votre langage corporel pour qu'ils correspondent à un modèle cohérent avec ces mots.

A partir de maintenant, ne vous parlez qu'en termes de ce que vous voulez être et faire. Refusez de dire quoi que ce soit sur vous-même que vous ne désirez pas sincèrement être vrai. Répétez sans cesse les mots puissants et positifs : « Je peux le faire ! ». Avant tout événement important, répétez les mots : « Je m'aime ! » Dites : « Je suis le meilleur ! Je suis le meilleur ! Je suis le meilleur ! » encore et encore comme si vous le pensiez vraiment. Ensuite, tenez-vous droit et fort, affichez un sourire confiant sur votre visage, et faites le meilleur de ce dont vous êtes capable. Bientôt, cela deviendra une habitude.

VOUS MÉRITEZ CE QU'IL Y A DE MIEUX

À la suite des critiques destructives précédentes, les gens acceptent un autre mythe, ou croyance autolimitante. Ils ne croient pas vraiment qu'ils méritent de réussir. Ce profond sentiment intérieur de ne rien mériter est assez courant chez ceux d'entre nous qui ont commencé avec très peu de choses dans la vie, ou qui venaient de familles qui avaient peu d'argent en grandissant. Elle peut également être causée par des personnes qui nous ont dit dès notre plus jeune âge qu'être pauvre est vertueux, mais qu'être riche est un péché.

Si vous avez grandi en ayant le sentiment de ne pas mériter de bonnes choses, pour quelque raison que ce soit, et que vous réussissez dans votre domaine, vous risquez de ressentir ce que l'on appelle le « syndrome de l'imposteur ». Vous aurez l'impression que votre succès fait de vous un imposteur et que vous allez être démasqué. Quelle que soit votre réussite grâce à votre travail acharné, vous aurez une peur tenace que tout cela vous soit enlevé.

Quel que soit le succès que vous obtiendrez grâce à votre travail acharné, vous aurez une peur tenace que tout cela vous soit enlevé. Pour échapper à ces sentiments de culpabilité, de nombreuses personnes s'auto-sabotent. Ils mangent trop, boivent trop, se droguent, ignorent leur famille, adoptent des comportements imprévisibles et gaspillent souvent leur argent dans des vies extravagantes et des investissements peu judicieux. Ils sentent au fond d'eux-mêmes qu'ils ne méritent pas leur succès. Par conséquent, ils le chassent souvent.

CONSACREZ-VOUS AU SERVICE DES AUTRES

La vérité est que vous méritez tout ce que vous pouvez légitimement gagner en faisant un excellent travail, et en produisant ou distribuant des produits ou des services qui améliorent la vie et le travail des gens. Dans une société de marché comme la nôtre, toutes les transactions sont volontaires. Les gens n'achètent quelque chose que s'ils ont l'impression que cela va leur apporter quelque chose de mieux. Vous ne pouvez donc réussir à long terme qu'en fournissant aux gens les choses qu'ils veulent pour améliorer leur vie et leur travail. Plus et mieux vous servez autres, plus vous en tirerez de mérite et y gagnerez.

Le mot anglais « *deserve* », soit mériter, vient de deux mots latins : « *dē* » qui signifie « de » et « *servire* » qui signifie « servir ». Par conséquent, le mot « *deserve* » signifie « de service ». Les personnes qui réussissent le mieux dans notre société, à quelques exceptions près, sont celles qui servent mieux les autres que quiconque. Dans votre carrière, vous devez vous concentrer sur le fait de mieux servir les autres. Vous mériterez alors chaque dollar que vous gagnerez.

Abraham Lincoln a dit un jour : « La meilleure façon d'aider les pauvres est de ne pas devenir l'un d'entre eux ». Dans notre société, plus vous réussissez financièrement, plus vous êtes susceptible de payer des impôts. Ces impôts permettent de financer les écoles, les hôpitaux, les routes, l'aide sociale, l'assurance maladie, les dépenses militaires et toutes les choses importantes que notre société offre. Vous pouvez être fier d'avoir réussi financièrement. En gagnant beaucoup d'argent, vous apportez une contribution importante à de nombreuses personnes. Vous vous faites du bien à vous-même en faisant du bien aux autres.

Répétez les mots suivants : « Je mérite chaque centime que je gagne en servant les autres avec les produits et services dont ils ont besoin pour améliorer leur vie. Je suis fier de ma réussite ».

VOUS ÊTES UNE PERSONNE EXCELLENTE

Vous êtes une personne profondément bonne. Vous êtes honnête, décent, sincère et travailleur. Vous traitez les autres avec courtoisie, respect et gentillesse. Vous êtes dévoué à votre famille, à vos amis et à votre entreprise. Vous êtes fort, confiant et responsable. Vous êtes bien informé, intelligent et expérimenté. Vous êtes important non seulement pour vos proches, mais aussi pour votre communauté. Vous êtes né pour une raison particulière, et vous avez une grande destinée à accomplir. Vous êtes une personne excellente à tous points de vue.

Le paragraphe précédent est une expression de votre personnalité et de votre caractère réels. Il n'est peut-être pas vrai pour vous 100 % du temps, mais c'est une bonne description générale de qui vous êtes vraiment à l'intérieur, et de la direction que vous prenez dans votre vie. Lorsque vous acceptez inconditionnellement d'être une personne de valeur, vous l'exprimez dans tout ce que vous dites et faites. Avec le temps, cela deviendra vrai pour vous. Votre idéal deviendra votre réalité.

Répétez-vous : « Je m'aime et j'aime ma vie. Je suis une personne profondément bonne à tous égards et je fais toujours de mon mieux dans tout ce que j'entreprends ».

LE MAGASIN DE LOGICIELS MENTAUX

Imaginez qu'un magasin qui vende de la programmation mentale. Vous pouvez acheter n'importe quelle image de vous-même, croyance ou attitude que vous voulez et l'installer dans votre cerveau, et c'est la personne que vous serez à partir de ce moment-là. Si un tel magasin existait et que vous pouviez acheter n'importe quel ensemble de croyances, que choisiriez-vous ?

Voici une suggestion. Regardez autour de vous et découvrez ce que les personnes les plus heureuses et les plus prospères ont développé comme croyances fondamentales, puis obtenez le même ensemble de croyances pour vous-même. Chargez-les sur votre disque dur mental et commencez à exécuter les mêmes programmes qu'eux.

Heureusement, grâce à des centaines d'entretiens avec des personnes ayant réussi, nous savons exactement comment elles sont programmées et quelles sont les croyances qu'elles ont développées depuis leur plus jeune âge. La croyance fondamentale la plus importante que vous pouvez adopter pour vous-même est la suivante : « Je suis quelqu'un de très bien et je vais réussir dans la vie. Tout ce qui m'arrive, bon ou mauvais, fait simplement partie du processus de réalisation du grand succès et du bonheur qui m'est destiné ».

Si vous étiez absolument convaincu d'être heureux et de réussir, et que chaque revers ou obstacle vous est envoyé pour vous enseigner les leçons importantes que vous devez connaître pour atteindre vos objectifs, vous seriez totalement inarrêtable. Vous seriez positif et optimiste la plupart du temps. Vous vous fixeriez de grands objectifs et rebondiriez rapidement après chaque défaite temporaire. Vos convictions finiraient par devenir votre réalité. En changeant votre façon de penser, vous changerez votre vie.

Dans les pages qui suivent, je vais partager avec vous une série de méthodes et de techniques éprouvées que vous pouvez utiliser pour prendre le contrôle total de tous les aspects de votre pensée. Je vous montrerai comment penser de manière si positive et efficace que vous vous sentirez capable d'accomplir n'importe quoi. Vous apprendrez à programmer et à reprogrammer votre image de vous-même afin que votre monde intérieur soit cohérent avec la personne que vous voulez être et la vie que vous voulez vivre à l'extérieur. Vous apprendrez comment devenir inarrêtable.

* * *

EXERCICES PRATIQUES

1. Définissez clairement vos idéaux. Si vous pouviez être une personne excellente à tous points de vue, quelles qualités auriez-vous ? Comment vous comporteriez-vous ?

2. Vous devenez ce que vous pensez la plupart du temps. Identifiez un ou plusieurs domaines de votre vie où vos pensées ont une influence majeure sur vos émotions, vos attitudes ou vos actions.
3. Dans quel domaine d'activité donnez-vous le meilleur de vous-même ? Comment vous visualisez-vous dans ce domaine ? Comment pourriez-vous étendre cet acte de visualisation à d'autres domaines ?
4. Quel genre de personnes admirez-vous et respectez-vous le plus ? Pourquoi ? Comment pourriez-vous changer votre comportement pour qu'il soit plus conforme à celui des meilleures personnes que vous connaissez ?
5. Dans quels domaines de votre vie vous aimez-vous le plus ? Quelles sortes d'activités vous procurent les plus hauts niveaux d'estime de vous-même et de valeur personnelle ? Comment pourriez-vous faire les pratiquer davantage ?
6. Vous êtes une personne profondément bonne. À partir de ce jour, considérez-vous comme le meilleur possible et refusez d'accepter toute limitation de vos possibilités.
7. Changez l'image que vous avez de vous-même en pensant, en parlant et en agissant continuellement comme si vous étiez déjà la personne que vous aimeriez être, profitant de la vie que vous voulez et méritez.

CHAPITRE 2

CHANGEZ VOTRE VIE

Si vous vous représentez dans votre esprit une image d'aspirations brillantes et heureuses, vous vous mettez dans une condition propice pour atteindre vos objectifs.

—NORMAN VINCENT PEALE

Votre façon de penser et vos ressentis à votre égard, y compris vos croyances et vos aspirations concernant ce qui est possible pour vous, détermine tout ce que vous faites et tout ce qui vous arrive. Lorsque vous changez la qualité de vos pensées, vous changez la qualité de votre vie, parfois instantanément.

Vous n'avez un contrôle total que sur une seule chose dans l'univers : votre pensée ! Vous pouvez décider de ce que vous allez penser dans n'importe quelle situation donnée. Vos pensées et la façon dont vous interprétez un événement déclenchent vos sentiments — positifs ou négatifs. Vos pensées et vos sentiments mènent à vos actions et déterminent les résultats que vous obtenez. Tout commence par vos pensées.

LA PENSÉE POSITIVE

Les pensées positives améliorent votre vie. Elles vous donnent du pouvoir et vous font vous sentir plus fort et plus confiant. La pensée positive n'est pas seulement une idée motivante. Elle a des effets mesurables et constructifs sur votre personnalité, votre santé, vos niveaux d'énergie et votre créativité. Plus vous êtes positif et optimiste, plus vous serez heureux dans tous les domaines de votre vie.

Les pensées négatives provoquent le contraire. Ils vous privent de pouvoir et vous font vous sentir plus faible et moins confiant. Chaque fois que vous pensez ou dites quelque chose de négatif, vous donnez votre pouvoir. Vous vous sentez en colère et sur la défensive. Vous vous sentez frustré et malheureux. Avec le temps, les pensées négatives peuvent vous rendre physiquement malade et même empoisonner vos relations.

La pensée positive mène à la santé mentale et à des performances optimales. Les pensées négatives conduisent à la maladie mentale et à une efficacité réduite. Votre objectif, si vous voulez vivre une vie merveilleuse, est donc de cultiver les émotions positives et de vous débarrasser des émotions négatives.

L'élimination des émotions négatives est le pas le plus important que vous puissiez faire vers la santé, le bonheur et le bien-être personnel. Chaque fois que vous prenez le contrôle total de vos pensées et de vos sentiments, et que vous vous obligez à les garder positifs, la qualité de votre vie intérieure et extérieure s'améliore. En l'absence d'émotions négatives, votre esprit se remplit automatiquement d'émotions positives qui génèrent des sentiments de bonheur et d'épanouissement.

VOUS POUVEZ CHOISIR VOS PENSÉES

La loi de substitution dit : « Votre esprit ne peut contenir qu'une seule pensée à la fois, positive ou négative. Vous pouvez substituer une pensée positive à une pensée négative quand vous le souhaitez ». Vous pouvez appliquer cette loi en pensant délibérément à quelque chose de positif chaque fois que vous voulez éliminer une pensée ou un sentiment qui vous met en colère ou vous rend malheureux.

La loi de l'habitude dit : « Toute pensée ou action que vous répétez sans cesse finira par devenir une nouvelle habitude ». Lorsque vous réagissez et répondez de manière positive de façon répétée, vous prenez le contrôle total de votre esprit conscient. Bientôt, il devient automatique et facile de penser et d'agir de cette manière. En utilisant la volonté et la répétition, vous développez de nouvelles habitudes de pensée et d'action. En appliquant cette loi, vous pouvez devenir une personne totalement positive et changer votre vie.

ÉLIMINEZ VOS ÉMOTIONS NÉGATIVES

Vos émotions négatives ont toutes été apprises, dès l'enfance. Et ce qui a été appris peut être désappris, parfois assez rapidement. Vous pouvez apprendre n'importe quelle habitude ou compétence que vous considérez comme souhaitable ou nécessaire. En particulier, vous pouvez apprendre des façons positives et constructives de penser aux gens, à l'argent, à la santé et à d'autres facteurs pour annuler les idées négatives qui limitent votre potentiel et interfèrent avec votre réussite.

De nombreuses idées ou attitudes négatives sont fondées sur des prémisses fausses. Parfois, une idée négative sur un sujet, ou une attitude négative à l'égard d'une personne, peut être complètement renversée par une seule information nouvelle. Vous pourriez soudainement apprendre qu'une idée que vous aviez sur vous-même ou sur une autre personne n'était pas vraie. Par conséquent, vous pourriez changer votre façon de penser en un instant. Soyez ouvert à cette possibilité.

Les émotions négatives n'existent que parce que nous leur donnons vie et les maintenons en vie. Nous les alimentons en pensant et en parlant continuellement de choses qui nous mettent en colère ou nous rendent malheureux. Heureusement, vous pouvez changer cette situation en appliquant la loi de l'émotion. Cette loi stipule : « Une émotion plus forte dominera et prendra le dessus sur une émotion plus faible, et l'émotion sur laquelle vous vous concentrez grandit et devient plus forte ».

Cela signifie que l'émotion que vous ressentez grandit et finit par dominer votre pensée dans ce domaine. Si vous retirez votre énergie mentale d'une personne ou d'une situation qui vous rend triste ou en colère en refusant d'y penser, l'émotion liée à cette situation finit par disparaître. Comme un feu sans combustible, elle s'éteint.

Vous en avez déjà fait l'expérience à de nombreuses reprises. Par exemple, en grandissant, nous avons des relations avec le sexe opposé. La plupart d'entre elles ne fonctionnent pas avec le temps. Lorsqu'elles prennent fin, nous sommes souvent en détresse émotionnelle et blessés. Nous sommes souvent tristes, en colère, déprimés, préoccupés et malheureux. Ces sentiments durent un certain temps. Puis nous nous remettons. Nous rencontrons quelqu'un d'autre. Peu à peu, nous oublions la fin malheureuse de la relation précédente. Des mois ou des années plus tard, nous regardons en arrière ou même rencontrons l'autre personne, et nous ne pouvons pas imaginer à quel point nous étions impliqués émotionnellement avec elle. Parce que nous ne les avons pas alimentés, les sentiments ont complètement disparu. C'est un exemple des lois de la substitution et de l'émotion en action dans votre propre vie.

LA SOURCE DES ÉMOTIONS NÉGATIVES

Il existe quatre causes fondamentales des émotions négatives. Selon le philosophe russe Peter Ouspensky, dans son livre *En quête du Miraculeux*, ce sont : (1) la justification, (2) l'identification, (3) l'introspection et (4) le blâme. Le plus grand bond en avant pour changer votre façon de penser et changer votre vie aura lieu lorsque vous éliminerez systématiquement ces quatre causes d'émotions négatives de votre vie.

ARRÊTEZ DE VOUS JUSTIFIER

La justification est ce que vous faites lorsque vous rationalisez ou créez une raison pour votre colère et votre malheur. Vous vous dites, et à qui veut l'entendre, à quel point vous avez été maltraité et à quel point l'autre personne s'est comportée de façon épouvantable. Vous ressassez continuellement la situation dans votre esprit. Vous répétez toutes les raisons pour lesquelles vous êtes contrarié. Chaque fois que vous pensez à la personne ou à la situation, vous vous mettez en colère. Vous vous sentez en droit d'être en colère, comme si vous aviez payé un prix élevé pour cela, d'autant plus que, selon vous, vous étiez une personne si bonne et si vertueuse.

La façon de court-circuiter la tendance naturelle à la justification et à la rationalisation est de refuser de s'y engager. Au lieu de cela, vous arrêtez de vous justifier. Vous utilisez votre merveilleux esprit pour trouver des raisons de ne pas justifier vos émotions négatives. Rappelez-vous que vos émotions négatives ne vous font aucun bien. Elles sont totalement destructrices. Elles n'affectent pas l'autre personne et ne changent pas la situation. Elles ne font que miner votre bonheur et votre confiance en vous, vous rendant plus faible et moins efficace dans d'autres domaines de votre vie.

Au lieu de justifier votre colère et votre malheur, vous devriez utiliser votre intelligence et votre imagination pour excuser l'autre personne, ou pour laisser tomber la situation malheureuse. Par exemple, si quelqu'un vous coupe la route, au lieu de vous mettre en colère, vous vous dites : « Eh bien, je ferais mieux d'être plus prudent la prochaine fois », « Je suppose qu'il passe une mauvaise journée » ou « Il doit être en retard pour un rendez-vous important ».

CHERCHEZ DES EXCUSES AUX AUTRES

Puisque votre esprit ne peut avoir qu'une seule pensée à la fois, dès que vous commencez à excuser l'autre personne, vous retirez l'énergie ou le carburant dont les émotions négatives de la colère et du ressentiment ont besoin pour apparaître et se maintenir. Vous réaffirmez votre contrôle mental. Vous restez calme et positif. Au bout d'un certain temps, la situation passe et vous l'oubliez. En substituant une pensée positive à une pensée négative, vous vous débarrassez de l'émotion négative, quelle qu'elle soit.

Si vous avez un problème majeur dans votre vie, comme un divorce, la perte d'un emploi ou l'échec d'un investissement, la même règle s'applique. Arrêtez de vous dire (et de dire à qui veut l'entendre) pourquoi vous avez le droit d'être en colère ou malheureux. Au lieu de cela, trouvez des excuses à l'autre personne chaque fois que vous pensez à la situation jusqu'à ce que la négativité disparaisse. Lorsque le feu de l'émotion négative s'éteint, vous pouvez alors tourner votre attention vers quelque chose de positif.

L'une des règles les plus importantes pour le succès et le bonheur est la suivante : « Ne soyez pas contrarié ou ne vous inquiétez pas pour quelque chose que vous ne pouvez pas changer ». Ne critiquez pas quelqu'un pour quelque chose que cette personne ne peut pas changer. Une loi célèbre dit : « S'il n'y a pas de solution, il n'y a pas de problème ».

DEUX PÉRIODES DE TEMPS

Il y a deux périodes de temps dans la vie, le passé et le futur. Le présent n'est qu'un moment bref et fugace. Vous pouvez choisir de concentrer votre attention sur ce qui s'est passé, qui ne peut être changé, ou sur l'avenir, sur ce qui est possible, sur lequel vous avez un certain contrôle.

De nombreuses personnes dépensent la majeure partie de leur énergie émotionnelle à s'énerver et à être en colère à propos d'événements qui se sont produits dans le passé. Malheureusement, cette énergie est complètement gaspillée. Il n'y a rien de bon à se plaindre constamment du passé. Pire encore, les émotions négatives entretenues en revivant les événements passés vous privent de la joie et de l'excitation que vous pourriez éprouver en pensant aux possibilités futures.

LÂCHER PRISE

Un psychiatre ayant plus de 25 ans d'expérience de travail avec des personnes malheureuses a écrit que les deux mots qu'il entendait le plus souvent dans son cabinet étaient « si seulement ». Il semble que la plupart des personnes malheureuses soient bloquées par un événement survenu dans le passé dont elles ne peuvent se défaire. Elles éprouvent encore du ressentiment, de la colère ou de la tristesse à cause de ce que quelqu'un a fait ou n'a pas fait ou dit. Elles en veulent à l'un ou aux deux parents, à un frère ou une sœur, à une relation ou un mariage antérieur, à un patron ou à une relation d'affaires, à un investissement raté ou à une erreur financière.

Le fait est que votre vie sera une série continue de problèmes, de difficultés, de revers et d'échecs temporaires. Ces revirements et déceptions inattendus et non désirés sont un fait normal, naturel et inévitable lorsqu'on devient adulte. Pour changer votre façon de penser et changer votre vie, vous devez prendre la décision de les surmonter et de poursuivre votre vie, peu importe ce qui s'est passé. Tant que vous ne le faites pas, vous restez esclave du passé, qui ne peut en aucun cas être changé. Prenez aujourd'hui la décision qu'à partir de ce jour vous allez éliminer tous les « si seulement » de votre vie.

RÉINTERPRÉTEZ LES ÉVÉNEMENTS DIFFÉREMMENT

L'auteur et conférencier Wayne Dyer dit : « Il n'est jamais trop tard pour avoir une enfance heureuse ». Il veut dire qu'à tout moment, vous pouvez réinterpréter de manière positive les événements malheureux de votre début de vie. Vous pouvez utiliser la loi de la substitution et chercher dans ces expériences négatives un élément positif auquel penser. Vous pouvez vous concentrer sur la façon dont vos expériences malheureuses ont fait de vous une personne meilleure et plus sage. Vous pouvez même être reconnaissant envers les personnes qui vous ont blessé dans le passé, car elles vous ont rendu beaucoup plus fort dans le présent. Et de toute façon, cela n'aurait pas pu se passer autrement.

Vos parents n'avaient aucune expérience de l'éducation des enfants. De plus, ils étaient le produit de la façon dont ils ont été élevés. Comme tous les humains, ils sont arrivés à la parentalité avec leurs problèmes et leurs faiblesses, tout comme vous aujourd'hui. Néanmoins, ils ont fait du mieux qu'ils pouvaient avec ce qu'ils avaient. Ils étaient les personnes qu'ils étaient, et ils n'auraient pas pu vous élever d'une autre manière. Il est stupide de continuer à être mécontent de ce qu'ils ont fait ou n'ont pas fait et de penser qu'ils étaient incapables de faire autrement. Lâchez prise et continuez votre vie.

NE PRENEZ PAS LES CHOSES PERSONNELLEMENT

La deuxième cause majeure des émotions négatives selon Ouspensky, est l'identification, ou attachement. Cela se produit lorsque vous prenez quelque chose personnellement ou que vous vous attachez à une personne ou à une chose. Vous voyez l'issue malheureuse d'un événement ou d'une circonstance comme un affront personnel ou une attaque contre vous ou contre quelque chose en quoi vous croyez ou que vous chérissez. Vous vous impliquez émotionnellement dans une situation et vous vous identifiez si fortement à elle qu'elle affecte vos émotions et votre raison de manière négative.

Les grands maîtres spirituels, tels que Bouddha et Jésus, ont souligné l'importance de se détacher émotionnellement de la situation (désidentification), afin de retrouver son calme et son sang-froid. Le psychologue et philosophe William James, de Harvard, a écrit : « La première étape pour faire face à toute difficulté est d'être disposé à l'accepter ». Il encourageait les gens à dire : « Ce qui ne peut être guéri doit être enduré ». En d'autres termes, pratiquez le détachement vis-à-vis de toute personne ou situation qui vous met en colère ou vous contrarie. Éliminez toute énergie émotionnelle absorbée par celle-ci afin de pouvoir retrouver votre calme et votre sang-froid.

Cette approche ne suggère pas que vous acceptiez passivement tout ce qui vous arrive. Au contraire, elle vous encourage à utiliser votre volonté pour garder le contrôle de votre esprit et de vos émotions. Vous vous obligez à prendre du recul mentalement et à traiter le problème intelligemment. Vous utilisez votre esprit pour voir la situation de manière objective et prendre de meilleures décisions afin de la résoudre.

Rien ni personne ne peut avoir de prise sur vous, à moins que vous n'ayez encore quelque chose à demander. Ils doivent avoir quelque chose qu'ils peuvent encore vous donner ou vous refuser. Dès que vous vous détachez émotionnellement d'une personne ou d'un objet et que vous n'en attendez plus rien, vous êtes libre.

Cette capacité à se détacher est un pouvoir que vous pouvez développer par la pratique. Elle peut vous rendre maître d'une situation qui, autrement, pourrait vous énerver et vous mettre en colère.

L'une des choses les plus gentilles que vous puissiez faire pour aider les autres est de les encourager à prendre du recul par rapport à une situation problématique et à être objectif. Encouragez-les à considérer la difficulté comme si elle arrivait à quelqu'un d'autre. Demandez-leur quels conseils ils donneraient à une autre personne confrontée à ce même problème. En vous détachant de la situation chargée d'émotions, vous et les autres deviendrez beaucoup plus aptes à y faire face efficacement.

L'OPINION DES AUTRES

La troisième grande cause des émotions négatives, selon Ouspensky, est la considération intérieure. Cela se produit lorsque vous êtes trop soucieux de la façon dont les gens vous traitent. Si vous avez la sensation que quelqu'un ne vous respecte pas de la façon dont vous pensez le mériter, vous pouvez vous sentir insulté et en colère, et vouloir riposter. Si les gens sont grossiers ou indifférents à votre égard, vous pouvez percevoir leur comportement comme une attaque contre votre personnalité ou votre caractère. Cette interprétation de leur attitude ou de leur comportement peut vous mettre en colère ou vous rendre triste.

Les psychologues affirment que tout ce que nous faisons a pour but d'accroître notre estime de nous-même et notre sentiment de valeur personnelle, ou de les protéger de toute minimisation par d'autres personnes ou circonstances. Si votre estime de vous-même n'est pas aussi élevée qu'elle pourrait l'être, vous serez sensible aux actions et aux réactions des autres personnes à votre égard. Vous prendrez tout personnellement, exactement comme si ce qu'ils disaient ou faisaient était consciemment et délibérément dirigé contre vous. Or, c'est rarement le cas.

Le fait est que la plupart des gens sont préoccupés par eux-mêmes et leurs propres problèmes. Dans 99 % des cas, les gens sont absorbés par leurs propres pensées sur eux-mêmes. Ils consacrent le 1 % restant d'énergie émotionnelle dont ils disposent à toutes les autres personnes dans le monde, y compris vous. La personne qui vous coupe la route est tellement absorbée par ses propres pensées qu'elle n'a même pas conscience de votre existence. Il serait stupide de se mettre en colère ou de s'énerver à cause de son action irréfléchie.

DÉFINISSEZ VOS PROPRES OBJECTIFS

Il y a une règle que j'ai apprise par expérience : ne jamais faire ou s'abstenir de faire quelque chose parce que vous vous inquiétez de ce que les gens pourraient penser de vous. Le fait est que personne ne pense à vous du tout.

Bien sûr, je ne parle pas de comportements criminels ou antisociaux. Mais il est étonnant de constater combien de personnes prennent la décision de s'engager ou non dans des relations, des entreprises, de nouveaux projets, des aventures et d'autres choses par crainte que quelqu'un d'autre n'approuve pas. Elles restent dans des mariages qu'elles détestent, elles travaillent à des postes qu'elles n'aiment pas, ou elles refusent des opportunités d'affaires par peur que quelqu'un, n'importe qui, puisse les critiquer. La vérité est que personne ne se soucie plus que vous des décisions clés de votre vie. Faites des plans en conséquence.

Dans ses études sur les personnes qui s'épanouissent, ces 1 ou 2 % d'hommes et de femmes qui sont des adultes pleinement matures et en pleine possession de leurs moyens, Abraham Maslow a découvert une qualité particulière qu'ils avaient tous en commun : ils étaient totalement honnêtes avec eux-mêmes. Ils étaient objectifs et clairs quant à leurs propres forces et faiblesses. Ils n'espéraient pas ou ne prétendaient pas être autre chose que ce qu'ils étaient. Cette acceptation de soi était la pierre angulaire de leur estime et de leur respect d'eux-mêmes.

Parce qu'ils savaient qui ils étaient, et qui ils n'étaient pas, ils n'avaient pas l'impression de devoir continuellement gagner l'approbation des autres. Ils tenaient compte de l'opinion des autres, mais prenaient ensuite leurs propres décisions. Ils n'étaient pas trop influencés par l'approbation ou la désapprobation éventuelle d'autres personnes. Vous devez faire de même. Vous êtes la personne qui s'en soucie le plus et qui en est le plus affecté, de toute façon.

LE RESPECT DES AUTRES

Lorsqu'un journaliste a demandé à Somerset Maugham, le célèbre auteur anglais, quelle était sa principale motivation pour écrire, il a répondu : « J'écris pour gagner le respect des gens que je respecte ».

Le fait est qu'une grande partie de ce que vous faites, ou ne faites pas, est influencée par la même préoccupation. Vous faites beaucoup de choses dans votre vie sociale pour gagner le respect des gens que vous respectez, ou du moins pour ne pas le perdre. En fait, les personnes dont le respect est le plus important pour vous déterminent en grande partie la mesure dans laquelle vous vous sentez bien dans votre peau, tant à la maison qu'au travail. Le respect des autres a une influence démesurée sur votre estime de vous-même, car il est étroitement lié à votre idéal personnel et à votre image de vous-même.

Les hommes et les femmes d'exception admirent et recherchent le respect des hommes et des femmes de caractère et accomplis. Ils s'efforcent, à un niveau inconscient, de se comporter et de vivre conformément à leurs idéaux sur la façon dont une excellente personne se comporterait.

L'une des décisions les plus importantes que vous prenez au cours de votre vie est de décider pour vous-même des personnes spécifiques dont le respect a la plus grande valeur pour vous. Une fois que vous savez clairement qui vous respectez et pourquoi vous les respectez, vous pouvez alors organiser votre vie de manière à gagner continuellement ce respect, qu'ils soient au courant de vos actions ou non.

FIXER DES NORMES ÉLEVÉES

Dans le célèbre livre *Que ferait Jésus à ma place ?*, de Charles M. Sheldon *(Christian Library, 1984)*, une ville entière accepte, avant chaque acte ou décision, de se poser la question « Que ferait Jésus ? » et de se comporter en conséquence. Le résultat final pour les habitants de la ville est que les problèmes qui les avaient divisés ont été rapidement résolus et que la ville est devenue heureuse et prospère. Ils ont créé un idéal pour eux-mêmes et ont ensuite construit leur vie en fonction de cet idéal.

Dans une étude portant sur des hommes et des femmes ayant réussi, dont la plupart avaient eu des débuts modestes, les chercheurs ont découvert que ces personnes avaient presque toutes été des lecteurs avides de biographies et d'autobiographies lorsqu'elles étaient jeunes. En lisant les récits de vie d'hommes et de femmes célèbres, elles s'imaginaient avoir les mêmes qualités et le même caractère que les personnes qu'elles étudiaient. Lorsqu'elles sont devenues elles-mêmes adultes, ces qualités et ces vertus étaient devenues partie intégrante de leur pensée et ont guidé leurs choix et leurs décisions plus tard dans leur vie.

La modélisation a été utilisée comme un moyen puissant de développer la personnalité et le caractère à travers l'histoire. Les jeunes ont été encouragés à étudier les héros et héroïnes de l'école, et à les imiter autant que possible. Dans l'armée, les actes héroïques des soldats et des marins du passé sont enseignés dans le cadre du programme scolaire, ce qui encourage les jeunes soldats et marins à penser et à agir comme eux lorsque la situation l'exige.

Les personnes que vous admirez le plus et que vous respectez ont une influence démesurée sur la façon dont vous pensez et vous vous sentez, et sur le type de décisions que vous prenez. Qui sont vos modèles ?

CHOISISSEZ VOS MODÈLES AVEC SOIN

Il n'y a rien de mal à être réfléchi et à se préoccuper des sentiments et des réactions des autres envers vous et vos choix. Lorsque vous choisissez des personnes de valeur à admirer, vous développez un guide intérieur qui vous amène à vous conduire vous-même de manière excellente.

Ce qui est stupide et nuisible pour vous, en revanche, c'est de vous laisser influencer de façon démesurée par les opinions éphémères de personnes dont l'estime et le respect n'ont aucune importance ni valeur pour vous. Si vous avez été élevé dans la critique destructive, vous pouvez facilement tomber dans le piège d'organiser votre vie en essayant de gagner l'approbation, ou d'échapper à la désapprobation, de personnes que vous ne connaissez même pas ou dont vous ne vous souciez pas.

Voici la manière d'éviter cette forme d'émotion négative : Décidez vous-même des hommes et des femmes que vous admirez le plus, et des qualités qu'ils possèdent et que vous aimeriez le plus imiter. Dorénavant, lorsque vous devrez prendre une décision, pensez à une personne que vous admirez et demandez-lui : « Que feriez-vous dans cette situation ? »

Lorsque vous posez cette question, vous vous connectez en fait, à un niveau inconscient, à une puissance supérieure qui vous guidera et vous éclairera. Vous ressentirez une profonde connaissance intérieure de ce qu'il faut faire ou dire. Vous prendrez la bonne décision et obtiendrez le résultat souhaité. Il s'agit d'une technique utilisée par de nombreux hommes et femmes qui ont réussi. Essayez-la et voyez ce qui se passe.

LA PIRE DES INFLUENCES NÉGATIVES

La quatrième cause majeure des émotions négatives, selon Ouspensky, et le déclencheur de la colère, du ressentiment, de l'envie, de la jalousie et de la frustration de toute sorte, est le blâme. C'est surtout le blâme qui génère la colère, la pire de toutes les émotions négatives. La colère est plus destructrice que toute autre force dans le monde humain. La colère incontrôlée détruit la santé, les relations, les familles, les entreprises et les sociétés, et est le principal générateur de guerres, de révolutions et de conflits sociaux.

La cause première de la colère peut être retracée jusqu'aux critiques destructives de la petite enfance. Lorsqu'une personne est critiquée, elle réagit exactement comme si elle était attaquée, par la défensive et le ressentiment. Comme tout comportement répété à l'infini devient une habitude, de nombreuses personnes prennent l'habitude de réagir avec colère à chaque problème, déception ou frustration qu'elles rencontrent. Elles finissent par être toujours en colère contre quelque chose.

Pour se mettre en colère, une personne doit être capable de blâmer quelqu'un pour quelque chose qui s'est produit ou ne s'est pas produit et qui ne lui plaît pas ou qu'elle approuve. De nombreuses personnes sont tellement préoccupées par le fait de rendre les autres responsables de leurs problèmes qu'elles perdent le contact avec la réalité. Elles voient le monde entier à travers le prisme du blâme et de l'émotion qui y est associée, la culpabilité.

Dès qu'il y a un problème, personnel ou public, la personne en colère conclut automatiquement que quelqu'un doit être blâmé.

L'individu consacre alors son temps et ses émotions à répartir la faute entre les différentes parties. Cette obsession du blâme et de la colère, qui conduit au ressentiment et à l'envie, peut souvent consumer la personne qui la subit.

CE N'EST LA FAUTE DE PERSONNE

Voici un exemple courant. Deux personnes amoureuses se marient. Toutes deux ont les meilleures intentions et les plus grandes attentes pour l'avenir, sinon elles ne se marieraient pas en premier lieu. Malheureusement, les gens et les situations changent avec le temps. Le couple constate qu'il n'est plus heureux ensemble et décide de divorcer. Mais c'est alors que les problèmes commencent vraiment.

Au lieu de convenir, comme des adultes, qu'ils ont atteint un point où ils sont incompatibles et qu'ils ne veulent plus vivre ensemble, il faut répartir les responsabilités. Quelqu'un doit être coupable. Le coupable doit être puni. Les avocats et les juges doivent s'en mêler. Des détectives et des comptables sont engagés à la recherche d'informations compromettantes sur chaque partie. La situation ne cesse d'empirer, jusqu'à ce qu'elle se termine finalement par la colère, l'amertume, les accusations et même la haine.

La meilleure des solutions, lorsqu'un mariage ou une relation ne fonctionne pas, est d'accepter ce fait comme une réalité malheureuse, de prendre des dispositions raisonnables pour chaque partie et de permettre à chacun de reprendre sa vie en main. C'est ce que font aujourd'hui de nombreux couples par le biais de la médiation plutôt que de passer par l'amertume d'un divorce traditionnel. Les résultats s'avèrent meilleurs pour toutes les personnes concernées.

C'est un fait psychologique que la plupart des gens ont le sentiment d'avoir raison dans tout ce qu'ils font. Mais dès qu'une personne commence à blâmer l'autre et, pire encore, à exiger que l'autre admette sa culpabilité, les batailles émotionnelles et juridiques commencent. Le plus triste dans ces batailles juridiques est qu'elles se terminent généralement là où elles ont commencé, sans que personne n'ait gagné grand-chose.

ACCEPTER LA RESPONSABILITÉ

La meilleure façon d'éliminer la colère de toutes sortes est d'accepter la responsabilité. L'acceptation de la responsabilité court-circuite immédiatement l'émotion de la colère. Toute l'énergie que la colère requiert pour son existence est coupée. Dès que vous dites « Je suis responsable ! » votre colère s'arrête. En raison de la loi de substitution et du fait que votre esprit ne peut avoir qu'une seule pensée à la fois, vous ne pouvez pas accepter la responsabilité de votre situation et être en colère en même temps. L'idée de blâme, sur laquelle se fonde l'émotion de colère, est annulée par la décision d'accepter la responsabilité.

VISION DU MONDE POSITIVE OU NÉGATIVE

Il existe deux façons fondamentales de voir votre monde. Vous pouvez avoir une vision du monde positive et bienveillante ou bien négative et malveillante. En prenant vos responsabilités et celle de ce qui vous arrive, vous devenez positif. Vous voyez le monde en termes bienveillants. Vous devenez plus optimiste envers vous-même et vos possibilités. Vous devenez une personne plus heureuse et plus efficace.

En revanche, lorsque vous adoptez une vision négative ou malveillante du monde, vous voyez des problèmes et des injustices partout. Vous voyez l'oppression et le mal. Vous voyez des personnes coupables tout autour de vous. Vous voyez des limitations et de l'injustice plutôt que des opportunités et de l'espoir. Le pire, c'est que vous passez votre temps à attribuer à diverses personnes et institutions la responsabilité de tous les problèmes que vous voyez.

DIFFÉRENCES DE RÉSULTATS

Par exemple, dans ce pays, certaines personnes sont mieux loties que d'autres. Cela a été le cas de toutes les sociétés à travers l'histoire de l'humanité. Cela peut être dû à différentes raisons. Cela peut résulter du fait que des personnes différentes ont des talents, des ambitions et des désirs différents. Cela peut être le résultat du fait que certaines personnes travaillent plus dur, ont eu un meilleur départ dans la vie, sont nées avec une plus grande intelligence, ou simplement se trouvent au bon endroit au bon moment pour saisir une tendance favorable de l'économie.

Quoi qu'il en soit, les personnes aisées ne sont pas responsables du fait que d'autres personnes ne sont pas aisées. Les personnes en bonne santé ne sont pas responsables du fait que d'autres personnes sont malades. Les personnes qui réussissent et sont heureuses ne sont pas responsables de celles qui ne réussissent pas et sont malheureuses. Les personnes qui se construisent une bonne vie pour elles-mêmes et leurs familles ne sont pas en faute parce que ce n'est pas le cas pour d'autres.

Le succès n'est pas la cause de l'échec. Corrélation ne signifie pas causalité. Parce que les deux situations se produisent simultanément, cela ne signifie pas que l'une a causé l'autre. Une acceptation honnête de ce simple fait résoudrait de nombreux arguments et désaccords aux niveaux philosophique et politique.

LE POUVOIR DU PARDON

La cause première des émotions négatives, le principal facteur qui prédispose une personne à la culpabilisation, à la colère et au ressentiment, à la peur et au doute, à l'envie et à la jalousie, est l'incapacité à pardonner à quelqu'un qui, selon nous, nous a blessé d'une manière ou d'une autre.

Au cours de notre développement en tant qu'enfants, nous passons par une phase où la « justice » est très importante pour nous. Nous faisons une fixation sur le concept d'« équité ». Nous sommes bouleversés par toute situation dans notre vie qui ne semble pas être juste et équitable pour quiconque, surtout si elle nous concerne. Chaque fois que nous avons le sentiment que nous ou quelqu'un d'autre a été traité injustement, pour quelque raison que ce soit, nous le prenons comme une attaque personnelle. Notre fragile estime de vous-même est menacée. Nous réagissons par la colère et le ressentiment. Il s'agit d'une phase de développement normale que nous traversons à mesure que nous avançons vers l'âge adulte.

Cependant, certaines personnes s'arrêtent à ce stade et ne le dépassent jamais. Si on ne nous enseigne pas l'importance de laisser tomber nos griefs lorsque nous sommes enfants, nous arriverons à l'âge adulte avec un sac à dos d'expériences non pardonnées. Si nous n'y prenons pas garde, nous construirons notre vie autour de notre colère envers des personnes qui, selon nous, sont à blâmer pour quelque chose qu'elles ont fait ou que nous désapprouvons. De nombreux psychothérapeutes et psychiatres consacrent toute leur carrière à aider les gens à affronter et à gérer ces expériences passées et actuelles malheureuses.

La décision la plus puissante et la plus libératrice que vous puissiez prendre est de pardonner à tous ceux qui vous ont blessé de quelque manière que ce soit. Ce n'est qu'en libérant l'autre personne, dans votre esprit, en lui pardonnant, que vous pourrez être vous-même libre. C'est pourquoi la plupart des religions soulignent l'importance du pardon comme première étape vers la paix de l'esprit et la félicité terrestre.

Imaginez simplement ce que vous ressentiriez si vous n'aviez aucune colère envers qui que ce soit dans le monde entier. Imaginez être une personne complètement positive, optimiste, joyeuse, avec un haut niveau d'estime de soi et d'enthousiasme et une confiance en soi illimitée. Imaginez être une personne chaleureuse, amicale et aimante, remplie de sentiments de calme et de paix intérieure. Tout cela est possible pour vous lorsque vous pardonnez.

En revanche, le refus ou l'incapacité à pardonner est à la base de la négativité, de la colère, du stress, de l'anxiété, des maladies mentales et physiques et de la plupart des malheurs. Le refus de pardonner vous garde prisonnier. Le pardon vous libère. Et vous avez toujours le choix. Cela n'a rien à voir avec l'autre personne ou la situation.

IL FAUT ÊTRE DEUX

Certaines personnes se retiennent de pardonner en raison d'une prémisse de base erronée. Elles pensent qu'en pardonnant, elles cautionnent le comportement de la personne contre laquelle elles sont en colère. Elles pensent que, si elles pardonnent à l'autre personne, elles lui rendent service. Elles pensent même qu'elles laissent l'autre personne en liberté, ce qu'elles sont déterminées à ne pas faire.

Le fait est qu'il faut être deux pour faire une prison, le prisonnier et le geôlier. Les deux sont dans la prison. Lorsque vous libérez l'autre personne, vous vous libérez vous-même. Vous n'avez pas à approuver le comportement ou à aimer la personne qui vous a blessé. Vous devez simplement lui pardonner pour pouvoir continuer à vivre votre vie. Le pardon est donc un acte totalement égoïste. Il n'a vraiment rien à voir avec l'autre personne. Il s'agit uniquement de votre propre intégrité mentale et de votre tranquillité d'esprit.

L'humoriste Buddy Hackett a dit un jour : « Je ne suis jamais rancunier ; pendant que vous ruminez votre rancune, ils sont dehors en train de danser ! ».

Lorsque vous restez en colère contre une autre personne, vous lui cédez votre contrôle émotionnel à chaque fois que vous pensez à elle, et vous lui permettez de contrôler vos émotions à distance.

En ne pardonnant pas, vous permettez à cette personne de diriger votre vie émotionnelle, exactement comme si elle était là avec vous et que la situation se reproduisait.

LE CHEMIN DU PARDON

La manière de pardonner est simple. Chaque fois que vous pensez à l'autre personne, vous utilisez la loi de substitution et vous dites : « Que Dieu la bénisse, je lui pardonne tout et je lui souhaite bonne chance ». Il n'est pas possible de bénir et de pardonner à une autre personne et d'être simultanément en colère ou énervé. La pensée positive annule la pensée négative.

Vous pouvez accélérer le processus de libération personnelle en acceptant votre responsabilité dans ce qui s'est passé. Très peu d'événements négatifs qui conduisent à la colère et se produisent pour rien. Presque invariablement, vous avez fait quelque chose pour contribuer à la situation. Vous devez donc avoir la maturité d'assumer votre part de responsabilité.

Vous pouvez alors dire : « Je suis responsable. Je n'aurais pas dû me mettre dans cette situation en premier, ni y rester aussi longtemps. Je n'aurais pas dû faire ce que j'ai fait. Je lui pardonne complètement et je lâche prise. »

Il peut être difficile pour vous de pardonner au début. Ces mots seront difficiles pour vous. De nombreuses personnes ont construit toute leur vie d'adulte autour de leurs griefs. Ils ont peur de n'avoir rien d'autre à raconter s'ils cessent de se plaindre de leurs parents ou de leurs mauvais mariages. Mais ne vous inquiétez pas.

Lorsque vous pardonnez aux autres et les laissez partir, vous commencez rapidement à vous sentir plus léger et plus heureux. À mesure que les pensées de colère et de ressentiment s'évanouissent, votre esprit se remplit de pensées positives. Vous aurez plus d'énergie et d'enthousiasme. Vous vous sentirez plus fort et plus confiant. Votre avenir tout entier s'ouvrira devant vous, comme un lever de soleil d'été.

Ne vous inquiétez pas de ce que vos amis pensent ou disent lorsque vous décidez de pardonner aux personnes qui vous ont fait du mal. Ils sont probablement fatigués d'entendre vos plaintes sur les événements malheureux de votre passé. En fait, lorsque vous commencez à pardonner, vous vous apercevrez souvent que le seul point commun entre vous et certaines personnes est votre séance de ronchonnement. Lorsque vous décidez de pardonner aux autres, il se peut que vous ne les trouviez plus très intéressants.

LES PERSONNES QUE VOUS DEVEZ PARDONNER

Il y a quatre groupes de personnes que vous devez pardonner si vous voulez sérieusement changer votre façon de penser et votre vie.

Le premier est celui de vos parents, vivants ou morts. Vous devez absolument leur pardonner toutes les erreurs qu'ils ont commises en vous élevant. Au minimum, vous devez leur être reconnaissant de vous avoir donné la vie. Ils vous ont amené ici. Si vous êtes heureux d'être en vie, vous pouvez leur pardonner tout le reste. Ne vous plaignez plus jamais d'eux.

Beaucoup de participants à mes séminaires ont téléphoné ou rendu visite à leurs parents et leur ont dit qu'ils leur pardonnaient tout. Souvent, ce simple acte de courage et de caractère a eu un effet profond sur leur relation avec leur mère ou leur père. À partir de ce jour, ils sont devenus de bons amis, ce qui a duré le reste de leur vie ensemble.

En revanche, en ne pardonnant pas à vos parents, vous restez à jamais un enfant. Vous bloquez votre propre chance de grandir et de devenir un adulte à part entière. Vous continuez à vous considérer comme une victime. Pire encore, vous entretenez vos sentiments négatifs d'infériorité et de colère.

Si vos parents meurent sans que vous leur ayez pardonné, cela peut vous gêner pour le reste de votre vie.

LES RELATIONS PERSONNELLES ÉTROITES

Le deuxième groupe que vous devez pardonner est celui des personnes de vos relations proches qui n'ont pas fonctionné. Le mariage et d'autres relations intimes peuvent être si intenses, et si menaçants pour vos sentiments d'estime de vous-même et de valeur personnelle, que vous pouvez être en colère et rancunier envers ces personnes pendant des années.

Mais vous étiez au moins partiellement responsable. Ayez la force et l'intégrité personnelles de dire : « Je suis responsable », puis pardonnez à l'autre personne et laissez-la partir. Dites les mots : « Je lui pardonne tout et je lui souhaite bonne chance ». Chaque fois que vous répéterez cela, l'émotion négative attachée à ce souvenir diminuera. Bientôt, il aura disparu pour toujours.

LA LETTRE

Beaucoup de mes diplômés ont découvert que « la lettre » est la clé pour mettre une mauvaise relation derrière eux pour toujours. C'est une technique puissante qui peut vous libérer des sentiments de colère et de ressentiment presque instantanément.

Voici comment cela fonctionne : vous vous asseyez et écrivez à l'autre personne une lettre de pardon. Elle se compose de trois parties.

Premièrement, vous dites : « Je te pardonne pour tout ce que tu as fait et qui m'a blessé ».

Ensuite, vous écrivez une description ou une liste de toutes les choses qui vous mettent encore en colère. Certaines personnes écrivent plusieurs pages dans cette partie.

Enfin, vous terminez la lettre par les mots « Je te souhaite le meilleur ».

Vous portez ensuite la lettre à la boîte aux lettres et la déposez dedans. À ce moment-là, vous ressentirez un énorme soulagement, et vous serez enfin libre.

À propos, ne vous inquiétez pas de la réaction de l'autre personne. Ce n'est pas votre problème. Votre objectif est de vous libérer, de retrouver votre tranquillité d'esprit, et de poursuivre la merveilleuse vie qui vous attend.

EFFACEZ VOTRE ARDOISE

Le troisième groupe auquel vous devez pardonner est constitué de toutes les personnes de votre vie qui vous ont fait du mal, de quelque manière que ce soit. Laissez-les partir. Pardonnez à tous les patrons, partenaires commerciaux, amis, escrocs ou traîtres qui vous ont causé du tort, de quelque nature que ce soit. Nettoyez l'ardoise. Effacez chacun de leurs noms et de leurs images en disant : « Je lui pardonne tout et je lui souhaite bonne chance ». Répétez cette phrase chaque fois que vous pensez à la personne ou à la situation jusqu'à ce que les sentiments négatifs aient disparu.

LIBÉREZ-VOUS

La quatrième et dernière personne à qui vous devez pardonner est vous-même. Vous devez absolument vous pardonner pour toutes les choses stupides, insensées, méchantes, stupides, irréfléchies ou cruelles que vous avez faites ou dites. Arrêtez de porter ces erreurs passées sur vous. C'était avant, et aujourd'hui c'est maintenant.

Pensez-y de cette façon : lorsque vous avez fait ces choses dans le passé et que vous vous sentez toujours mal, vous n'étiez pas la personne que vous êtes aujourd'hui. À cette époque, vous étiez une personne différente, plus jeune et moins expérimentée. Vous n'étiez pas vraiment vous-même. Vous étiez une version immature de la personne que vous êtes devenue avec l'expérience. Arrêtez de vous en vouloir pour quelque chose qui s'est produit dans le passé et que vous ne pouvez pas changer.

En psychothérapie, lorsqu'une personne se sent accablée par un profond sentiment de culpabilité ou de honte à la suite d'un traumatisme survenu dans son enfance, le moment cathartique survient lorsqu'elle réalise soudain : « Ce n'est pas ma faute ». Parfois, vous avez fait des choses, ou on vous a fait des choses, alors que vous étiez trop jeune ou inexpérimenté pour savoir ce qui se passait ou pour changer la situation. Ce n'était pas votre faute. Vous avez fait du mieux que vous pouviez. Vous n'avez rien à craindre. Pardonnez-vous et laissez-vous aller.

Dites simplement : « Je me pardonne toutes les erreurs que j'ai pu faire. Je suis une personne profondément bonne et je vais avoir un avenir merveilleux ». Chaque fois que vous pensez à cet événement ou à cette situation, répétez simplement : « Je me pardonne complètement ». Puis reprenez le cours de votre vie. Concentrez-vous sur l'avenir plutôt que sur le passé. Regardez vers l'avenir plutôt que ce que vous avez vécu.

Enfin, si vous avez fait quelque chose qui a blessé quelqu'un et que vous vous sentez toujours mal, vous pouvez aller voir cette personne, ou lui écrire, et vous excuser. Dites à la personne que vous êtes désolé de ce que vous avez fait ou dit. Quelle que soit sa réaction, positive ou négative, cela n'a pas d'importance. L'acte même de repentance, d'expression de vos regrets, vous libérera.

UN DERNIER AVERTISSEMENT

La plupart des gens sont ouverts à l'idée du pardon. Il fait partie des croyances fondamentales de la plupart des religions, et est enseigné en psychologie et en métaphysique. Vous êtes probablement à l'aise avec l'idée de pardonner à la plupart des personnes de votre vie qui vous ont blessé d'une manière ou d'une autre. Mais il existe un grand danger.

Le danger est que votre refus de pardonner un seul grief majeur peut suffire à saboter votre vie entière. Votre insistance à vous accrocher à une seule personne ou situation en ne pardonnant pas peut freiner toute votre progression. Il y a d'innombrables hommes et femmes qui ruinent leur vie à cause de leur colère et de leur ressentiment envers une seule personne. Ils ne parviennent pas à s'en défaire et ne se libèrent donc jamais.

Ne laissez pas cela vous arriver. Vous devez avoir le courage et le caractère de pardonner à tout le monde, sans exception. Il ne devrait y avoir personne dans votre vie envers qui vous ressentez de la colère. Votre esprit doit être calme et clair. Vous devriez pouvoir dire : « Je n'ai pas de pensée négative ou rancunière envers qui que ce soit dans le monde ; je leur pardonne librement à tous ».

PRENEZ LE CONTRÔLE DE VOS ÉMOTIONS

Le point de départ de l'élimination des émotions négatives est que vous preniez le contrôle total de vos pensées et de vos actions, et que vous vous obligiez à ne pas exprimer les émotions négatives lorsqu'elles surgissent, comme ce sera sûrement le cas. Vous ne pourrez peut-être pas arrêter la réaction négative initiale à une déception ou à une attente frustrée, mais vous pouvez refuser de l'exprimer, que ce soit à vous-même ou à une autre personne. Vous pouvez l'éliminer instantanément en disant : « Je suis responsable ! »

Certains disent qu'il est sain d'exprimer les émotions négatives que sont la colère, la blessure, la peur et le doute. Mais les sources de ces émotions que vous ressassez et dont vous parlez prennent de plus en plus de place dans votre réalité. Une petite expérience négative est comme une étincelle qui peut s'enflammer en y pensant et en en parlant. Au lieu de cela, étouffez-la à l'instant où elle surgit en disant : « Je suis responsable ! ». Cherchez ensuite des raisons pour lesquelles vous pourriez être responsable. Vous les trouverez toujours.

LES VRAIS DIEUX ARRIVENT

Un poète anglais a écrit un jour : « Quand les faux dieux s'en vont, les vrais dieux arrivent ». Lorsque vous cessez de penser, de parler et de répéter les événements négatifs et les émotions qu'ils déclenchent, les « vrais dieux » des émotions positives remplissent votre esprit et votre cœur. Lorsque vous abandonnez les pensées, les opinions, les préjugés et les attitudes qui vous rendent malheureux, vous commencez à ressentir les pensées et les émotions qui vous font vous sentir bien dans votre peau et dans votre vie.

La nature est de votre côté. Elle veut que vous soyez heureux, en bonne santé, prospère et épanoui. Votre destin est de connaître la joie, l'harmonie, l'amour et la plus grande de toutes les bénédictions humaines, la paix de l'esprit. Et tout comme un gyroscope déséquilibré revient en position verticale, votre vie et vos émotions retrouvent la paix et la joie dès que vous cessez de faire et de dire les choses qui vous éloignent d'un sentiment de paix intérieure.

Décidez aujourd'hui même d'abandonner vos émotions négatives. Prenez la résolution, à partir de cet instant, de devenir une personne positive, optimiste, heureuse et enthousiaste dans tous les aspects de votre vie. Changez votre façon de penser à propos de vous-même et de vos possibilités, et vous changez votre vie.

* * *

EXERCICES PRATIQUES

1. Prenez la résolution aujourd'hui d'être une personne totalement heureuse. Maintenant, demandez : « Qu'est-ce qui, dans ma vie, me rend malheureux ou me cause du stress ? » Quelle que soit votre réponse, décidez d'y faire face et de l'éliminer.
2. Rappelez-vous une expérience de votre enfance qui vous met encore en colère. Réinterprétez maintenant cette expérience de manière positive et considérez-la comme une expérience d'apprentissage précieuse.
3. Dans quels domaines de votre vie êtes-vous en colère ou plein de ressentiment parce que vous en voulez encore à quelqu'un pour quelque chose qu'il a fait ou n'a pas fait ? Quoi qu'il en soit, acceptez la responsabilité et reprenez votre vie en main.
4. Qui y a-t-il dans votre passé que vous n'avez pas pardonné ? Quelle expérience antérieure provoque le plus de colère en vous encore aujourd'hui ? Qui que ce soit ou quoi que ce soit, prenez la résolution de pardonner et de lâcher prise.
5. Ne prenez plus les choses personnellement. Désormais, lorsque les gens ne vous respectent pas ou ne vous traitent pas comme vous le souhaiteriez, dépassez cela et vaquez à vos occupations.

6. Prenez aujourd'hui la décision de pardonner à toutes les personnes de votre passé envers lesquelles vous ressentez encore une émotion négative. Laissez-les partir et laissez-vous aller en même temps.
7. Pardonnez-vous toutes les erreurs que vous avez commises. Si cela est nécessaire, allez demander pardon à l'autre personne. Libérez-vous.

CHAPITRE 3

FAITES DE GRANDS RÊVES

Rêvez de nobles rêves, et ce dont vous rêvez, vous le deviendrez. Votre vision est la promesse de ce que vous serez un jour ; votre Idéal est la prophétie de ce que finalement vous révélerez.

—JOHN RUSKIN

Votre esprit peut être votre meilleur ami ou votre pire ennemi. Vos pensées seules ont le pouvoir de vous rendre en bonne santé ou malade, riche ou pauvre, populaire ou impopulaire. Votre esprit est comme une force puissante qui peut être orientée dans n'importe quelle direction pour obtenir des résultats merveilleux, ou causer des ravages et la destruction. Votre principal objectif dans la vie doit être d'exploiter vos incroyables pouvoirs et de les diriger intelligemment et systématiquement vers la réalisation de tout ce que vous désirez vraiment.

UN VOYAGE EN ITALIE

Laissez-moi vous raconter une histoire. Il y a quelques années, j'ai emmené ma famille en vacances en Italie. Nous avons visité plusieurs des grands musées d'art de Rome et de Florence. À Florence, un musée spécial a été construit pour abriter la statue de David créée par Michel-Ange il y a plusieurs centaines d'années. Il s'agit peut-être de la plus belle sculpture au monde. L'expérience physique réelle d'être dans la même pièce qu'elle est quelque chose qu'aucun d'entre nous n'a jamais oublié.

L'histoire de la création du David est très intéressante et contient une leçon pour nous tous. Michel-Ange a été chargé par les Médicis de créer une statue pour la place principale de Florence. Les Médicis étaient la famille la plus riche et la plus puissante d'Italie à l'époque. La commande d'une statue par les Médicis n'était pas seulement un grand honneur, c'était aussi une tâche qui ne pouvait être refusée. Pendant deux ans, Michel-Ange a cherché un bloc de pierre dans lequel il pourrait créer le genre de chef-d'œuvre que les Médicis recherchaient.

Finalement, dans une rue secondaire de Florence, partiellement envahie par les mauvaises herbes et couverte de terre, il trouva une énorme dalle de marbre posée sur des tréteaux en bois. Elle avait été transportée depuis les montagnes des années auparavant et n'avait jamais été utilisée.

Michel-Ange était passé devant cette rue de nombreuses fois, mais cette fois, il s'est arrêté et a regardé de plus près. Alors qu'il marchait de long en large pour étudier le bloc de marbre, il a réellement imaginé la statue de David et l'a vue dans son intégralité.

LES GRANDS SUCCÈS EXIGENT UN TRAVAIL LONG ET DIFFICILE

Le sculpteur s'arrangea rapidement pour que des ouvriers transportent le bloc de marbre jusqu'à son atelier qui était assez loin.

Il commença alors le long et dur travail de martelage et de ciselage. Il lui a fallu deux années entières de travail pour créer les grandes lignes de la statue. Il a ensuite mis de côté ses marteaux et ses ciseaux et a passé deux autres années à polir et à poncer avant que la statue ne soit achevée.

Michel-Ange était déjà célèbre en tant que sculpteur, et la nouvelle qu'il travaillait sur une commande importante pour les Médicis s'est répandue dans toute l'Italie. Le jour de la première exposition publique, des milliers de personnes venues de toute l'Italie se sont rassemblées sur la place principale. Lorsqu'il a été dévoilé, la foule est restée bouche bée, émerveillée. C'était d'une beauté à couper le souffle. Les gens l'acclamaient. Les femmes s'évanouissaient. Le public est stupéfait de l'incroyable beauté de l'énorme statue. Michel-Ange a été immédiatement reconnu comme le plus grand sculpteur de son époque.

Par la suite, lorsqu'on a demandé à Michel-Ange comment il avait pu créer un tel chef-d'œuvre, il a répondu en disant qu'il avait vu le David complet et parfait dans le marbre. Tout ce qu'il a fait, c'est d'enlever tout ce qui n'était pas le David.

VOUS ÊTES UN CHEF-D'ŒUVRE

Il existe de nombreux parallèles entre vous et le David. Vous ressemblez beaucoup à un grand chef-d'œuvre enfermé dans du marbre également. Mais le marbre qui vous enveloppe, ainsi que la plupart des autres personnes, est le marbre de la petite pensée limitée et de l'inquiétude excessive face aux possibilités de perte ou d'échec, plutôt qu'une anticipation enthousiaste des récompenses du succès et de la réussite.

Pour réaliser votre plein potentiel, votre plus grand besoin est de sortir de votre pensée limitée en faisant de grands rêves et en imaginant des possibilités illimitées. Vous devez éliminer toutes les croyances négatives qui vous empêchent de devenir tout ce que vous êtes capable de devenir.

Mais souvenez-vous, même après que le David soit sorti du marbre, il a fallu à Michel-Ange deux années entières de ponçage et de polissage pour en faire un chef-d'œuvre. De la même manière, vous devez également travailler sur vous-même, en ponçant et en polissant, en apprenant et en pratiquant, pendant des jours, des semaines, des mois et même des années, pour développer et faire ressortir tous les talents et toutes les capacités qui se trouvent au fond de vous.

VOUS POUVEZ DEVENIR IRRÉSISTIBLE

L'objectif central de ce livre est de vous aider à changer votre façon de penser de telle sorte que vous deveniez absolument inarrêtable dans la réalisation de tout objectif que vous pouvez vous fixer. Votre objectif est de vous développer psychologiquement au point de devenir une force irrésistible de la nature. Vous serez comme la marée qui monte, ou comme une puissante tempête qui balaie la terre.

Votre objectif est de devenir si confiant, courageux, fort et résolu que vous pouvez vous fixer n'importe quel objectif en sachant fermement que vous pouvez apprendre ce que vous devez apprendre, et faire ce que vous devez faire, pour finalement l'atteindre. Vous deviendrez si persévérant et déterminé que rien ni personne ne pourra vous ralentir ou modifier votre parcours. Vous deviendrez vraiment inarrêtable !

FAITES DE GRANDS RÊVES

Le processus pour devenir inarrêtable commence par faire de grands rêves. Puisque tout ce que vous créez dans votre monde commence par une pensée, plus les rêves que vous faites sont grands, plus les objectifs que vous atteindrez sont grands. Tous les hommes et les femmes qui réussissent sont des rêveurs. Toutes les personnes les plus performantes sont ce que l'on appelle des « penseurs de l'avenir ». Ils laissent continuellement leur esprit flotter librement lorsqu'ils pensent à ce qui est possible pour eux. Ils considèrent le ciel bleu illimité au-dessus d'eux comme la seule limite à tout ce qu'ils pourraient être, avoir ou faire.

Les personnes qui réussissent pratiquent continuellement la pensée du « retour du futur ». Ils se projettent dans le futur plusieurs années et imaginent à quoi ressemblerait leur vie s'ils avaient atteint tous leurs objectifs. Ils regardent le présent, depuis le point de vue mental du futur, comme s'ils regardaient du sommet d'une haute montagne vers le bas, là où ils se trouvent dans la vallée, dans le présent. Ils regardent ensuite le chemin qu'ils devraient prendre pour arriver là où ils veulent être dans le futur.

Selon la loi de la correspondance, tout ce que vous pouvez voir clairement à l'intérieur, vous finirez par l'expérimenter à l'extérieur. Vous devez donc visualiser vos objectifs avec autant de clarté et de vivacité que possible. Visualisez intensément vos objectifs et créez en vous le même sentiment que vous auriez si vous aviez déjà atteint vos objectifs. Visualisez vos objectifs fréquemment. Repassez une image de votre objectif, comme si vous l'aviez déjà réalisé, sur l'écran de votre esprit autant de fois que possible par jour. Visualisez vos objectifs aussi longtemps que vous le pouvez, de préférence juste avant de vous endormir chaque soir.

Répétez ces exercices de visualisation (vivacité, intensité, fréquence et durée) jusqu'à ce que vos objectifs deviennent des images absolument claires, vivantes, respirantes, excitantes et claires dans votre esprit. Plus vous serez habile à passer du rêve à la visualisation en passant par l'objectif, plus vous serez motivé et déterminé. Plus vous développerez la clarté, plus vous aurez de courage et de confiance, et plus vous deviendrez inarrêtable.

CRÉEZ VOTRE VISION IDÉALE DE L'AVENIR

La partie la plus importante de la réalisation de grands rêves consiste à définir votre vision idéale de l'avenir. Il s'agit pour vous de réfléchir à ce que vous voulez avant de commencer à penser à ce qui est possible pour vous. Vous faites de grands rêves en regardant vers l'avenir et en imaginant que vous n'avez aucune limite qui vous empêche de réaliser tout ce que vous voulez.

Détachez-vous de votre situation actuelle et autorisez-vous à rêver. Imaginez pour le moment que vous avez tout le temps et tout l'argent dont vous avez besoin. Imaginez que vous avez toutes les relations et tous les contacts, toutes les ressources et toutes les opportunités, toute l'éducation et les connaissances, toutes les compétences et l'expérience dont vous avez besoin pour être, avoir ou faire tout ce dont vous pouvez rêver.

Imaginez votre style de vie idéal. Imaginez votre emploi ou votre revenu idéal. Imaginez où vous aimeriez vivre et comment vous aimeriez passer chaque jour, chaque semaine, chaque mois. Imaginez votre vie de famille idéale. Imaginez votre état de santé idéal. Concevez votre vie parfaite à tous égards.

DRESSEZ VOTRE PROPRE LISTE DE RÊVES

Voici un exercice pour vous. Prenez une feuille de papier et en haut, écrivez les mots « Liste de rêves ». Soulignez ces mots, puis écrivez tout ce que vous pensez pouvoir désirer si vous n'aviez aucune limite.

La plupart des gens sont freinés par leurs croyances autolimitantes. La façon de briser ces chaînes mentales est de dresser une liste de rêves. Le fait même que vous puissiez écrire quelque chose que vous aimeriez avoir un jour signifie que vous avez probablement en vous, en ce moment même, la capacité de le réaliser. Laissez votre esprit flotter librement pendant que vous écrivez. Vous aurez tout le temps d'organiser et d'évaluer vos rêves plus tard.

QU'OSERIEZ-VOUS RÊVER ?

Voici une excellente question : « Quelle grande chose oseriez-vous rêver si vous saviez que vous ne pouviez pas échouer ? »

Si vous aviez la garantie absolue de réussir à atteindre un seul objectif, petit ou grand, à long ou à court terme, quel serait-il ? Si un milliardaire se prenait d'affection pour vous et vous proposait de vous faire un chèque pour couvrir n'importe quel objectif que vous pourriez clairement définir, quel objectif choisiriez-vous ?

Si vous pouviez avoir n'importe quel travail, quel serait-il ? Si vous pouviez travailler pour n'importe quel type d'entreprise, quel type d'entreprise choisiriez-vous ? Où se trouverait-elle et que ferait-elle ? Si votre vie familiale et vos relations pouvaient être parfaites à tous égards, à quoi ressembleraient-elles ? Répondez clairement à ces questions. Mettez-les par écrit.

COMMENCEZ À TRAVAILLER SUR VOTRE AVENIR

Vous commencez la création de votre avenir idéal en établissant votre liste de rêves. Vous écrivez tout ce que vous voudriez être, faire et avoir, exactement comme si vous n'aviez aucune limite. Vous dressez votre liste comme si vous étiez absolument sûr de réussir. Ensuite, vous pouvez commencer à affiner votre liste, étape par étape, pour élaborer un plan détaillé de votre vie.

Henry David Thoreau a écrit un jour : « Avez-vous construit vos châteaux dans les nuages ? Bien, c'est là qu'ils doivent être construits. Maintenant, mettez-vous au travail et installez-les sur des fondations. » Une fois que vous vous êtes libéré de votre pensée limitée, comme un ballon qui se détache de ses amarres et s'élève haut dans le ciel, vous pouvez commencer à transformer vos rêves et vos fantasmes en objectifs pratiques concrets avec des plans d'action spécifiques.

Votre capacité à fixer des objectifs et à établir des plans pour les atteindre est la « compétence maîtresse » de la réussite. Avec cette compétence maîtresse, il n'y a pas de limites à ce que vous pouvez accomplir. Mettre vos objectifs sur papier est l'étape suivante du processus.

COMMENT ATTEINDRE N'IMPORTE QUEL OBJECTIF

Il existe une méthode de fixation et de réalisation des objectifs en sept étapes que vous pouvez utiliser, encore et encore, dans n'importe quelle situation, pour accomplir tout ce que vous pouvez désirer pour vous-même. Ces sept étapes constituent une formule puissante et éprouvée que vous pouvez utiliser pour changer votre vie immédiatement.

PREMIÈRE ÉTAPE : DÉCIDEZ EXACTEMENT CE QUE VOUS VOULEZ

Un véritable objectif est clair, spécifique, mesurable et limité dans le temps. Un non-objectif « un souhait ou un espoir) est flou et imprécis. C'est un fantasme en l'air. Les personnes qui ont des objectifs clairs et spécifiques, qui savent exactement ce qu'elles veulent, sont très différentes des personnes qui traversent la vie en espérant le meilleur. Votre capacité à décider exactement ce que vous voulez dans chaque domaine de votre vie est l'une des responsabilités les plus importantes de la vie adulte.

Les gens m'abordent souvent lors de mes séminaires et me demandent quels devraient être leurs objectifs. Je leur réponds que seuls eux peuvent décider. Il est étonnant de combien d'entre eux me parlent de leur difficulté à se fixer des objectifs, et je suis d'accord avec eux. C'est difficile, mais c'est aussi essentiel. Avec des objectifs clairs, vous pouvez faire presque tout. Sans eux, vous ne pouvez pratiquement rien faire.

L'une des principales raisons pour lesquelles les gens échouent dans la vie est qu'ils perdent une grande partie de leur temps à faire des choses de faible valeur ou sans valeur du tout. Et la raison pour laquelle ils perdent autant de temps est qu'ils n'ont aucune idée réelle de ce qu'ils veulent vraiment. Une fois que vous avez des objectifs clairs, votre capacité à gérer votre temps s'améliore considérablement.

UTILISEZ VOTRE TEMPS À BON ESCIENT

Voici un moyen de décider si quelque chose correspond à une bonne utilisation de votre temps. Demandez-vous simplement : « Est-ce que cela me fait avancer vers la réalisation d'un de mes objectifs ? » Si l'activité vous aide à atteindre un objectif que vous vous êtes fixé, c'est une bonne utilisation du temps. Si ce n'est pas le cas, c'est une mauvaise utilisation du temps.

Lorsque vous prendrez l'habitude de ne faire que les choses qui vous font progresser vers vos objectifs, votre vie décollera. Vos résultats s'amélioreront. Vous vous trouverez bientôt occupé à chaque heure du jour à faire des choses qui vous aident d'une manière ou d'une autre. Vous n'aurez plus de temps à consacrer à des activités qui ne vous aident pas à atteindre l'un de vos objectifs.

Lorsque vous vous fixez des objectifs clairs et que vous savez exactement ce que vous voulez, vous devenez de plus en plus impatient face aux activités qui ne vous aident pas d'une manière ou d'une autre. Vous regarderez moins la télévision. Vous écouterez moins la radio. Vous lirez les journaux rapidement, voire pas du tout. Vous serez beaucoup plus sélectif avec vos amis et vos activités sociales. Vous ne passerez du temps qu'avec des personnes que vous appréciez, des personnes dont vous pouvez apprendre et profiter. Mais, comme le dit le vieil adage, « Si vous ne savez pas où vous allez, n'importe quelle route vous y mènera ».

DEUXIÈME ÉTAPE : ÉCRIVEZ VOS OBJECTIFS

Notez vos objectifs sur papier. Il y a quelque chose d'assez incroyable qui se passe entre le cerveau et la main. Lorsque vous prenez un papier et un stylo et que vous écrivez vos objectifs, vous activez simultanément les lois d'attente, d'attraction et de correspondance. Vous intensifiez votre croyance et approfondissez votre conviction que vous pouvez atteindre vos objectifs. L'acte même d'écrire vos objectifs vous donne un sentiment de contrôle et de pouvoir personnel. Les objectifs écrits augmentent votre résolution et votre détermination à faire tout ce qui est nécessaire pour les atteindre.

La vitesse à laquelle vous commencerez à atteindre vos objectifs après les avoir écrits est tout simplement miraculeuse. Le simple fait d'écrire vos objectifs multiplie par 10 vos chances de les atteindre, soit 1 000 % !

Plusieurs milliers de mes diplômés m'ont écrit ou sont revenus pour me raconter les choses étonnantes qui se sont produites dans leur vie et qui ont commencé immédiatement après avoir commencé à mettre leurs objectifs par écrit.

TROISIÈME ÉTAPE : SOYEZ PRÊT À EN PAYER LE PRIX

Déterminez le prix que vous allez devoir payer pour atteindre votre objectif. Faites une liste de tout ce que vous allez devoir faire si vous voulez que votre objectif devienne réalité.

Devrez-vous commencer chaque journée de travail un peu plus tôt, travailler un peu plus dur et rester un peu plus tard ? Notez-le. Allez-vous devoir améliorer vos connaissances et vos compétences, et suivre des cours supplémentaires ? Là encore, notez-le. Allez-vous devoir changer d'emploi, de secteur d'activité ou de carrière afin de réaliser tout ce qui est possible pour vous ? Notez-le.

La loi de cause à effet est la loi d'airain de l'univers. Pour tout ce que vous voulez, il y a un prix à payer. Ce prix doit être payé en totalité et à l'avance. La loi des semailles et des récoltes n'est pas la loi des récoltes et des semailles. Vous devez y mettre du vôtre avant de vous en sortir. Vous devez donner avant de recevoir. Vous devez payer le prix avant de profiter de la récompense.

Votre volonté de faire tout ce que vous devez faire, de payer le prix requis, de parcourir toute la distance nécessaire et de faire tous les sacrifices exigés est la mesure de l'intensité avec laquelle vous voulez vraiment votre objectif.

Votre volonté de faire tout ce que vous devez faire, de payer le prix qu'il faut, de parcourir toute la distance nécessaire et de faire tous les sacrifices exigés est la mesure de votre volonté réelle d'atteindre votre objectif. C'est comme vouloir gagner à une partie de poker sans être prêt à égaler la mise finale de l'autre joueur. Vous finissez par perdre toute la mise, tout comme en ne s'engageant pas totalement, les gens finissent par perdre tout l'objectif.

ÉTAPE QUATRE : ÉLABOREZ UN PLAN DÉTAILLÉ

Faites un plan, par écrit. Rappelez-vous, la capacité à élaborer des objectifs écrits et à créer des plans pour les atteindre est la compétence maîtresse de la réussite. Un plan commence par l'établissement d'une liste de toutes les choses auxquelles vous pensez et que vous devrez faire pour atteindre votre objectif. Une fois que vous avez dressé votre liste, vous pouvez ajouter de nouveaux éléments à mesure qu'ils vous viennent à l'esprit.

Vous organisez ensuite votre liste en termes de priorité et de séquence. Quelles sont les choses les plus importantes de la liste que vous devrez faire pour atteindre votre objectif ? Quelles sont les choses que vous devrez faire avant de faire autre chose ? Quels sont les éléments de votre liste qui dépendent de la réalisation des autres éléments en premier ?

Un plan d'action vous donne une voie à suivre. Il augmente votre niveau de conviction et intensifie votre désir d'atteindre votre objectif. Vous devenez progressivement convaincu que votre objectif est réellement possible et réalisable pour vous. Vous commencez à voir des possibilités dont vous n'auriez peut-être même pas eu conscience en l'absence d'un plan écrit.

CINQUIÈME ÉTAPE : METTEZ VOTRE PLAN EN PRATIQUE

Agissez d'une manière ou d'une autre dans le sens de votre objectif. Une fois que vous avez fixé un objectif, que vous l'avez mis par écrit, que vous avez déterminé le prix à payer et que vous avez établi un plan, vous devez immédiatement passer à l'action. Même si vous ne passez qu'un seul coup de fil ou ne collectez qu'une seule information, faites quelque chose. Dans la Bible, il est dit : « La foi sans les œuvres est morte ».

Il y a quelque chose de puissant dans votre volonté d'entreprendre une action spécifique, dans la foi, en direction de votre objectif, sans garantie de succès. Votre action elle-même semble déclencher toutes sortes d'autres pouvoirs et forces dans l'univers. Vous activez la loi de l'attraction pour vous aider. Lorsque vous passez à l'action, vous vous montrez à vous-même, ainsi qu'aux autres d'ailleurs, que vous prenez votre objectif au sérieux.

Tant que vous n'avez pas entrepris d'action spécifique et irrévocable, vous ne faites que vous livrer à un exercice agréable, comme la rêverie. Vous avez mis votre clé dans le contact, mais vous ne l'avez pas allumé.

SIXIÈME ÉTAPE : FAITES QUELQUE CHOSE CHAQUE JOUR

Faites chaque jour quelque chose qui vous rapproche de votre objectif le plus important. C'est un principe de réussite essentiel qui génère de l'énergie et de l'enthousiasme. Pour conserver votre courage, votre confiance et votre motivation personnelle, vous devez faire chaque jour quelque chose qui vous donne le sentiment d'avancer et de progresser. Votre travail consiste à vous construire jusqu'au point où vous vous sentez réellement inarrêtable, et la seule façon d'y parvenir est de refuser de vous arrêter, en faisant quelque chose chaque jour.

SEPTIÈME ÉTAPE : N'ABANDONNEZ JAMAIS

Déterminez à l'avance que vous n'abandonnerez jamais une fois que vous aurez commencé à avancer vers votre objectif. Peu importe le nombre de revers ou d'obstacles que vous rencontrerez, décidez que vous continuerez à vous relever et à persévérer jusqu'à ce que vous finissiez par réussir.

En décidant à l'avance que vous allez persévérer, quelle que soit la difficulté, vous vous donnez un avantage psychologique. Lorsque les difficultés se présenteront, vous serez mentalement préparé à les surmonter plutôt qu'à abandonner. Votre volonté et votre capacité à persévérer sont ce qui finira par garantir votre succès.

LES SECRETS DES MILLIONNAIRES AUTODIDACTES

Si l'argent est votre objectif, rappelez-vous que la plupart des personnes qui sont riches aujourd'hui ont commencé sans argent du tout, ou même très endettées. Presque toutes les personnes qui sont au sommet aujourd'hui étaient autrefois au bas de l'échelle. Presque toutes les personnes qui se trouvent à l'avant de la ligne de vie étaient autrefois à l'arrière de cette ligne. Presque toutes les personnes qui sont riches aujourd'hui ont été pauvres.

La plupart des cinq millions de millionnaires aux États-Unis se sont faits eux-mêmes. C'est-à-dire qu'ils ont commencé avec rien et ont gravi les échelons. Notre monde compte aujourd'hui plus de 300 milliardaires partis de rien et multimilliardaires également. Beaucoup d'entre eux sont des personnes qui ont commencé avec peu ou rien, et en changeant leur façon de penser, ils ont libéré leurs propres potentiels intérieurs pour atteindre des résultats financiers extraordinaires. Et presque tout ce que quelqu'un d'autre a fait, dans la limite du raisonnable, vous pouvez le faire aussi. Quels sont vos objectifs ?

LE POUVOIR DE L'ENGAGEMENT
L'une de mes citations préférées est celle de l'alpiniste Charles Murray.

> Tant que l'on ne s'engage pas, il y a l'hésitation, la possibilité de se retirer, toujours l'inefficacité. Pour tout acte d'initiative et de création, il existe une vérité élémentaire dont l'ignorance tue d'innombrables idées et plans splendides : au moment où l'on s'engage définitivement, la providence bouge aussi.
> Toutes sortes de choses se produisent pour nous aider, qui ne se seraient jamais produites autrement. Toute une série d'événements découlent de la décision, soulevant en sa faveur toutes sortes d'incidences imprévues, de rencontres et d'aides matérielles qu'aucun homme n'aurait pu rêver avoir.

Il termine sa déclaration par ces mots de Goethe :

> Êtes-vous sérieux ? Cherchez en ce moment même,
> Tout ce que vous pouvez faire, ou rêver de faire, commencez-le.
> L'audace a du génie, du pouvoir et de la magie en elle.
> Engagez-vous seulement et l'esprit s'échauffe.
> Commencez et la tâche sera accomplie.

* * *

EXERCICES PRATIQUES

1. Quel grand objectif vous fixeriez-vous si le succès vous était absolument garanti ?
2. Dressez une « liste de rêves » ; notez tout ce que vous aimeriez avoir dans votre vie un jour, exactement comme si vous n'aviez aucune limite.
3. Imaginez votre style de vie idéal ; si vous étiez financièrement indépendant et que vous pouviez vivre comme bon vous semble et où vous voulez, que changeriez-vous ?
4. Dressez une liste de 10 objectifs que vous aimeriez atteindre au cours de l'année prochaine. Dans cette liste, choisissez l'objectif qui aurait le plus grand impact positif sur votre vie si vous pouviez l'atteindre dès maintenant.
5. Notez votre objectif le plus important sur une autre feuille de papier. Rendez-le mesurable et fixez une date limite pour sa réalisation.
6. Faites un plan écrit pour atteindre cet objectif. Dressez une liste de tout ce que vous pensez devoir faire pour l'atteindre.
7. Mettez immédiatement votre plan à exécution. Une fois que vous avez commencé, obligez-vous à faire chaque jour quelque chose qui vous rapproche de cet objectif. Ne manquez jamais un jour jusqu'à ce que vous l'ayez atteint.

CHAPITRE 4
DÉCIDEZ DE DEVENIR RICHE

La pensée est la source originelle de toute richesse, de tout succès, de tout gain matériel, de toutes les grandes découvertes et inventions, et de toute réussite.

—CLAUDE M. BRISTOL

Nous sommes passés d'un monde basé sur des limitations matérielles à un monde déterminé par des concepts mentaux. Nous sommes passés de l'âge des objets à « l'âge psychozoïque », l'âge de l'esprit. La richesse et les opportunités sont davantage contenues dans la personne que vous êtes et dans votre façon de penser que dans les biens que vous avez acquis dans la vie jusqu'à présent. Votre avenir réside davantage dans votre capacité à appliquer votre esprit et votre intelligence à votre travail et à votre vie que dans votre emploi ou votre situation actuelle.

Comme la santé, la richesse et le bonheur sont essentiellement mentaux, il y a très peu de limites à ce que vous pouvez obtenir. Dans ce chapitre, et dans les chapitres suivants, vous apprendrez un grand nombre de méthodes, de techniques et de stratégies simples, pratiques et éprouvées utilisées par des hommes et des femmes très performants dans tous les domaines pour accomplir bien plus que ce qu'eux-mêmes ou leur entourage n'auraient jamais pu imaginer. Vous apprendrez comment briser les liens de la pensée limitée et conventionnelle, en élargissant vos désirs et vos ambitions de façon si spectaculaire que vous serez en mesure d'accomplir n'importe quel objectif que vous vous fixerez.

TROIS FORCES MAJEURES

Trois forces majeures se répercutent dans notre monde aujourd'hui, transformant tout ce qu'elles touchent et créant des opportunités illimitées pour la minorité créative. Ces trois forces sont l'incroyable croissance de l'information, de la technologie et de la concurrence.

EXPLOSION DE L'INFORMATION ET DU SAVOIR

La révolution de l'information, combinée à la vitesse du traitement informatisé de l'information, de l'Internet et des communications sans fil, permet aux connaissances dans tous les domaines de doubler tous les deux ou trois ans. Près de 90 % de tous les penseurs, inventeurs, ingénieurs, scientifiques, écrivains, entrepreneurs et créateurs de toutes sortes qui ont existé vivent et travaillent aujourd'hui. Les résultats de leurs efforts deviennent presque instantanément disponibles les uns pour les autres, doublant et triplant ainsi leurs productions.

PROGRÈS TECHNOLOGIQUES

L'explosion de la technologie et des ordinateurs à haute vitesse est littéralement à couper le souffle. Aujourd'hui, vous pouvez envoyer un message par e-mail dans le monde entier à des dizaines, des centaines, voire des milliers de personnes simultanément, en quelques secondes, pour un coût de quelques centimes. Le World Wide Web vous donne accès à des dizaines de millions d'autres internautes, ainsi qu'aux connaissances accumulées dans plus de 50 000 bibliothèques et instituts de recherche. La transmission instantanée des données permet aux marchés monétaires de déplacer un billion de dollars par jour, parfois en quelques secondes, rendant impossible pour les pays de contrôler leur monnaie, et encore moins leur économie.

Au XXIe siècle, vous posséderez un ordinateur portable doté d'une micropuce capable de traiter un milliard de commandes par seconde. Il sera doté d'une batterie longue durée et d'un téléphone cellulaire intégré, relié à des cellules et à des satellites qui vous permettront de communiquer instantanément avec n'importe qui, presque partout dans le monde. Vous aurez votre propre numéro de téléphone qui permettra à n'importe qui dans le monde, n'importe où, de vous téléphoner, où que vous soyez, qu'ils sachent ou non dans quel pays vous vous trouvez. Et cette technologie téléphonique tiendra probablement à votre poignet comme le fait aujourd'hui une grande montre numérique.

UNE CONCURRENCE FLORISSANTE
Le troisième grand facteur qui anime nos vies est la concurrence. Chaque organisation commerciale veut générer des ventes et faire des profits, au niveau local, national et international, si possible. Pour survivre et prospérer, chaque personne et chaque entreprise doit continuellement chercher des moyens plus rapides, meilleurs, plus récents, moins chers et plus faciles d'offrir de la valeur à ses clients.

Chaque progrès dans le domaine des connaissances et de la technologie crée des opportunités que des concurrents agiles peuvent saisir et exploiter pour créer de nouveaux produits et services et se dépasser sur leurs marchés. Ces trois forces, à savoir l'information, la technologie et la concurrence, se multiplient les unes les autres pour créer le plus grand rythme de changement de l'histoire de l'humanité. Et le rythme du changement va même s'accélérer dans les années à venir.

LE CHANGEMENT CRÉE DES OPPORTUNITÉS

Au moins 80 % des produits et services que vous utiliserez dans cinq ans seront entièrement nouveaux ou complètement transformés par rapport à aujourd'hui. Probablement 80 % des emplois exercés dans cinq ans seront des emplois nouveaux ou complètement transformés par l'afflux d'informations, de technologies et de concurrence. Et la bonne nouvelle, c'est que chaque changement qui s'opère ouvre de nouvelles opportunités et possibilités pour vous permettre d'atteindre vos objectifs et de faire de plus grands progrès, plus rapidement que jamais auparavant.

Les forces du changement ont un impact sur tout ce que vous faites. Le rythme du changement s'accélère de semaine en semaine et de mois en mois. La vitesse et la variété du changement sont des éléments sur lesquels vous n'avez aucun contrôle et pour lesquels vous n'avez aucun choix. La seule décision que vous devez prendre est de savoir si vous allez être un « maître du changement » ou une « victime du changement ». Allez-vous être un créateur de circonstances ou une créature de circonstances ? Allez-vous surfer sur la vague et rester en tête de la courbe du changement, ou allez-vous être renversé par elle et laissé dans son sillage ? Ce sera l'un ou l'autre, mais l'impact du changement s'imposera à vous, quoi que vous fassiez.

APPRENEZ AUPRÈS DES EXPERTS

Si vous voulez apprendre à cuisiner, vous étudiez la cuisine. Si vous voulez être avocat, vous étudiez le droit. Si vous voulez être un ingénieur ou un architecte, vous étudiez l'ingénierie ou l'architecture. Et si vous voulez réussir financièrement, vous faites des recherches sur d'autres personnes qui ont réussi financièrement avant vous. Vous découvrez ce qu'elles ont fait, et vous faites les mêmes choses, encore et encore, jusqu'à ce que vous obteniez les mêmes résultats.

Gagner de l'argent est une compétence, comme faire de la bicyclette ou utiliser un ordinateur. Parce que c'est une compétence, elle peut donc être apprise par quiconque veut acquérir de la richesse. Si, par le passé, vous avez accepté l'idée fausse que vous ne pouvez pas gagner ou conserver tout l'argent que vous voulez, il est temps pour vous de vous débarrasser de cette idée. Il s'agit d'une croyance erronée. Il est temps pour vous de décider de devenir financièrement indépendant.

LA GRANDE LOI

Le philosophe grec Aristote a formulé pour la première fois le principe de base de la philosophie occidentale vers 350 avant Jésus-Christ. Il est devenu célèbre sous le nom de principe aristotélicien de causalité. Aujourd'hui, nous l'appelons la loi de cause à effet. Cette loi dit que pour chaque effet dans votre vie, il y a des causes spécifiques. Elle dit que tout arrive pour une raison.

Le succès n'est pas un accident. L'échec n'est pas non plus un accident. Ce qui vous arrive n'est pas déterminé par la chance ou par la coïncidence. C'est le résultat d'une loi immuable.

Mon parcours, qui m'a fait passer du chômage et de la pauvreté à la réussite et à l'indépendance financière, a commencé lorsque j'ai commencé à étudier les personnes qui réussissent le mieux dans notre société. Mon idée était simple : je découvrais ce qu'ils avaient fait pour accomplir tant de choses, et ensuite je faisais les mêmes choses. Pourquoi réinventer la roue ? Ce que j'ai découvert a changé ma vie. Elle changera aussi la vôtre.

DES MILLIONS DE MILLIONNAIRES

Lorsque j'ai commencé mes lectures et mes recherches dans les années 1960, il y avait sept cent mille millionnaires aux États-Unis, pour la plupart autodidactes, ayant commencé avec rien. En 1980, selon l'IRS, il y avait 1 800 000 familles ou individus avec une valeur nette de plus d'un million de dollars. Aujourd'hui, on compte plus de cinq millions de millionnaires, soit une augmentation de 277 % en 22 ans. Et la plupart d'entre eux sont des autodidactes. Ce sont des hommes et des femmes qui ont commencé avec peu ou rien, souvent sans le sou ou très endettés, et qui ont progressivement accumulé suffisamment d'argent pour devenir financièrement indépendants.

Les millionnaires indépendants viennent de tous les horizons, avec tous les niveaux d'éducation et de compétences, et avec toutes les difficultés, obstacles, handicaps et défis à surmonter dont vous pourriez rêver.

Certains sont jeunes et d'autres âgés. Certains sont de nouveaux immigrants qui sont arrivés en Amérique sans savoir parler anglais, et d'autres sont issus de familles installées en Amérique depuis des générations. Certains ont fait d'excellentes études dans les meilleures universités, d'autres ont abandonné leurs études secondaires. Certains ont une excellente santé physique et d'autres sont en fauteuil roulant, malentendants, aveugles ou ont d'autres limitations physiques.

La chose la plus importante à retenir est que, quelles que soient les difficultés que vous rencontrez, quels que soient les problèmes qui, selon vous, vous empêchent d'avancer, quelqu'un d'autre, et probablement des milliers d'autres personnes, ont eu à surmonter des obstacles bien plus grands que ceux dont vous pourriez rêver, et ils ont néanmoins réussi. Et ce que les autres ont fait, vous pouvez le faire aussi.

RECHERCHE EXHAUSTIVE

Le Dr Thomas Stanley, de l'université de Géorgie, a passé plus de 30 ans à étudier les millionnaires autodidactes. Il a interviewé des milliers d'entre eux et a compilé ses conclusions dans divers livres, études de recherche et rapports, dont deux best-sellers, *Le millionnaire d'à côté* et *L'esprit millionnaire*. Ses recherches montrent que chaque type de personne, de tous les horizons, a pu partir de rien et passer la barre magique du million de dollars en faisant certaines choses de certaines manières, encore et encore.

COMMENCEZ LÀ OÙ VOUS ÊTES

Lorsque j'ai commencé à étudier les millionnaires autodidactes, je vivais dans un appartement loué avec des meubles loués. J'avais une voiture d'occasion qui n'était pas payée et j'étais très endetté. J'étais entre deux emplois et je vivais sur mes cartes de crédit.

La première chose que j'ai trouvée, c'est que les millionnaires autodidactes faisaient les choses différemment des gens ordinaires, et j'en avais assez d'être ordinaire. J'ai donc décidé d'arrêter de faire ce que je faisais, qui ne marchait pas, et de commencer à faire ce qu'ils faisaient. Ma vie n'a jamais plus été la même depuis cette décision.

Il n'a pas été facile de changer ma façon de penser concernant l'argent et mon avenir financier, mais ces efforts ont fini par porter leurs fruits. Comme un grand paquebot qui change de direction, un degré à la fois, mes habitudes ont commencé à changer. En cinq ans, je n'avais plus de dettes et je gagnais bien ma vie. Cinq ans plus tard, j'avais franchi la barre du million de dollars. Quand je regarde en arrière, je vois que ce n'était pas un miracle. Tout ce que j'ai vraiment fait, c'est d'apprendre ce que d'autres personnes ayant réussi avaient fait avant moi, puis de faire les mêmes choses jusqu'à ce que j'obtienne les mêmes résultats.

DÉBARRASSEZ-VOUS DES MYTHES

Il existe un grand nombre de mythes sur les millionnaires autodidactes. Si vous voulez devenir vous-même un millionnaire autodidacte, vous devez dissiper ces mythes de votre propre esprit. Rappelez-vous, comme l'a dit un jour l'humoriste Josh

Billings : « Ce n'est pas ce qu'un homme sait qui lui fait du tort, c'est ce qu'il sait qui n'est pas vrai ».

De nombreuses personnes ont des idées fixes ou des croyances sur elles-mêmes et sur l'argent qui les freinent. Ces idées peuvent être totalement fausses, mais elles réduisent néanmoins vos chances de réussite. Vous devez les dépasser. Pour réaliser quelque chose que vous n'avez jamais réalisé auparavant, vous devez penser d'une manière à laquelle vous n'avez jamais pensé auparavant.

L'un des mythes est que vous devez faire de grandes études pour devenir riche. Un autre mythe est que vous devez commencer avec beaucoup d'argent. Certaines personnes sont convaincues que la réussite financière dépend d'une sorte de coup de chance, comme le fait de choisir un titre en vogue sur le marché boursier.

Aucun de ces mythes n'est vrai. En fait, une enquête menée auprès des membres du Forbes 400, les 400 hommes et femmes les plus riches des États-Unis, a révélé que les décrocheurs du secondaire du groupe qui ont réussi à se hisser sur la liste valaient, en moyenne, 300 millions de dollars de plus que les diplômés universitaires de la liste.

LE PAYS DES OPPORTUNITÉS
Le groupe d'immigrants le plus prospère par habitant aux États-Unis, en termes de création et de développement d'entreprises prospères, sont les Russes. Pourquoi en est-il ainsi ? C'est parce que les Russes sont issus d'un système où il était si extraordinairement difficile de réussir que lorsqu'ils arrivent en

Amérique, croyant que l'Amérique est la terre des opportunités, ils découvrent qu'il est beaucoup plus facile de réussir qu'ils ne le pensaient.

En conséquence, les Russes créent entreprise après entreprise et accumulent les succès que l'Américain moyen prétend continuellement ne plus être possibles. Parce qu'ils croient absolument que c'est possible pour eux, ils font de leurs rêves une réalité. Leurs croyances deviennent leurs réalités.

LE PRINCIPE DE RÉALITÉ

L'ancien président de la General Electric Company, Jack Welch, était considéré comme l'un des meilleurs dirigeants d'entreprise au monde. Il disait que la qualité unique la plus importante du leadership est ce qu'il appelle le « principe de réalité ». Le principe de réalité dit que vous devez traiter le monde tel qu'il est, et non tel que vous souhaiteriez qu'il soit. Vous devez vous efforcer d'être complètement honnête avec vous-même et votre situation. Vous devez refuser de sombrer dans l'auto-illusion et l'espoir que les choses s'arrangeront, que vous fassiez quelque chose ou non.

En particulier lorsqu'il s'agit de créer de la richesse, vous devez être totalement honnête avec vous-même. Vous ne pouvez pas vous permettre de jouer avec votre propre esprit si vous voulez vraiment être riche. Vous ne pouvez pas souhaiter et espérer et prier que, d'une manière ou d'une autre, vous allez gagner à la loterie ou faire fortune grâce à la chance ou à une circonstance extérieure extraordinaire.

VOUS CRÉEZ VOTRE PROPRE CHANCE

Souvent, les gens s'interrogent souvent sur le rôle de la chance dans la réussite. Ils sont convaincus que la chance est un facteur essentiel pour atteindre tout ce qui vaut la peine. Ils ont le sentiment que certaines personnes sont simplement chanceuses et d'autres non. Ils parlent de la chance comme s'il s'agissait d'une question de sort ou de destin, largement inexplicable. Ils insistent sur le fait qu'une personne parvient au sommet de son domaine en grande partie grâce à des coups de chance, qu'ils n'ont bien sûr pas eus.

J'ai étudié le concept de la chance pendant de nombreuses années. J'en suis arrivé à la conclusion que la chance est un mot que les gens utilisent pour expliquer des choses qui se révèlent bien meilleures que ce à quoi on aurait pu s'attendre. Si une personne connaît une grande réussite financière à un jeune âge, les gens disent qu'elle a eu « juste de la chance ».

Certaines personnes utilisent le mot « chance » pour décrire quelque chose de remarquablement bien qui se produit et qui sort de l'ordinaire. Mais il ne s'agit pas du tout de chance. Le fait est que tous les résultats soi-disant dus à la chance sont en réalité le résultat de probabilités. La chance n'existe pas.

La loi des probabilités dit qu'il y a une probabilité pour tout ce qui arrive. Ces probabilités peuvent souvent être déterminées avec une grande précision. Toute l'industrie de l'assurance et de la souscription est basée sur les probabilités, qui sont exprimées dans des tables actuarielles.

DEVENIR MILLIONNAIRE

Il existe une probabilité que vous deveniez millionnaire au cours de votre vie professionnelle. Aujourd'hui, en Amérique, une famille sur 20 possède une valeur nette supérieure à un million de dollars. Cela signifie que votre probabilité d'acquérir un million de dollars est de 1 sur 20, soit 5 %.

Toutefois, cela signifie également que votre probabilité de ne pas acquérir un million de dollars, si tel est votre objectif, est de 95 %. Ce ne sont pas de bonnes probabilités. Votre travail doit consister à améliorer les chances en votre faveur. Votre objectif doit être d'augmenter considérablement les probabilités d'atteindre l'indépendance financière en faisant de plus en plus de choses qui vous aideront à atteindre votre objectif. Ce principe s'applique à tout ce que vous voulez accomplir.

Plus vous faites de choses différentes qui sont susceptibles de vous aider à atteindre votre objectif, plus vous avez de chances de faire la bonne au bon moment. Si vous vous fixez des objectifs clairs et écrits, que vous faites des plans détaillés et que vous améliorez continuellement vos compétences pour augmenter vos revenus, vous augmentez les probabilités de bien gagner votre vie.

Si vous étudiez l'argent et les investissements, si vous économisez et mettez de côté 10 à 20 % de vos revenus chaque mois, si vous contrôlez étroitement vos dépenses et si vous pensez à votre vie financière à long terme, vous finirez par devenir millionnaire. Ce n'est pas une question de chance. C'est juste une question de probabilités.

LES PROBABILITÉS FONT TOUT

Imaginez que vous êtes un joueur de fléchettes inexpérimenté, légèrement en état d'ébriété, dans une pièce sombre, debout à une certaine distance de la cible. Même dans ces conditions, si vous lancez suffisamment de fléchettes en direction de la cible, vous finirez par l'atteindre. Et si vous continuez à lancer des fléchettes, presque malgré vous, vous deviendrez plus précis. Par conséquent, selon la loi des probabilités, vous finirez par toucher le centre de la cible.

Cette métaphore explique pourquoi les personnes qui commencent avec un niveau élevé de désir et de détermination finissent par réussir. Ils continuent d'essayer. Et selon la loi des probabilités, ils finissent par gagner. Ce n'est pas de la chance. Ils créent leur propre chance grâce à ce qu'ils font, ou ce qu'ils ne font pas.

Maintenant, imaginez que les conditions sont différentes. Imaginez que vous êtes un bon joueur de fléchettes et que vous vous entraînez tous les jours pour vous améliorer. En outre, vous êtes parfaitement reposé, lucide et complètement préparé. Les lumières de la pièce sont vives et vous vous tenez à une distance raisonnable de la cible. Dans ces conditions, qui sont toutes sous votre contrôle, le temps qu'il vous faudrait pour atteindre le centre de la cible serait considérablement réduit. Et bien sûr, lorsque vous touchez le centre de la cible, tout le monde vous dit que vous avez eu de la chance. Mais c'est vous qui avez créé votre propre chance.

Tout au long de votre vie, vous devez constamment penser à tout ce que vous pouvez faire, dans tous les domaines, pour augmenter les probabilités de réussir à atteindre vos objectifs. Vous ne devez rien laisser au hasard. Vous devez refuser de souhaiter ou d'espérer, ou de faire confiance à la chance. Vous devez prendre le contrôle de votre situation. Vous êtes responsable.

VOUS ÊTES RESPONSABLE

Vous ne parviendrez à la réussite financière qu'après avoir accepté que tout ce que vous deviendrez dépend entièrement de vous. Vous êtes responsable. Personne ne va le faire pour vous. Répétez sans cesse : « Si ça doit arriver, ça dépend de moi ! »

Heureusement, en Amérique, il y a plus d'opportunités de création de richesse et de réussite personnelle qu'il n'y en a jamais eu auparavant dans toute l'histoire de l'humanité. Les États-Unis sont le seul pays sur terre qui est communément appelé à l'étranger « le pays des rêves ». En 2003, elle a été classée comme le pays le plus entrepreneurial du monde. Cela signifie qu'il est plus facile de créer et de bâtir une entreprise prospère aux États-Unis que partout ailleurs dans le monde.

Alors que l'information et la technologie continuent à se développer et à se multiplier, et que la concurrence continue à s'intensifier, de plus en plus d'opportunités s'ouvrent chaque jour pour la minorité créative qui est prête à en profiter. Votre travail consiste à chercher ces opportunités, et si vous ne les trouvez pas, créez-les pour vous-même.

LE DÉNOMINATEUR COMMUN

L'une des découvertes de la recherche sur les millionnaires autodidactes est le constat que la plupart d'entre eux commencent avec peu ou pas d'argent. La plupart d'entre eux commencent par économiser soigneusement leur argent pendant longtemps jusqu'à ce qu'ils en aient assez pour démarrer une petite entreprise ou un commerce. Certaines des plus grandes entreprises américaines ont été créées sur une table de cuisine ou dans un garage, comme Hewlett-Packard Company ou Apple Computer. Certains des plus récents millionnaires américains sont issus du secteur du marketing multi-niveaux. Travaillant à domicile, ils ont payé 50 dollars pour un kit d'échantillons et se sont mis au travail. Ils ont vendu quelque chose, ont fait des bénéfices, ont réinvesti leurs bénéfices, se sont développés et ont finalement atteint l'indépendance financière.

Lors de ses entretiens avec des millionnaires indépendants, le Dr Thomas Stanley a découvert le dénominateur commun de leur réussite. La qualité la plus importante que les millionnaires self-made ont utilisée pour expliquer leur succès est l'habitude de travailler dur, très dur.

Les millionnaires autodidactes travaillent beaucoup plus dur que la personne moyenne. Ils commencent plus tôt, travaillent plus dur et restent plus tard. Selon de nombreuses études et interviews, les millionnaires autodidactes travaillent en moyenne 59 heures par semaine. Certains travaillent beaucoup plus, surtout au début.

PERTE DE TEMPS AU TRAVAIL

La personne employée moyenne consacre environ 40 heures par semaine à son travail, mais seulement environ 32 heures de ce temps sont officiellement du temps de travail. Au moins 50 % du temps passé au travail est gaspillé en activités sociales oisives avec les collègues, en appels téléphoniques personnels et en affaires personnelles. Les employés moyens commencent un peu plus tard, prennent de longues pauses café et des heures de déjeuner, et partent un peu plus tôt. Même les cadres déclarent en privé qu'ils passent la moitié de leur temps au travail à faire des choses qui n'ont absolument rien à voir avec leur travail.

Seuls 5 % environ des personnes travaillant aujourd'hui se consacrent à plein temps à leur travail, du début à la fin de la journée. Ces personnes sont celles qui sont sur la voie rapide de leur carrière. Elles gravissent les échelons, sont mieux payées et obtiennent des promotions plus rapidement. Ce sont les personnes qui font bouger les choses dans chaque entreprise, et tout le monde sait qui elles sont.

ACTIVITÉS À FAIBLE VALEUR AJOUTÉE

La partie la plus triste de la recherche sur les habitudes de travail des employés n'est pas seulement que les gens perdent beaucoup de temps au travail. C'est que dans les autres 50 % du temps, lorsque les gens travaillent effectivement sur les tâches et les responsabilités de l'entreprise, ils ont tendance à travailler sur des tâches de faible valeur et de faible priorité. Par conséquent, ils apportent peu de valeur à leur entreprise. Une faible productivité entraîne une baisse des salaires et des opportunités.

Chaque année, des centaines de milliers de personnes sont licenciées par des petites et grandes entreprises, souvent pour des postes de cols blancs et de cadres moyens. Pourquoi en est-il ainsi ? La réponse est simple. Les entreprises ont finalement compris qu'elles versent des salaires élevés à des personnes qui produisent très peu de valeur. Aucune entreprise ne peut survivre très longtemps dans ces conditions, et ces entreprises sont déterminées à survivre. Donc le personnel superflu doit partir.

VOUS POUVEZ Y ARRIVER
Si vous voulez sérieusement devenir financièrement indépendant, ou mieux encore, devenir un millionnaire autodidacte au cours de votre carrière, voici deux faits : Premièrement, c'est tout à fait possible. Des centaines de milliers d'hommes et de femmes deviennent financièrement indépendants chaque année après être partis de rien. Tout ce que les autres ont fait, dans la limite du raisonnable, vous pouvez le faire aussi. Le fait même que quelqu'un d'autre ait atteint un objectif financier particulier est la preuve que c'est possible pour vous. La seule question est de savoir à quel point vous le voulez.

Deuxièmement, le principe de réalité dit que si vous voulez réussir dans un domaine, vous devez trouver ce que d'autres personnes ont fait pour réussir dans ce domaine, et ensuite faire les mêmes choses encore et encore jusqu'à ce que vous obteniez les mêmes résultats. Tant que vous n'essayez pas de vous tromper et de chercher des raccourcis, vous êtes pratiquement sûr de finir par atteindre, et même dépasser, vos objectifs.

LA FORMULE 40 PLUS

Commencez dès aujourd'hui à appliquer la « formule 40 plus » à votre travail et à votre carrière. Selon cette formule, vous travaillez 40 heures par semaine aux États-Unis pour survivre. Si vous ne travaillez que 40 heures par semaine (si vous ne travaillez que le nombre d'heures qui vous est demandé), alors vous ne ferez que survivre. Vous ferez du sur-place financièrement. Vous gagnerez suffisamment pour payer vos factures et peut-être un peu plus, mais vous n'avancerez jamais et vous ne réussirez jamais.

Selon la formule 40 Plus, chaque heure que vous consacrez à votre travail, ou à vous-même, au-delà de 40 heures, est un investissement dans votre réussite future. Vous pouvez savoir où vous serez dans cinq ans en regardant simplement combien d'heures par semaine vous consacrez à votre travail. Chaque heure au-delà de 40 que vous investissez pour obtenir plus de résultats pour votre employeur et vos clients s'additionne et contribue à votre succès à long terme.

DONNEZ-VOUS UN AVANTAGE

Si vous travaillez 45 à 50 heures par semaine, vous vous donnez un avantage sur vos collègues. Si vous travaillez 55 à 60 heures par semaine, votre succès à long terme est pratiquement garanti. Vous vous placez du côté des anges. De nombreux millionnaires autodidactes travaillent 70 à 80 heures par semaine pour s'établir dans leur carrière. Il n'y a pas de raccourci pour un succès durable.

J'ai étudié les hommes et les femmes qui ont réussi en Amérique pendant plus de 25 ans. Je n'ai jamais trouvé une seule personne qui ait réussi en ne travaillant que 40 heures, ou cinq jours par semaine. L'idée de la semaine de cinq jours, promue par les syndicats comme un grand progrès dans la vie des travailleurs, a été la cause de plus de contre-performances financières et d'échecs que tout autre mythe.

Le fait est que, surtout au début de leur carrière, toutes les personnes qui ont vraiment réussi travaillent beaucoup plus que la moyenne. Elles travaillent 10 à 12 heures par jour, six jours par semaine. Elles travaillent à ce rythme pendant de nombreux mois et années, avant d'atteindre le point où elles peuvent se permettre de ralentir. Le millionnaire autodidacte moyen a mis 22 ans pour passer de l'état de fauché à celui de propriétaire d'une fortune de plus d'un million de dollars. Ce n'est pas facile et ce n'est pas rapide. Mais c'est définitivement possible si vous le voulez vraiment.

UTILSEZ TOUT VOTRE TEMPS DE TRAVAIL
Un élément clé de la réussite au travail est de bien utiliser son temps, de se concentrer sur les résultats et d'éviter les activités sociales qui font perdre du temps des personnes peu performantes. En corrélation avec cela, il est nécessaire de « travailler pendant tout le temps qui vous est imparti ».

C'est une idée remarquable pour de nombreuses personnes. Souvent, les employés considèrent le travail comme une extension de l'école. En grandissant, ils en sont venus à considérer l'école comme un endroit où l'on va pour se socialiser. Vous suivez les cours obligatoires, mais le plus important est de passer du temps avec vos amis entre les cours. L'école devient une forme de jeu.

Beaucoup de gens pensent, lorsqu'ils prennent leur premier emploi, que le travail est aussi un endroit où l'on va pour passer du temps avec ses amis. C'est pourquoi la moitié de la journée de travail est consacrée à des activités sociales et à des conversations oisives au téléphone avec les amis et la famille. Le travail est considéré comme un bac à sable géant où l'on continue de jouer comme à l'école. Vous faites un peu de travail quand le patron vous regarde, vous recevez un chèque de paie, puis vous rentrez chez vous.

Mais ce n'est pas pour vous. Si vous êtes déterminé à vraiment réussir et à être payé le plus possible, vous devez travailler pendant tout le temps qui vous est imparti. Lorsque vous allez au travail, vous devez baisser la tête et travailler de tout votre cœur.

SOCIALISER AVEC LES COLLÈGUES DE TRAVAIL

Beaucoup de gens croient au mythe selon lequel il faut passer beaucoup de temps à s'entendre avec ses collègues de travail. Ils disent : « Le travail est censé être amusant ! » Et c'est vrai jusqu'à un certain point.

Bien sûr, il est important pour vous d'être une personne positive et agréable avec qui travailler. Mais vous pouvez y parvenir en quelques minutes d'interaction agréable chaque jour. Vous n'avez pas besoin de passer des heures interminables à discuter de sport, d'émissions de télévision et d'activités familiales.

Votre travail consiste à travailler pendant tout le temps qui vous est imparti.

Lorsque vous travaillez, vous travaillez. Vous n'allez pas chercher votre linge au pressing ou déposer votre lessive pendant les heures de travail, vous ne fréquentez pas vos amis et vous ne parlez pas au téléphone avec votre famille. Vous ne prenez pas de longues pauses-café ni d'heures de déjeuner prolongées. Vous travaillez pendant tout le temps qui vous est imparti. Vous vous engagez à faire le maximum de ce que vous pouvez faire dans le temps dont vous disposez.

REMETTEZ-VOUS AU TRAVAIL
Votre objectif est de gagner la réputation au sein de votre entreprise d'être la personne la plus travailleuse de l'organisation. Si quelqu'un veut bavarder avec vous, expliquez-lui que vous seriez heureux de bavarder après le travail, mais que pour l'instant vous devez vous remettre au travail. Répétez-vous sans cesse : « Remets-toi au travail, remets-toi au travail, remets-toi au travail ! »

Les personnes qui obtiennent un grand succès financier, que ce soit dans leur propre entreprise ou en travaillant pour d'autres organisations, sont des personnes qui développent très tôt une réputation de travailleur acharné. Il existe un dicton dans le monde des affaires : « Tout le monde sait tout. » Il n'y a pas de secrets. L'audace a du génie, du pouvoir et de la magie en elle.

Aucune qualité ne vous attirera plus rapidement l'attention des personnes susceptibles de vous aider que le fait de développer la réputation d'être l'une des personnes les plus travailleuses de votre entreprise.

COMMENCEZ PLUS TÔT, RESTEZ PLUS TARD

Napoléon Hill, l'auteur de *Réfléchissez et devenez riche*, a un jour raconté l'histoire d'un jeune homme qui avait commencé au bas de l'échelle d'une grande organisation et qui avait fini par accéder aux rangs supérieurs des cadres, dépassant toutes les personnes qui avaient commencé avec lui au même niveau. Sa stratégie était simple. Il avait remarqué que son patron arrivait un peu plus tôt que le reste du personnel, restait pour finir son travail et partait un peu plus tard que les autres. Ce jeune homme s'est donc résolu à arriver 15 minutes avant son patron et à partir 15 minutes après son départ.

Il a mis sa résolution en pratique le jour suivant. C'est une autre caractéristique des personnes performantes : elles ne procrastinent pas lorsqu'elles ont une bonne idée ; elles passent immédiatement à l'action. Le jeune homme a commencé à arriver 15 minutes avant son patron et à se mettre directement au travail, et ce tout au long de la journée. Lorsque son patron partait, il était encore à son bureau, en train de travailler.

SOYEZ PATIENT ET PERSÉVÉRANT

Le patron n'a rien dit pendant plusieurs semaines. Finalement, un soir après le travail, son patron s'est approché de son bureau et lui a demandé pourquoi il semblait toujours être là, même si tous ses collègues étaient partis. Le jeune homme a répondu que c'était parce qu'il était vraiment déterminé à réussir dans cette entreprise, et qu'il savait qu'il ne pourrait pas réussir s'il n'était pas prêt à travailler plus dur que les autres.

Le patron a souri et acquiescé. Peu après, le patron lui a demandé de faire quelque chose qui ne faisait pas partie de sa description de poste. Il l'a fait rapidement et bien, l'a remis à son patron et est retourné à son bureau. Peu après, on lui a confié une autre mission, qu'il a également accomplie rapidement. En un an, le jeune homme s'est vu confier plusieurs responsabilités supplémentaires, qu'il a toutes acceptées et remplies immédiatement.

Au cours de sa deuxième année, il a été promu à un poste plus élevé. Il a étudié, amélioré ses compétences et continué à travailler dur. En quelques années, il a surpassé tous ses rivaux. Il a gagné le respect et l'estime des autres responsables. Ils l'ont rapidement promu pour qu'il devienne l'un des leurs, plutôt qu'un membre du personnel. Sa carrière a décollé. Il a fini par devenir vice-président de l'entreprise.

Il s'agit d'une stratégie simple qui fonctionne pour quiconque est prêt à faire plus que ce que l'on attend de lui. Elle fonctionne pour presque tout le monde, partout, encore et encore, année après année.

CHERCHEZ DES MOYENS D'AJOUTER DE LA VALEUR

Si votre objectif est de devenir riche, vous devez savoir comment la richesse est créée. La réponse tient en quelques mots : « ajouter de la valeur ». Toute richesse provient de l'ajout de valeur d'une manière ou d'une autre. Toute richesse provient du fait que vous servez et satisfaites vos clients mieux qu'ils ne pourraient être servis et satisfaits par quelqu'un d'autre. La richesse est le résultat de la valeur ajoutée que vous leur apportez d'une manière que personne d'autre ne peut égaler.

Dans votre travail, vous devez chercher chaque jour et chaque semaine des moyens d'ajouter de la valeur et de devenir plus précieux que vous ne l'étiez auparavant. Tout au long de votre carrière, votre objectif principal doit être de rechercher constamment des moyens d'apporter de la valeur ajoutée à votre patron, à vos collègues, à vos clients, à vos fournisseurs et à tous ceux sur qui vous comptez pour réussir. Cela doit devenir votre devise : « Ajouter de la valeur, ajouter de la valeur, ajouter de la valeur ! »

LE NOUVEAU PARADIGME DU TRAVAIL

L'une des principales révolutions de pensée qui est apparue dans le monde du travail au cours des dernières années est l'idée que vous devez justifier votre poste chaque jour.

Auparavant, une personne travaillait dur pendant quelques années jusqu'à ce qu'elle atteigne un certain niveau dans son travail. Elle pouvait alors se maintenir à ce niveau pendant de nombreuses années, voire pour le reste de sa carrière. Son attitude était la suivante : « J'ai fait ce que j'avais à faire. J'ai mérité mon poste. J'ai fait un excellent travail. Maintenant, j'ai le droit de garder ce poste indéfiniment. »

Mais ce n'est plus suffisant. Aujourd'hui, tout le monde veut savoir, « Qu'avez-vous accompli dernièrement ? » Dans le monde des affaires d'aujourd'hui, qui évolue rapidement et est hautement compétitif, votre patron veut savoir ce que vous avez fait pour ajouter de la valeur récemment. Vous avez déjà été payé pour ce que vous avez fait l'année dernière, le mois dernier, et même la semaine dernière. Maintenant, vous devez gagner et justifier votre salaire à nouveau. Une course est en cours et vous y participez, que vous le sachiez ou non.

DEUX SOURCES DE VALEUR

Il existe deux grandes sources de valeur dans le monde du travail aujourd'hui. La première est le temps et la seconde la connaissance. Aujourd'hui, le temps est la monnaie de l'entreprise moderne. Chacun doit s'attacher à réduire le temps qu'il faut pour obtenir les mêmes résultats. Les clients paieront cher pour quiconque peut réduire le temps nécessaire pour leur fournir les produits et services qu'ils souhaitent. Les gens paieront davantage pour quelqu'un qui peut satisfaire leurs besoins plus rapidement que quelqu'un d'autre. C'est pourquoi la plupart des améliorations majeures de la gestion moderne sont celles qui réduisent le temps nécessaire à l'accomplissement du travail.

La mesure la plus importante du temps est la vitesse. La qualité la plus importante que vous pouvez développer en matière de temps est le « sens de l'urgence ». C'est l'habitude d'agir rapidement lorsque l'opportunité se présente à vous. Développez un penchant pour l'action. Un rythme rapide est essentiel à la réussite. Toutes les personnes qui réussissent non seulement travaillent dur, dur, dur, mais elles travaillent aussi vite, vite, vite !

FAITES-LE MAINTENANT !

La procrastination n'est pas seulement le voleur de temps, c'est le voleur de vie. Pour surpasser vos concurrents, tant à l'intérieur qu'à l'extérieur de votre organisation, vous devez prendre l'habitude d'agir rapidement lorsque quelque chose doit être fait. Vous devez développer une réputation de rapidité et de fiabilité. Toutes les études montrent que les personnes ayant la meilleure réputation de rapidité et de fiabilité sont les plus appréciées dans toute organisation. Elles sont très rapidement promues sur la voie rapide de leur carrière.

Le merveilleux avantage de développer l'habitude d'avancer rapidement est que plus vous avancez vite, plus vous vous améliorez. En effet, plus vous avancez vite, plus vous acquérez de l'expérience. Plus vous agissez vite, plus vous apprenez et plus vous devenez compétent. Plus vous agissez vite, plus vous avez d'énergie et d'enthousiasme. Les personnes qui font de la rapidité leur mode de vie développent très vite un tempérament et une personnalité totalement différents de ceux qui réagissent lentement ou qui adoptent une attitude désinvolte vis-à-vis de leur travail.

TRAVAILLEZ EN TEMPS RÉEL

Autant que possible, faites votre travail en « temps réel », dès qu'il se présente. Faites-le maintenant. Il est étonnant de constater combien de temps vous pouvez perdre en prenant une tâche, en la regardant ou en la commençant, puis en la posant et en y revenant encore et encore. En règle générale, les petites tâches doivent être effectuées immédiatement, dès qu'elles apparaissent. Cette habitude d'agir rapidement vous permettra d'abattre une énorme quantité de travail en une journée. Elle vous vaudra la réputation d'être le genre de personne à qui confier des tâches lorsque quelqu'un en a besoin rapidement.

LE SUCCÈS VIENT DES BONNES HABITUDES

Au moins 95 % de tout ce que vous faites au cours de votre journée est basé sur les habitudes. Les personnes qui réussissent sont celles qui ont développé les habitudes du succès. Les personnes qui réussissent prennent de bonnes habitudes et s'assurent que ces habitudes régissent leurs comportements. Les personnes qui ne réussissent pas laissent les mauvaises habitudes se mettre en place, et ces mauvaises habitudes conduisent ensuite à la frustration et à l'échec.

Mon ami Ed Foreman dit : « Les bonnes habitudes sont difficiles à prendre, mais faciles à vivre. Les mauvaises habitudes, par contre, sont faciles à prendre, mais difficiles à vivre. »

Une habitude est définie comme «une réponse conditionnée à des stimuli ». C'est une façon automatique de répondre ou de réagir dans une situation particulière. Vous développez une habitude en répétant un acte spécifique ou une façon de penser et de réagir. Une fois que cela devient une habitude, il devient plus facile de le faire de cette façon que de le faire d'une autre façon. Quel genre d'habitudes avez-vous ?

Les personnes qui réussissent sont simplement celles qui ont développé des habitudes efficaces. Elles se sont entraînées, comme des athlètes, à faire certaines choses d'une certaine manière, encore et encore, jusqu'à ce qu'elles les fassent automatiquement, sans même y penser. Vous avez peut-être entendu le vieux dicton :

> Sème une pensée et tu récoltes une action ;
> Sème une action et tu récoltes une habitude ;
> Sème une habitude et tu récoltes une force de caractère ;
> Sème une force de caractère et tu récoltes un destin.

UNE HABITUDE CLÉ DU SUCCÈS

L'une des habitudes de la réussite est celle qui consiste à se lever tôt. Les personnes qui réussissent se lèvent un peu plus tôt, lisent et se préparent, planifient et organisent leur journée sur papier à l'avance, et se mettent en route avant même que la personne moyenne ait commencé. Thomas Jefferson a dit : « Le soleil ne m'a jamais surpris dans mon lit ».

Il y a quelques années, une femme participant à l'un de mes séminaires m'a raconté qu'elle avait découvert la magie de se lever tôt. Elle avait constaté qu'en se couchant tôt, elle pouvait se lever à quatre heures du matin. Elle pouvait alors faire l'équivalent d'une journée entière de travail avant sept ou huit heures, avant même que la personne moyenne ne commence. En un rien de temps, elle produisait et gagnait le double de ses collègues. Elle était continuellement promue et payée plus cher parce qu'elle faisait beaucoup plus que les autres.

Les personnes qui réussissent ont l'habitude de se lever tôt, généralement à 6h ou 6 h 30 du matin, parfois plus tôt, et de se mettre immédiatement au travail. Cela leur permet d'attaquer la journée du bon pied.

La personne moyenne, en revanche, met une heure entière à se lever et à se mettre en route le matin. Ensuite, elle se traîne au travail, en pensant à l'heure du déjeuner, et à ce qu'elle va faire le soir.

Lorsque votre réveil sonne, levez-vous immédiatement et mettez-vous en route tout de suite. Commencez à faire des choses. Prenez l'habitude de vous lever tôt et de vous mettre directement au travail sur votre tâche la plus importante. Cette habitude peut être tout aussi efficace pour assurer votre réussite que toute autre habitude que vous développez.

UTILISEZ L'HEURE LOMBARDI

Lorsque Vince Lombardi a pris en charge les Green Bay Packers, les joueurs avaient pris l'habitude de ne se présenter qu'au dernier moment pour les matchs ou prendre le bus. Souvent, ils étaient en retard, et tout le monde devait attendre. Lombardi a donc introduit « l'heure Lombardi ». Il s'agissait d'arriver 15 minutes plus tôt que l'heure prévue. Finalement, tout le monde a commencé à arriver en avance, et le problème a été résolu.

Vous devriez vous mettre à l'heure Lombardi vous aussi. Prenez l'habitude de la ponctualité en prenant la résolution d'être à l'heure, puis en la pratiquant encore et encore jusqu'à ce qu'elle devienne naturelle et facile. Moins de 2 % des gens sont ponctuels, et tout le monde le remarque, d'une manière ou d'une autre. Faites en sorte d'être à l'heure, ou mieux encore, en avance, pour chaque rendez-vous.

FAITES EN SORTE QUE CHAQUE MINUTE COMPTE

Arrivez au travail avant tout le monde, et quand vous arrivez, commencez à travailler immédiatement. Ne perdez pas de temps à lire le journal, à boire du café ou à socialiser avec vos collègues. Développez la réputation d'être le genre de personne qui travaille toujours, et toujours sur des tâches hautement prioritaires.

Travaillez pendant tout le temps qui vous est imparti. Forcez-vous à vous concentrer sur l'utilisation la plus utile de votre temps. Ne laissez pas les autres vous « mettre hors jeu ». Lorsque vous avez des pauses café ou des déjeuners, faites-les quand ils vous conviennent le mieux, et non selon l'horloge.

DOUBLEZ VOTRE PRODUCTIVITÉ

Voici une formule puissante en trois étapes que vous pouvez utiliser pour doubler votre productivité et peut-être même doubler vos revenus au cours des 12 prochains mois. Elle est simple et puissante, et elle fonctionne pour tous ceux qui l'utilisent.

Premièrement, prenez la décision d'arriver au travail une heure plus tôt. Cela ne demande pas beaucoup d'efforts et vous permet d'éviter les embouteillages. Planifiez votre travail de la journée de sorte que, lorsque vous arrivez au travail, vous puissiez vous concentrer sur votre travail et le faire à fond : vous serez étonné de voir tout ce que vous pouvez faire avant que les autres n'arrivent. Les recherches prouvent que vous pouvez effectuer trois heures de travail de bureau en une heure de temps ininterrompu.

Deuxièmement, travaillez pendant le déjeuner, en profitant de l'heure où vos collègues sont tous partis manger ensemble pour prendre de l'avance sur votre travail. Résistez à la tendance à prendre une heure de pause à « l'heure du déjeuner » ou à aller déjeuner avec la personne qui se trouve là.

Troisièmement, travaillez une heure plus tard, lorsque tout le monde est parti. Cette troisième heure sans interruption vous permettra de finaliser votre travail de la journée et de planifier le lendemain en détail. De plus, en travaillant plus tard, vous éviterez la circulation aux heures de pointe.

En commençant une heure plus tôt, en travaillant pendant l'heure habituelle du déjeuner et en restant une heure plus tard, vous doublerez votre temps de travail productif chaque jour. Si vous combinez cela avec le fait de travailler tout le temps et de vous concentrer sur des tâches à forte valeur ajoutée, vous ferez plus que doubler la quantité de travail que vous accomplirez. Vous deviendrez rapidement l'une des personnes les plus précieuses de votre organisation.

PRENEZ VOTRE PREMIER RENDEZ-VOUS À L'AVANCE

Si vous êtes dans la vente, programmez votre premier rendez-vous le plus tôt possible. Beaucoup des personnes les plus importantes que vous pourriez vouloir voir arrivent au bureau entre 7 h et 7h30 du matin. Arrangez-vous pour les rencontrer à ce moment-là.

Un de mes amis vendeurs, qui est au sommet de son domaine, a découvert que la clé pour obtenir des rendez-vous avec les principaux décideurs était d'appeler leurs bureaux à 7h00 ou 7h30 le matin ou à 18h30 ou 19h00 le soir. Il a découvert qu'à ces heures-là, tout le personnel n'était pas encore arrivé ou était rentré chez lui. Les seules personnes qui travaillaient étaient les personnes importantes. Elles répondaient personnellement au téléphone et il avait l'occasion de leur parler et de s'arranger pour les voir plus tard.

CRÉEZ VOS PROPRES OPPORTUNITÉS

Prenez l'habitude d'agir rapidement. Les personnes qui réussissent dans tous les domaines ont le sens de l'urgence. Seul un petit pourcentage de la population agit rapidement lorsque l'opportunité ou la responsabilité se présente. Vous devez faire partie de ce petit pourcentage.

Quand j'étais plus jeune, j'avais l'habitude de penser que lorsque l'occasion se présenterait, je la saisirais à ce moment-là. J'ai vite appris que l'occasion ne se présente jamais comme ça.

Russell Conelly l'a fait remarquer dans sa célèbre histoire, *Des hectares de diamants (Barkley, 1986)*. En résumé, il dit que dans la plupart des cas, vos plus grandes opportunités se trouvent sous vos propres pieds. Elles se trouvent là où vous êtes. Elles se trouvent dans vos talents, vos compétences, vos capacités et votre expérience actuels. Elles se trouvent dans votre propre entreprise ou industrie. Elles se trouvent dans votre propre parcours ou carrière. Vos hectares de diamants sont tout près de vous, et c'est là que vous devriez commencer votre recherche.

AGISSEZ LÀ OÙ VOUS ÊTES

Théodore Roosevelt a dit un jour : « Faites ce que vous pouvez, avec ce que vous avez, là où vous êtes ». C'est la clé de la réussite. « Faites ce que vous pouvez, avec ce que vous avez, là où vous êtes. »

Concentrez-vous sur le moment présent et sur votre situation actuelle. N'attendez pas que les choses soient « parfaites ». C'est vous qui ferez en sorte que tout soit parfait. En mettant tout votre cœur dans ce que vous faites à chaque instant, vous ouvrirez des portes d'opportunités qui ne sont pas encore visibles pour vous.

Regardez autour de vous en ce moment même et demandez-vous : « Que pourrais-je faire pour apporter de la valeur ajoutée aux personnes les plus importantes dans ma vie professionnelle ? » Que pourriez-vous faire pour rendre les choses plus rapides, plus faciles ou meilleures pour les personnes qui dépendent de vous ? Soyez proactif plutôt que réactif. Soyez le genre de personne qui tend la main et saisit les opportunités, et si vous n'en avez pas, créez-en personnellement par vos propres efforts.

RENDEZ VOUS INDISPENSABLE

Une secrétaire de Boca Raton, en Floride, m'a raconté une histoire intéressante lors d'un de mes séminaires. Elle avait écouté l'un de mes programmes audio sur la réussite personnelle. Elle s'était donc fixée pour objectif d'augmenter ses revenus de 50 % au cours de l'année à venir par rapport à son revenu actuel de 1 500 dollars par mois. Elle m'a dit qu'elle ne pensait pas vraiment qu'il était possible de gagner beaucoup plus parce qu'elle faisait partie d'un grand groupe de secrétaires où les salaires étaient fixes. Tout le monde gagnait presque exactement la même chose.

Néanmoins, elle a décidé de chercher des moyens d'apporter de la valeur ajoutée à son patron. Elle a remarqué qu'il passait beaucoup de temps à répondre à la correspondance courante. Un jour, elle a pris tout son courrier ordinaire et y a répondu. Elle lui a ensuite apporté les lettres terminées pour qu'il les édite et les signe. Il fut ravi de son travail et l'encouragea à en faire davantage. Bientôt, elle s'occupa de 90 % de sa correspondance courante.

Elle commença alors à suivre des cours supplémentaires pour améliorer ses compétences en matière de traitement de texte, de mise en page et de préparation de rapports. Petit à petit, elle a commencé à s'occuper elle-même de ses petites tâches. Chaque fois qu'elle prenait en charge une petite tâche, elle permettait à son patron de se consacrer à des tâches plus importantes. Et il l'a remarquée.

SEMER ET RÉCOLTER

Au bout de trois mois environ, son patron l'a convoquée pour un entretien privé. Il lui a dit qu'il appréciait vraiment le travail qu'elle faisait pour lui et qu'il voulait augmenter son salaire. Il lui a demandé de n'en parler à personne d'autre afin de ne pas créer de vagues dans le bureau. Il a alors augmenté son salaire de 1 500 à 1 750 dollars par mois.

Elle l'a remercié et a continué à chercher des moyens de l'aider dans son travail. Trois mois plus tard, il a de nouveau augmenté son salaire, et trois mois plus tard, il l'a encore une fois augmenté. À la fin de l'année, elle gagnait 2 250 dollars par mois, soit une augmentation de 50 %, alors que les autres secrétaires autour d'elle gagnaient encore en moyenne 1 500 dollars.

Elle a déclaré que ce qui s'est passé était absolument incroyable lorsqu'elle a commencé à concentrer toute son énergie sur la valeur ajoutée pour son patron et son entreprise. Et cette même stratégie peut fonctionner pour vous.

SERVEZ MIEUX LES GENS
Chaque emploi est une occasion pour vous de résoudre des problèmes et de satisfaire les besoins d'autres personnes. Comme les problèmes et les besoins des gens sont illimités, vos possibilités de créer de la valeur le sont aussi.

Toute fortune commence par l'idée de mieux servir les gens d'une manière ou d'une autre. Presque tous les entrepreneurs qui créent et bâtissent des entreprises prospères ont travaillé pour d'autres organisations où ils ont continuellement cherché des moyens d'accroître leur valeur pour l'entreprise.

Les principales sources de valeur, les clés de la création de richesse, sont le temps et les connaissances. Votre travail consiste à accroître continuellement vos connaissances afin que la valeur de ce que vous faites devienne de plus en plus grande. Il y a plus de 400 ans, Francis Bacon a dit : la connaissance est le pouvoir. Mais ce n'est que partiellement vrai. Ce n'est que lorsque la connaissance est appliquée à une bonne fin qu'elle devient un pouvoir. Votre travail consiste à rassembler les connaissances dont vous avez besoin pour pouvoir faire votre travail rapidement et correctement.

Il y a un dicton au Texas qui dit : « Ce n'est pas tant la taille du chien qui vous mord que sa volonté de vous faire mal ».

Ce qui est le plus important, ce ne sont pas les heures que vous y consacrez, mais la valeur du travail que vous réalisez. Votre réussite est déterminée par votre capacité à apporter de la valeur à votre emploi actuel, que ce soit en tant qu'employé ou en tant qu'employeur, en tant que travailleur d'une entreprise ou en tant que propriétaire d'une entreprise, qui détermine votre revenu et votre avenir financier.

CRÉEZ PLUS DE VALEUR

En termes simples, les personnes qui réussissent sont plus productives que celles qui échouent. Les personnes qui réussissent ont de meilleures habitudes. Elles font de plus grands rêves. Elles travaillent à partir d'objectifs écrits. Elles font ce qu'elles aiment faire et s'efforcent de s'améliorer. Elles utilisent au maximum leurs capacités naturelles. Elles génèrent continuellement des idées pour résoudre les problèmes et atteindre les objectifs de l'entreprise. Elles s'attachent à utiliser chaque minute de leur temps pour obtenir un maximum de résultats.

Par-dessus tout, elles cherchent constamment autour d'elles des occasions d'ajouter de la valeur à tout ce qu'elles font. Elles ont le sens de l'urgence et un penchant pour l'action. Elles travaillent pendant tout le temps qui leur est imparti. Elles développent et maintiennent un effort pour aller de l'avant. Par conséquent, elles deviennent rapidement inarrêtables.

* * *

EXERCICES PRATIQUES

1. Identifiez les choses les plus importantes que vous faites au travail. Comment pourriez-vous organiser votre temps de manière à en faire davantage ?
2. Prenez la résolution aujourd'hui de développer l'habitude de la ponctualité. Passez à l'heure Lombardi, et commencez à arriver 15 minutes en avance à vos rendez-vous.
3. Organisez votre journée de manière à arriver et à commencer une heure plus tôt que vos collègues de travail. Travaillez jusqu'à l'heure du déjeuner, et restez une heure de plus.
4. Travaillez pendant tout le temps qui vous est imparti. Ne perdez pas une minute. Si quelqu'un essaie de vous distraire, dites que vous devez vous remettre au travail, puis faites-le.
5. Regardez sous vos pieds pour trouver vos hectares de diamants personnels, les opportunités d'ajouter plus de valeur là où vous êtes. Quelles pourraient-elles être ?
6. Prenez la résolution aujourd'hui de devenir financièrement indépendant. Devenez un étudiant de l'argent, de l'accumulation de richesse et de la création de richesse. Devenir riche est une compétence qui s'apprend.
7. Commencez dès aujourd'hui à appliquer la formule 40 Plus dans votre vie professionnelle quotidienne. Travaillez sur votre emploi, ou travaillez sur vous-même pour vous améliorer dans ce que vous faites, 50 à 60 heures par semaine. Mettez-vous du côté des anges.

CHAPITRE 5

PRENEZ VOTRE VIE EN MAIN

La seule limite à notre réalisation de demain sera nos doutes d'aujourd'hui. Allons de l'avant avec une foi solide et active.
—FRANKLIN DELANO ROOSEVELT

LA GRANDE VÉRITÉ

« Vous pouvez apprendre tout ce que vous avez besoin d'apprendre, pour accomplir tout objectif que vous pouvez vous fixer. » Ce principe offre un moyen pour vous de prendre le contrôle total de votre avenir. Lorsque j'étais jeune et que je luttais, échouais et étais frustré, ce principe est venu changer ma vie.

D'une manière générale, personne n'est plus intelligent que vous, et personne n'est meilleur que vous. Ce n'est pas parce que quelqu'un réussit mieux que vous qu'il est meilleur que vous. Cela signifie généralement qu'il vient d'apprendre comment réussir dans son domaine particulier avant vous. Et tout ce que quelqu'un d'autre a fait, vous pouvez probablement le faire aussi bien. Il y a peu de limites.

Ce n'est pas une règle facile, mais elle est vraiment simple. Vous aussi, vous pouvez apprendre tout ce dont vous avez besoin pour atteindre n'importe quel objectif que vous pouvez vous fixer.

Une fois que j'ai appris cette idée, je n'ai pas eu peur de changer d'emploi, et même de secteur d'activité. J'ai appris à vendre de la publicité, des investissements, des automobiles et des fournitures de bureau. J'ai travaillé dans la vente et la location de biens immobiliers, puis dans la promotion immobilière. Ensuite, je me suis engagé dans l'importation et la distribution, puis dans la banque, l'imprimerie, le conseil, et finalement la parole, l'écriture, l'enregistrement et la formation en entreprise.

APPRENEZ CE DONT VOUS AVEZ BESOIN

Chaque fois que je suis entré dans un nouveau domaine, je suis allé apprendre tout ce que je pouvais sur ce domaine, puis je l'ai appliqué aussi vite que possible. Au début, j'empruntais les livres de la bibliothèque locale. Puis, j'ai acheté mes propres livres et j'ai constitué ma propre bibliothèque. J'ai écouté toutes les cassettes audio que je pouvais acheter sur le sujet et j'ai assisté à tous les séminaires.

À 31 ans, j'ai étudié et je me suis préparé, puis j'ai passé les examens d'entrée dans une grande université. J'ai investi plusieurs milliers d'heures d'études pour obtenir un diplôme de commerce. J'ai appris les subtilités de la théorie micro et macroéconomique, des statistiques, de la théorie des probabilités, des sciences de la gestion et de la comptabilité. J'ai étudié le marketing, la gestion, l'administration et la planification stratégique. Je me suis consacré au concept d'apprentissage.

LE GRAND MYSTÈRE

Je pensais que j'étais arrivé tard à la fête, que tout le monde savait que l'apprentissage était la clé de l'avenir. J'ai été étonné et perplexe de constater, en regardant autour de moi, que très peu d'autres personnes faisaient ce que je faisais. La plupart des gens, de leur propre aveu, menaient « une vie de tranquille désespoir », selon les mots de Thoreau. Ils occupaient des emplois qu'ils n'aimaient pas, gagnaient des salaires bien inférieurs à leur potentiel, restaient dans des relations qu'ils n'appréciaient pas et vivaient des vies qui ne leur apportaient aucune satisfaction.

J'ai essayé de leur dire que la solution était au-dessus. J'ai dit à tous ceux qui voulaient bien m'écouter qu'ils pouvaient apprendre tout ce qu'ils avaient besoin d'apprendre pour atteindre tous les objectifs qu'ils pouvaient se fixer. Il n'y avait pas de limites. Mais peu de gens semblaient écouter.

LES RAISONS DE TOUTE CHOSE

Nous vivons dans un univers ordonné. Tout arrive pour une raison. Lorsque j'ai constaté que les gens autour de moi ne semblaient pas intéressés par changer de situation, j'ai commencé à chercher les raisons qui sous-tendent leurs comportements. Et je les ai trouvées.

Les psychologues et les universitaires ont passé de nombreuses années à étudier la psychologie du succès et la psychologie de l'échec. Et la plupart des études concluent qu'il existe deux grands blocages mentaux qui freinent les gens. Le premier est ce que le Dr Martin Seligman de l'Université de Pennsylvanie, dans son livre *La Force de l'optimisme (Knopf, 1990)*, appelle

« l'impuissance acquise ». D'après ses recherches, cette attitude touche 80 % de la population à un degré ou à un autre, et constitue pour beaucoup de gens le principal obstacle à leur réussite et à leur épanouissement.

LA SENSATION D'ÊTRE PIÉGÉ

À la suite d'expériences vécues dans l'enfance, notamment des critiques destructrices et des expériences d'échec précoces, les gens finissent par atteindre le point où ils se sentent impuissants à changer ou à agir dans différents domaines de leur vie. La majorité des hommes et des femmes se sentent dépassés par les choses qui semblent leur arriver, et par les nombreuses choses qui se passent autour d'eux. Ils ont l'impression qu'ils ne peuvent rien faire pour influencer les événements ou améliorer leur vie. La preuve la plus évidente qu'une personne souffre d'impuissance acquise est l'utilisation répétée des mots « Je ne peux pas ».

Les gens ont l'impression qu'ils ne peuvent pas perdre de poids, qu'ils ne peuvent pas obtenir un meilleur emploi, qu'ils ne peuvent pas améliorer ou changer leurs relations, qu'ils ne peuvent pas augmenter leurs revenus, qu'ils ne peuvent pas améliorer leurs connaissances et leurs compétences et qu'ils ne peuvent pas faire beaucoup d'autres choses qu'ils voudraient vraiment faire. Ils ont essayé sans succès tant de fois dans le passé qu'ils en sont venus à conclure automatiquement qu'ils ne peuvent pas faire grand-chose pour changer l'avenir. Ils deviennent passifs et acceptent leur situation. Leur vie consiste à se lever le matin, aller au travail, socialiser un peu, rentrer à la maison, dîner, regarder la télévision pendant quatre ou cinq heures, puis aller se coucher.

LE PIÈGE DE LA COMPLAISANCE

La deuxième condition mentale qui retient les gens est appelée la « zone de confort ». Les êtres humains sont des créatures d'habitudes. Ils commencent une activité, quelle qu'elle soit, et s'y sentent rapidement à l'aise. Ils deviennent alors extrêmement réticents à changer ce qu'ils font, ou à modifier la situation dans laquelle ils se trouvent, même s'ils n'en sont pas particulièrement heureux ou satisfaits. Ils deviennent plutôt satisfaits et complaisants. Finalement, ils ont peur de changer, pour quelque raison que ce soit. Ils s'enferment dans une ornière, et plus ils y restent, plus elle s'approfondit, jusqu'à ce qu'ils finissent par abandonner tout espoir de changer ou d'améliorer leur vie.

L'impuissance acquise, en combinaison avec la zone de confort, crée une personne qui se sent piégée et démunie, faible et impuissante, et incapable de prendre le contrôle ou de change quoi que ce soit dans sa vie. L'individu dans cet état mental recherche alors la sécurité plutôt que l'opportunité, et se sent souvent comme une victime de circonstances sur lesquelles il n'a aucun contrôle.

AUCUNE LIMITE RÉELLE

Mais la réalité est qu'il n'y a pas de réelles limites à ce que vous pouvez accomplir dans votre vie. Dans la limite du raisonnable, tout ce que quelqu'un d'autre a fait, vous pouvez le faire aussi. Le fait même que vous puissiez vous fixer un objectif clair signifie que vous avez probablement la capacité de l'atteindre. La nature ne vous donne pas un désir ardent pour quelque chose sans vous doter également des talents et des capacités nécessaires pour l'obtenir.

Si vous repensez à votre vie, vous vous souviendrez que presque tout ce que vous avez vraiment voulu assez longtemps et assez fort, vous l'avez finalement réalisé. Vous n'êtes pas impuissant, et vous n'êtes pas coincé dans une ornière. Votre véritable potentiel n'est limité que par votre propre imagination et votre détermination.

NOS PLUS GRANDS ENNEMIS

Les deux facteurs qui contribuent le plus au sentiment d'impuissance et à la zone de confort sont la peur et l'ignorance. La peur est et a toujours été votre plus grand ennemi. La peur et le doute de soi sont les plus grands facteurs qui vous empêchent de faire de grands rêves et d'accomplir de grandes choses.

Il semble que moins vous en savez sur un sujet, plus vous craignez d'essayer quelque chose de nouveau ou de différent dans ce domaine. Votre ignorance vous rend réticent à tendre vers quelque chose de mieux que ce que vous faites aujourd'hui. La peur et l'ignorance se renforcent mutuellement, grandissant jusqu'à induire chez vous une forme de paralysie mentale qui mène inévitablement à la sous-performance et à l'échec.

Voici une merveilleuse découverte. Apprendre de manière agressive sur n'importe quel sujet renforce votre confiance et diminue votre peur dans ce domaine. Au fur et à mesure que vos connaissances ou vos compétences augmentent, vous atteignez bientôt le point où vous êtes prêt à passer à l'action et à effectuer des changements. Mais si vous êtes complètement ignorant dans un domaine particulier, si vous n'avez pas lu ou appris quoi que ce soit sur un sujet, celui-ci vous semblera trop difficile et pourra même vous paraître impressionnant. Votre manque de connaissances vous fera craindre de prendre les mesures nécessaires pour améliorer votre vie dans ce domaine.

NEUTRALISEZ VOS PEURS

Les antidotes à la peur et à l'ignorance sont le désir et la connaissance. La seule véritable limite à ce que vous pouvez accomplir est le niveau d'intensité de votre désir. Si vous voulez vraiment quelque chose suffisamment fort, il n'y a presque aucune limite à ce que vous pouvez accomplir. Et plus vous en apprendrez sur un sujet, plus votre désir d'accomplir quelque chose dans ce domaine sera grand. Au fur et à mesure que vos connaissances se développent, vous devenez plus confiant en prenant les mesures nécessaires pour faire de vos objectifs une réalité.

À mesure que vous augmentez vos niveaux de désir et de connaissance, vous diminuez les effets autolimitants de la peur et de l'ignorance, et leurs compagnons, l'impuissance acquise et la zone de confort.

Avec le désir et la connaissance, vous finissez par remplacer la peur et l'ignorance par le courage et la confiance. Plus vous en apprendrez sur tout ce qui est important pour vous, plus vous aurez le courage de tenter de l'atteindre, et plus vous serez certain de pouvoir éventuellement réussir. Comme Henry Ford l'a dit un jour : « Si vous croyez que vous pouvez faire une chose, ou si vous croyez que vous ne pouvez pas, dans les deux cas, vous avez probablement raison ».

VOUS ÊTES RESPONSABLE

Ma première grande avancée dans la vie s'est produite lorsque j'ai découvert que je pouvais apprendre tout ce dont j'avais besoin pour atteindre tout objectif que je pouvais me fixer. Ma deuxième avancée a eu lieu lorsque j'ai réalisé que j'étais entièrement responsable de moi-même et de tout ce qui m'arrivait. Personne n'allait faire quoi que ce soit pour moi. Si je voulais quelque chose, c'était à moi de faire tout ce qui était nécessaire pour l'obtenir. Si j'avais un problème ou une limitation, c'était à moi de le résoudre ou de le surmonter. J'étais seul.

L'acceptation de la responsabilité personnelle de votre vie est le grand pas de l'enfance vers la maturité. Avant cette décision, les gens critiquent, se plaignent et rendent les autres responsables de leurs problèmes. Après cette décision, ils se considèrent comme les principales forces créatrices de leur propre vie. Avant de prendre la responsabilité totale de votre vie, vous vous voyez comme une victime. Après, vous vous voyez comme un vainqueur.

TOUTE CAUSALITÉ EST MENTALE

Ma troisième avancée a eu lieu lorsque j'ai appris que toute causalité est mentale. Tout ce que vous créez dans votre monde matériel commence par une pensée. Si vous voulez changer quelque chose à l'extérieur, vous devez commencer par le changer à l'intérieur. Vous devez changer votre façon de penser si vous voulez changer votre vie. C'est la plus grande découverte de toutes.

Vous créez votre monde avec le flux continu de pensées, de sentiments et d'images qui traversent votre propre esprit. Vous contrôlez et déterminez votre avenir par les pensées que vous avez dans le présent. Rien de ce qui vous entoure n'a de sens si ce n'est celui que vous lui donnez par les pensées et les émotions que vous lui attachez. Comme Shakespeare l'a écrit dans Hamlet, « Rien n'est bon ni mauvais en soi, tout dépend de ce que l'on en pense ».

LA LOI DE LA CROYANCE

N'oubliez pas que tout ce que vous croyez, avec des sentiments, devient votre réalité. Plus l'intensité de votre croyance est grande, plus vous y associez de l'émotion, plus son impact est grand sur votre comportement et sur tout ce qui vous arrive.

Si vous êtes absolument convaincu que vous êtes destiné à connaître un grand succès, et que vous vous accrochez à cette conviction quoi qu'il arrive, alors rien au monde ne peut vous empêcher de réussir.

Si vous croyez absolument que vous êtes une bonne personne dotée de capacités extraordinaires et que vous allez faire des choses remarquables dans votre vie, cette croyance s'exprimera à travers toutes vos actions et finira par devenir votre réalité. La plus grande responsabilité que vous avez envers vous-même est de changer vos croyances intérieures afin qu'elles soient en accord avec les réalités dont vous souhaitez profiter à l'extérieur.

Vous pouvez toujours savoir quelles sont vos véritables croyances en regardant ce que vous faites. Vous exprimez toujours vos véritables valeurs dans vos actions. Vous agissez toujours à l'extérieur en cohérence avec ce que vous êtes vraiment, et ce que vous croyez vraiment, à l'intérieur.

L'une des meilleures façons de déterminer vos véritables croyances est de penser à la façon dont vous vous comportez lorsque vous êtes en colère, contrarié ou soumis à une pression quelconque. C'est à ce moment-là qu'elles ressortent. Comme l'a écrit Terrance, « Les circonstances ne font pas l'homme ; elles ne font que le révéler à lui-même ». (Et aux autres !)

En utilisant la loi de réversibilité, vous pouvez développer en vous les valeurs, les croyances et les qualités que vous admirez le plus en agissant comme si vous les possédiez déjà, chaque fois qu'elles sont sollicitées par les circonstances de votre vie. Pour développer le courage, forcez-vous à agir courageusement, même lorsque vous avez peur. Pour développer l'intégrité, parlez et agissez en toute honnêteté, même si vous avez envie de dissimuler la vérité ou d'arrondir les angles. Bientôt, vos croyances seront le miroir de vos actes, et vos actes seront le miroir de vos croyances.

LA LOI DES ATTENTES

La loi des attentes dit que tout ce que vous attendez, avec confiance, devient votre propre prophétie auto-réalisatrice. Vous prédisez continuellement l'avenir lorsque vous dites comment vous pensez que les choses vont se passer dans un domaine particulier. Vos attentes déterminent ensuite votre attitude, et votre attitude amène les gens à se comporter envers vous d'une manière qui reflète ce que vous pensez intérieurement.

Si vous vous attendez à avoir du succès, vous finirez par en avoir. Si vous vous attendez à être heureux et populaire, vous serez heureux et populaire. Si vous vous attendez à être en bonne santé et prospère, admiré et respecté par les gens qui vous entourent, c'est ce qui se produira.

Vous pouvez connaître vos véritables attentes en écoutant les mots que vous utilisez pour décrire un événement à venir. Pensez et parlez toujours positivement de l'avenir. Commencez chaque matin en disant : « Je crois que quelque chose de merveilleux va m'arriver aujourd'hui ». Puis, tout au long de la journée, attendez-vous au meilleur. Soyez ouvert et alerte à la possibilité que chaque chose qui arrive, positive ou négative, contienne quelque chose de bon. Vous serez étonné de l'effet que cette approche de la vie a sur votre attitude, et sur la façon dont vous êtes traité par les gens qui vous entourent.

LA CONFIANCE EN SOI POSITIVE

Les personnes heureuses et qui réussissent maintiennent continuellement une attitude de confiance en elles positive. Elles s'attendent à réussir à l'avance, et elles sont rarement déçues. Elles s'attendent à faire plus de ventes qu'elles n'en perdent. Elles s'attendent à apprendre quelque chose de précieux de chaque expérience. Elles s'attendent à atteindre leurs objectifs et restent ouvertes à la possibilité que ces objectifs soient atteints d'une manière qu'elles n'avaient pas prévue.

La meilleure façon de prédire l'avenir est de le créer, et vous créez votre avenir par la façon dont vous abordez tout ce qui vous arrive aujourd'hui, que ce soit positivement ou négativement. Si vous abordez chaque situation avec confiance en vous attendant à apprendre de celle-ci ou à en tirer profit, vous continuerez à grandir, à progresser et à avancer vers vos objectifs. Vous serez également une personne plus heureuse et plus optimiste que les autres voudront côtoyer et aider.

LA LOI DE L'ATTRACTION

La loi de l'attraction est considérée par beaucoup de gens comme la loi la plus importante de toutes pour expliquer la réussite et l'échec. Cette loi dit que vous êtes un « aimant vivant » et que vous attirez inévitablement dans votre vie les personnes et les circonstances qui s'harmonisent avec vos pensées dominantes, en particulier les pensées auxquelles vous pensez très fort.

Par cette loi, ou force naturelle, plus vous pensez à quelque chose que vous voulez, plus vous serez excité à l'idée de l'obtenir. Plus vous serez excité ou convaincu, plus vous attirerez cet objectif dans votre vie, comme un aimant attire la limaille de fer. Vos pensées créeront un champ de force énergétique qui attirera les personnes, les circonstances, les idées, les opportunités et les ressources dont vous avez besoin pour atteindre vos objectifs. Lorsque vous changez votre façon de penser à propos de vous-même et de vos possibilités, vous attirerez dans votre vie les forces nécessaires pour transformer ces grandes pensées et idées en expériences réelles.

LA LOI DE LA CORRESPONDANCE

Cette loi dit que votre monde extérieur correspond à votre monde intérieur, que ce que vous vivez à l'extérieur est le reflet de votre monde intérieur. Tout ce que vous voyez lorsque vous regardez autour de vous, vous voyez quelque chose en vous-même. « Où que vous alliez, vous êtes là. » Votre monde extérieur de la richesse, du travail, des relations et de la santé vous renverra les représentations et les images qui se trouvent en vous. Rien ne peut rester en permanence dans votre vie s'il ne correspond pas à quelque chose qui est en vous.

Pour avoir des relations plus heureuses, vous devez devenir une personne plus aimante, pas seulement en pensée, mais véritablement, dans votre cœur. Si vous devenez une personne plus aimante à l'intérieur, votre monde extérieur de relations changera, et parfois immédiatement. Pour devenir plus prospère financièrement à l'extérieur, vous devez devenir plus prospère à l'intérieur. Pour être en meilleure santé et plus en forme dans votre corps, vous devez penser comme une personne en bonne santé et en forme dans votre esprit.

En 1905, le Dr William James de Harvard a déclaré : « La plus grande révolution de ma génération est la découverte que les individus, en changeant leurs mentalités intérieures, peuvent changer les aspects extérieurs de leur vie ».

PRENEZ VOTRE VIE EN MAIN

Il n'y a qu'une seule chose sur laquelle vous avez un contrôle total, c'est le contenu de votre propre esprit. Vous seul pouvez décider de ce que vous allez penser, et comment vous allez y penser. Ce pouvoir, ce contrôle, est tout ce dont vous avez besoin pour vous créer une vie merveilleuse. Votre capacité à diriger vos pensées vers la destination de votre choix est suffisante pour vous permettre de surmonter tous les obstacles, et de compenser toutes les limitations, sur votre chemin vers le succès.

Les lois de la croyance, des attentes, de l'attraction et de la correspondance, utilisées consciemment et délibérément, sont les clés qui vous permettront d'accomplir des choses merveilleuses dans votre vie. Lorsque vous commencerez à changer votre façon de penser à propos de vos objectifs et de vos possibilités, vos croyances et vos actions changeront, et vous vous surprendrez à faire de plus en plus ce que vous devez faire pour que vos rêves deviennent réalité.

Vous vous attendrez continuellement à ce que de bonnes choses vous arrivent, et vous serez rarement déçu. Vous commencerez à attirer dans votre vie toutes sortes de personnes et d'opportunités merveilleuses. Votre monde entier commencera à correspondre, à l'extérieur, aux merveilleux objectifs et images que vous créez à l'intérieur.

Les personnes heureuses et qui réussissent ont une mentalité généralement positive. Les personnes prospères et riches ont un état d'esprit prospère et riche. Les personnes gentilles, patientes, douces et aimantes, qui entretiennent des relations heureuses et épanouissantes avec leur famille et leurs amis, ont une façon de penser gentille, patiente et aimante. Si vous développez le même état d'esprit que les autres personnes prospères, vous profiterez bientôt des mêmes résultats et expériences qu'elles.

COMMENCEZ LÀ OÙ VOUS ÊTES

Vous pensez peut-être que vous n'avez pas l'éducation, les opportunités ou les ressources que les autres personnes qui réussissent semblent avoir. Ne vous inquiétez pas. Le fait est que la plupart des gens commencent avec peu d'avantages. L'histoire de la plupart des gens qui réussissent est celle de personnes qui ont commencé avec rien et qui ont fait quelque chose de bien de leur vie.

J'avais l'habitude de m'apitoyer sur mon sort parce que j'arrivais à la vingtaine sans argent et avec une éducation limitée. Puis j'ai appris que la plupart des gens commencent avec peu ou pas d'argent. S'ils reçoivent une bonne éducation, celle-ci s'avère en grande partie inutile dans le monde réel une fois qu'ils ont quitté l'école.

Ensuite, je me suis apitoyé sur mon sort parce que je n'avais pas de talents naturels pour m'aider et que je n'arrivais pas à trouver un bon emploi. J'ai vite appris que la plupart des gens commencent dans le même bateau. La plupart des gens essaient et échouent dans beaucoup de domaines avant de trouver la situation qui convient à leurs talents et à leurs capacités.

Le fait est que tout ce que vous réaliserez un jour, vous devrez le faire vous-même. Personne ne va le faire pour vous. Mais si vous continuez à apprendre et à grandir, en essayant beaucoup de choses, vous finirez par trouver les failles. C'est le cas pour tout le monde. Rappelez-vous simplement que les opportunités sont comme une perte de ballon dans un match de football. Si vous ne ramassez pas personnellement le ballon et ne courez pas avec, il reste là et n'a aucun effet sur le score. Lorsque vous en avez l'occasion, passez immédiatement à l'action.

C'EST UN MONDE MERVEILLEUX

Nous vivons dans un monde merveilleux aujourd'hui, probablement la meilleure période de toute l'histoire de l'humanité. Vous êtes entouré de plus d'opportunités et de possibilités de réaliser vos rêves qu'il n'en a jamais existé auparavant. Il n'y a pas de limites à ce que vous pouvez accomplir, si ce n'est les limites que vous vous imposez par votre propre pensée.

Le sentiment d'impuissance acquise et l'attrait de la zone de confort sont les deux principaux obstacles mentaux qui vous empêchent de changer votre façon de penser, de faire de grands rêves et de vous fixer de grands objectifs.

La façon de surmonter la peur et l'ignorance est le désir et la connaissance. Les deux qualités qui découlent d'un désir intense et d'une connaissance accrue sont le courage et la confiance dont vous avez besoin pour faire tout ce qui est nécessaire afin de réaliser ce que vous voulez vraiment.

Vous traduisez vos rêves en réalités concrètes en les transformant en objectifs. Vous décidez exactement de ce que vous voulez, vous l'écrivez, vous fixez une échéance et vous déterminez les efforts que vous allez devoir déployer pour y parvenir. Établissez des plans d'action écrits pour atteindre votre objectif, puis faites quelque chose chaque jour pour progresser vers cet objectif. Décidez à l'avance que vous n'abandonnerez jamais, jamais.

AVANCEZ, AUCUNE EXCUSE

Mark Twain a écrit un jour : « Il y a mille excuses pour l'échec, mais aucune bonne raison ».

Lorsque j'ai arrêté de me trouver des excuses, j'ai commencé à faire des progrès. Lorsque j'ai cessé de blâmer les autres et de m'apitoyer sur mon sort, j'ai commencé à réfléchir à des actions spécifiques que je pouvais entreprendre pour améliorer ma situation. Lorsque j'ai commencé à me fixer des objectifs et à faire des plans pour les atteindre, j'ai eu le sentiment de contrôler ma vie et mon avenir. Lorsque j'ai commencé à apprendre ce que je devais savoir pour atteindre mes objectifs, je me suis senti plus confiant et compétent dans d'autres domaines de ma vie également. Et lorsque j'ai commencé à atteindre mes objectifs, un par un, tout comme vous allez atteindre les vôtres, ma façon de penser a complètement changé.

CHANGEZ VOTRE VIE

Le succès est un travail intérieur. C'est un état d'esprit. Il commence en vous et se répercute rapidement dans le monde qui vous entoure. Lorsque vous changez votre façon de penser pour quelque chose de mieux, vous devenez une meilleure personne. Faire de grands rêves et envisager un avenir passionnant vous permet de devenir un leader. Écrire vos objectifs et établir des plans pour les atteindre vous permet de prendre le contrôle total de votre vie. Mettre en pratique les idées enseignées dans ce livre vous permet de devenir inarrêtable.

* * *

EXERCICES PRATIQUES

1. Prenez la résolution aujourd'hui d'accepter la responsabilité à 100 % de tout ce que vous êtes ou serez jamais. Au lieu de vous trouver des excuses, décidez de progresser.
2. Identifiez un domaine où vous utilisez les mots « je ne peux pas » lorsque vous pensez à la nécessité de changer ou de faire quelque chose de différent. Imaginez maintenant que vos limites dans ce domaine sont toutes dans votre esprit.
3. Dans quelles parties de votre vie êtes-vous devenu à l'aise, à tel point que vous résistez au changement, même s'il constituerait une amélioration ? Que pourriez-vous faire pour sortir de cette zone de confort ?
4. Identifiez un domaine où la peur et le doute vous empêchent de faire ce que vous voulez faire. Imaginez que le succès vous soit absolument garanti dans ce domaine. Que feriez-vous différemment ?
5. Quelles sont vos excuses préférées pour ne pas prendre les décisions ou les mesures nécessaires si vous voulez atteindre tous vos objectifs ? Et si vos excuses n'étaient pas vraies ?
6. Le désir et la connaissance sont les antidotes à la peur et au doute. Que pourriez-vous faire immédiatement pour accroître vos connaissances dans un domaine où vous voulez agir ?
7. Identifiez un domaine clé de votre vie que vous avez créé par votre propre pensée. Comment pourriez-vous changer votre façon de penser dans ce domaine pour mieux réussir ?

CHAPITRE 6

S'ENGAGER À ATTEINDRE L'EXCELLENCE

La qualité de la vie d'une personne sera déterminée par la profondeur de son engagement envers l'excellence, quel que soit le domaine qu'elle a choisi.

—VINCE LOMBARDI

Le point de départ d'une grande réussite est de se défaire des liens mentaux qui vous retiennent. Faire de grands rêves et se fixer de grands objectifs est le point de départ pour penser, voir et sentir que vous êtes capable d'accomplir bien plus que vous ne l'avez jamais fait auparavant.

La façon dont vous pensez et vous ressentez à votre égard est largement déterminée par l'efficacité que vous estimez avoir dans les choses importantes que vous faites, en particulier dans votre travail ou votre carrière. Il n'est pas possible pour vous de vous sentir heureux et confiant en tant que personne si vous n'êtes pas compétent et capable dans les domaines de votre vie qui sont au centre de votre identité personnelle.

L'un des moyens les plus puissants de changer votre façon de penser à votre sujet est de vous engager à atteindre l'excellence. Il s'agit de prendre la décision, dès maintenant, d'être le meilleur, de rejoindre les 10 % les plus performants dans votre domaine, peu importe le temps que cela prendra. Le fait même de vous considérer comme potentiellement excellent dans ce que vous faites change votre état d'esprit et améliore votre personnalité. Cela vous rend plus heureux et augmente votre estime personnelle. Vous vous appréciez et vous respectez davantage, simplement en décidant d'être le meilleur.

Le marché n'offre des récompenses supérieures que pour des performances supérieures. Il offre des récompenses moyennes pour des performances moyennes, et des récompenses inférieures à la moyenne, le chômage et la faillite pour des performances inférieures à la moyenne. Aujourd'hui, la course est lancée dans tous les domaines. Vos concurrents sont plus compétents et déterminés qu'ils ne l'ont jamais été auparavant, et ils le seront encore plus l'année prochaine, l'année suivante et pour le reste de votre carrière. Vous devez courir plus vite juste pour rester à la même place.

LE BON VIEUX TEMPS

À une époque, il fallait être excellent pour se hisser au sommet de son domaine ou de son marché. Aujourd'hui, cependant, l'excellence est considérée comme allant de soi. Aujourd'hui, vous devez être excellent juste pour entrer sur le marché en premier lieu. Ensuite, vous devez constamment vous améliorer, de semaine en semaine et de mois en mois, si vous voulez rester dans la course.

Dans chaque domaine, les 20 % d'entreprises les plus performantes réalisent 80 % des bénéfices de l'activité ou du secteur concerné. 20 % de vendeurs les plus performants réalisent 80 % des ventes et 80 % des revenus. Dans tous les domaines, les 20 % les plus performants bénéficient de la plupart des récompenses financières, de la fierté, de la satisfaction et de la réputation qui vont de pair avec le fait d'être le meilleur dans son domaine. Votre travail consiste à les rejoindre, aussi rapidement que possible.

LA SOUPAPE DE COMMANDE DE LA PERFORMANCE

La qualité la plus importante des hommes et des femmes très performants est peut-être l'ambition. Ils se voient, pensent à eux et se comportent chaque jour comme s'ils faisaient partie de l'élite dans leur domaine. Ils se fixent des objectifs élevés et travaillent continuellement à les dépasser. Pour eux, les quotas sont des niveaux minimum, pas maximum. Ils considèrent les réalisations de tous les autres comme des défis qu'ils doivent relever pour être encore meilleurs. Et vous devez faire de même.

Le cœur de votre personnalité est votre niveau d'estime de vous-même. Votre estime personnelle représente une mesure de l'importance que vous accordez à vous-même, et de la mesure dans laquelle vous vous considérez comme une personne importante et valable. Votre estime de vous-même est la source d'énergie de votre personnalité. Elle détermine vos niveaux d'énergie, d'enthousiasme, de motivation, d'inspiration et de dynamisme. Plus vous vous aimez et vous respectez, plus vous réussissez dans tout ce que vous entreprenez. Et plus vous réussissez, plus vous

vous appréciez et vous respectez. L'estime de soi et l'excellence personnelle se renforcent mutuellement.

FAITES DE VOTRE MIEUX

L'estime de soi et l'efficacité personnelle sont les revers de la même médaille de la personnalité. Vous ne pouvez vous apprécier et vous respecter véritablement que lorsque vous savez, au fond de votre cœur, que vous êtes vraiment bon dans ce que vous faites. Un sentiment de maîtrise personnelle est absolument essentiel à une personnalité humaine saine. Chaque chose que vous faites de manière excellente renforce votre estime de vous-même et vous fait vous sentir mieux dans votre peau. Vous vous sentez encore plus sûr de pouvoir atteindre des niveaux de performance encore plus élevés.

La réalisation de votre plein potentiel exige des niveaux élevés de courage et de confiance. La réussite exige une volonté constante de sortir de sa zone de confort et de briser les liens de l'impuissance acquise qui retiennent la plupart des gens.

Plus votre estime personnelle est élevée, plus vous serez puissant, positif et déterminé. Plus vous vous apprécierez, plus vous serez disposé à prendre des risques, à faire preuve de foi et à persévérer plus longtemps que quiconque. Plus vous vous améliorerez dans le domaine que vous avez choisi, plus vous deviendrez fort et confiant dans toutes les autres parties de votre vie également.

LA CONDITION SINE QUA NON

Le fait est qu'il vous est impossible d'être vraiment heureux ou de réussir tant que vous ne savez pas dans votre cœur que vous êtes très, très bon dans ce que vous faites. Pour cette seule raison, vous devez vous résoudre à surmonter n'importe quel obstacle, à payer n'importe quel prix et à parcourir n'importe quelle distance pour atteindre ce niveau d'excellence. Vous devez vous fixer comme objectif de faire partie des 10 % de personnes les plus performantes dans votre domaine et faire tout ce qu'il faut pour y parvenir.

Heureusement, atteindre le sommet est plus facile que vous ne le pensez. La grande majorité des gens pensent rarement à l'excellence personnelle. Et si la pensée leur traverse l'esprit, ils l'écartent rapidement et retournent à des performances moyennes. La plupart des gens qui vous entourent se contentent de faire leur travail, pour le meilleur ou pour le pire, puis de sortir avec leurs amis, ou de rentrer chez eux et de regarder la télévision. Cependant, lorsque vous commencez à faire ces efforts supplémentaires qui vous permettent d'exceller, vous constaterez que, comme un coureur qui se lance dans un sprint, vous prenez rapidement de l'avance sur le peloton des performances moyennes.

DÉVELOPPEZ UN AVANTAGE CONCURRENTIEL

L'un des plus importants de tous les principes de réussite est le concept de « l'avantage gagnant ». Ce concept explique le succès et l'échec, et a été démontré à maintes reprises. Ce principe dit : de petites différences d'aptitude peuvent entraîner d'énormes différences de résultats. Il semble que les personnes les plus performantes dans tous les domaines soient généralement un peu meilleures que la moyenne dans les choses essentielles qu'elles font. Mais la constance dans le fait d'être un peu meilleur dans vos domaines de compétences clés finit par faire une énorme différence dans les résultats.

En fait, il vous suffit d'être environ 3 % meilleur dans chacun des domaines de résultats clés de votre travail pour développer l'avantage gagnant. Cet avantage vous permet de prendre de l'avance dans la course pour la vie. Une fois que vous avez pris un peu d'avance, vous pouvez ensuite maintenir et augmenter cet écart en vous améliorant continuellement, en apprenant et en pratiquant. Avec cette stratégie, vous émergerez bientôt dans les 10 %, ou même les 5 %, des personnes les plus compétentes dans votre domaine.

DOMAINES DE RÉSULTATS CLÉS

La réussite dans tout emploi exige un niveau minimum de performance dans une ou plusieurs tâches ou fonctions. Ce sont les domaines de résultats clés (DRC) du poste. Les domaines de résultats clés sont les tâches que vous devez absolument, positivement, bien faire pour réussir dans votre emploi global, quel qu'il soit. Il est rare qu'il y ait plus de cinq à sept domaines de résultats clés dans un emploi, un poste, une entreprise ou un domaine de responsabilité. Votre travail consiste à identifier les DRC de votre poste, puis à élaborer un plan d'amélioration pour chacun d'entre eux.

La raison pour laquelle on les appelle « domaines de résultats clés » est qu'il s'agit des compétences essentielles nécessaires pour que vous puissiez faire votre travail complètement et correctement. Une faiblesse dans l'un de ces domaines peut vous empêcher d'obtenir d'excellentes performances dans l'ensemble de votre travail. Vous réussissez grâce à vos points forts dans certains domaines de résultats clés, mais votre domaine de résultats clé le plus faible détermine le degré d'efficacité avec lequel vous pourrez utiliser tous les autres. Votre domaine de compétences clés le plus faible détermine en grande partie votre revenu.

IDENTIFIEZ VOS COMPÉTENCES CLÉS

Chaque emploi ou résultat souhaité peut être défini en termes de compétences clés nécessaires pour l'atteindre. Par exemple, il existe sept domaines de résultats clés dans la vente. Une faiblesse dans l'un d'entre eux peut vous empêcher de vendre autant que vous le pourriez. Il s'agit de : (1) la prospection ; (2) l'établissement d'une relation de confiance ; (3) l'identification du problème ou du besoin du client ; (4) la présentation de votre produit ou service comme la solution idéale au problème ; (5) la réponse aux objections et aux préoccupations ; (6) l'obtention d'un accord pour poursuivre ; et (7) l'obtention de reventes et de recommandations. Si vous êtes performant dans chacun de ces sept domaines, vous serez bientôt au sommet de votre secteur. Si vous êtes médiocre dans un domaine, votre performance dans ce domaine déterminera votre revenu.

En gestion, il existe également sept domaines de résultats clés. Il s'agit de : (1) la planification ; (2) l'organisation ; (3) la sélection des bonnes personnes ; (4) la délégation ; (5) la supervision ; (6) la mesure ; et (7) les rapports à la hiérarchie, tant supérieure qu'inférieure. Si vous êtes excellent dans toutes les compétences clés sauf une, cette seule faiblesse vous freinera dans votre carrière de manager.

Il existe des facteurs critiques de réussite dans presque tous les domaines de la vie. Par exemple, il existe quatre facteurs critiques de réussite qui déterminent votre santé physique. Il s'agit de : (1) un régime alimentaire approprié ; (2) un poids approprié ; (3) un exercice physique approprié ; et (4) un repos approprié. Presque tous vos problèmes de santé peuvent être attribués à un problème ou à une carence dans l'un de ces quatre domaines.

Le point de départ de l'excellence personnelle consiste à identifier les domaines de résultats clés de votre travail. Définissez-les clairement et mettez-les par écrit. Dressez une liste des tâches, dans l'ordre, que vous devez accomplir pour obtenir les résultats attendus dans votre travail. Évaluez votre performance actuelle dans chacun de ces domaines de résultats clés. Où êtes-vous fort ? Où êtes-vous faible ? Soyez honnête.

FIXEZ DES NORMES DE PERFORMANCE

Si vous voulez perdre du poids, la première chose que vous faites est de vous peser. Si vous voulez vous améliorer dans un domaine quelconque, vous devez d'abord mesurer vos résultats actuels dans ce domaine, puis vous en servir comme base de référence pour l'amélioration.

Une fois que vous avez déterminé les résultats que vous devez absolument, positivement obtenir pour donner le meilleur de vous-même dans un aspect particulier de votre vie ou de votre travail, vous vous attribuez alors une note de 1 à 10 dans chaque domaine de résultat clé, 1 étant le plus faible et 10 le plus élevé. Vous devez obtenir un score de 7 ou plus dans chaque domaine pour accomplir votre travail de manière excellente. Partout où vous obtenez un score de 7 ou moins, vous devez vous fixer un objectif d'amélioration dans ce domaine.

Commencez toujours votre programme d'amélioration personnelle là où vous pouvez obtenir le meilleur résultat le plus rapidement. Ce sera invariablement dans le domaine de résultat clé où vous êtes le plus faible. Identifiez votre DRC le plus faible, puis élaborez un plan pour vous améliorer dans ce domaine de compétences aussi rapidement que possible. Simultanément, vous élaborez un plan pour vous améliorer progressivement dans chaque autre domaine où vous êtes faible.

Chaque étape que vous franchissez pour vous améliorer dans l'un de vos domaines de résultats clés améliorera vos résultats dans votre travail. Plus vous vous améliorerez dans votre travail, plus vous vous apprécierez et vous respecterez. Plus vous vous apprécierez et vous respecterez, mieux vous vous sentirez, et plus vous aurez d'énergie et d'enthousiasme. Vous deviendrez bientôt inarrêtable.

PLANIFICATION STRATÉGIQUE PERSONNELLE

Dans le monde des affaires du vingtième siècle, il était généralement admis que les entreprises devaient procéder à une planification stratégique sur une base régulière. Les individus, cependant, étaient encouragés à se fixer des objectifs personnels. Au vingt-et-unième siècle, cependant, la situation est différente. Aujourd'hui, chaque individu, tout comme une entreprise, doit s'engager dans un processus régulier de planification stratégique personnelle.

Dans la planification stratégique personnelle, vous vous considérez comme une organisation commerciale. Avec cette perspective, vous faites des plans plus détaillés et à long terme pour vos objectifs et vos activités dans chaque partie de votre vie.

Aujourd'hui, vous devez passer beaucoup plus de temps à penser à votre avenir que jamais auparavant. Vous devez investir plus d'énergie et d'efforts pour analyser et planifier les mesures à prendre pour transformer vos rêves futurs en réalités présentes. Vous devez vous gérer mieux que jamais. Vous devez prendre le contrôle total de tout ce qui vous arrive.

PARTICIPATION DU PUBLIC
Parfois, je demande à mon public : « Combien de personnes ici sont des travailleurs indépendants ? » Habituellement, environ 10 à 15 % du public lève la main. J'arrête alors le séminaire et je leur demande à nouveau : « Combien de personnes ici sont réellement des indépendants ? » Et puis j'attends.

Cela ne leur prend pas beaucoup de temps. Les gens se regardent les uns les autres, puis se retournent vers moi, puis se regardent à nouveau. Bientôt, une main après l'autre commence à se lever. Finalement, tout le monde a la main levée. Tout le monde se rend compte qu'ils sont tous des indépendants.

La plus grande erreur que vous puissiez faire est de penser que vous travaillez pour quelqu'un d'autre que vous-même. Le fait est que vous êtes toujours indépendant, depuis votre premier emploi jusqu'à votre retraite. Peu importe qui signe votre chèque de paie, vous travaillez pour vous-même. Vous êtes le président d'une société entrepreneuriale de services personnels avec un seul employé — vous-même. À long terme, grâce à ce que vous faites ou ne faites pas, vous déterminez votre salaire. Si vous voulez une augmentation de salaire, vous pouvez aller devant le miroir le plus proche et négocier avec votre « patron ».

VOUS DÉTERMINEZ VOS PROPRES REVENUS

Les gens ne sont parfois pas d'accord avec moi à ce sujet. Ils disent que les structures salariales de leur entreprise ou de leur secteur sont déterminées par des facteurs sur lesquels ils n'ont aucun contrôle. Mais je leur fais alors remarquer que ce sont eux qui ont décidé d'aller travailler dans cette entreprise ou cette industrie. Et ce sont eux qui décident d'y rester. Ils sont responsables. Ils sont leur propre personnel.

Si vous n'êtes pas satisfait d'un aspect de votre travail, c'est à vous de le changer. Benjamin Disraeli a dit : « Ne jamais se plaindre et ne jamais s'expliquer ». S'il y a une partie de votre travail ou de votre vie personnelle que vous n'aimez pas, ne perdez pas votre temps à vous en plaindre. Au lieu de cela, agissez. Comme l'exprime le Hamlet de Shakespeare, « prenez les armes contre une mer de tourments, combattez-les et achevez-les ».

Se voir comme le président de votre propre société de services personnels exige que vous acceptiez la responsabilité totale de tout ce que vous êtes, et de tout ce que vous serez. C'est une pensée énorme pour beaucoup de gens. Elle est à la fois effrayante et exaltante.

Imaginez ! Vous êtes là où vous êtes et ce que vous êtes parce que vous avez décidé d'être là. Tout ce que vous accomplirez, pour le reste de votre vie, sera largement déterminé par les actions que vous entreprendrez, ou ne parviendrez pas à entreprendre. Vous êtes responsable. Vous avez le contrôle. Vous êtes votre propre patron. Et il n'y a pas de limites, sauf les limites que vous permettez au monde extérieur de placer sur vous-même et sur votre pensée.

L'OBJECTIF DE LA STRATÉGIE

Lorsque vous commencez à vous considérer comme une société de services personnels, vous vous distinguez de toutes ces personnes qui pensent travailler pour quelqu'un d'autre. Lorsque vous prenez en charge votre carrière, vous commencez à penser en termes de planification stratégique personnelle, tout comme une grande entreprise. Vous commencez à faire des plans à long terme.

Les parallèles entre la planification d'entreprise et la planification personnelle sont très similaires. L'objectif de la planification stratégique dans une entreprise est d'obtenir le meilleur rendement des capitaux propres (RCP) investis dans l'entreprise. Tous les plans et tactiques stratégiques visent à réorganiser les ressources et les activités de l'entreprise de manière à ce qu'elle obtienne un taux de rendement financier de ses ressources supérieur à celui qu'elle obtenait auparavant.

Dans ses termes les plus simples, la planification stratégique vise à augmenter le rapport entre les extrants et les intrants. Toutes les pratiques de gestion populaires aujourd'hui, telles que la restructuration, la réorganisation, la réingénierie et la réinvention, visent à améliorer le fonctionnement de l'organisation afin qu'elle gagne plus d'argent. Elles visent à augmenter les rendements et les taux de rentabilité des capitaux propres.

AUGMENTEZ LE RENDEMENT DE VOTRE ÉNERGIE

Si le rendement du capital financier est appelé rendement des fonds propres, votre RCP personnel est votre rendement énergétique. La planification stratégique personnelle est axée sur l'organisation et la réorganisation de votre vie, la restructuration et la réingénierie de vos activités, afin d'accroître la qualité et la quantité des retours que vous tirez de l'investissement des heures et des jours de votre vie dans ce que vous faites.

Disons, par exemple, que vous avez décidé de doubler vos revenus au cours des trois à cinq prochaines années. Il s'agit d'un objectif raisonnable que de nombreuses personnes autour de vous atteignent déjà. Il n'est pas si difficile à atteindre. En termes simples, pour doubler vos revenus, vous devez simplement doubler la valeur de vos extrants par rapport à vos intrants. Vous devez doubler la valeur de votre contribution.

Les résultats financiers sont le fruit de l'exercice d'une fonction ou de la production de biens et de services de valeur que quelqu'un est prêt à payer. Si vous voulez augmenter le montant que vous obtenez, vous devez établir un plan pour augmenter le montant que vous investissez.

VOTRE DOMAINE D'EXCELLENCE
Quel est le facteur critique qui détermine le succès ou l'échec de toute entreprise ? Il s'agit de son avantage concurrentiel, ou « domaine d'excellence ». Chaque entreprise naît et survit parce qu'elle a la capacité unique d'offrir au marché quelque chose qui est meilleur d'une certaine manière que tout ce qui est proposé par ses concurrents. Elle reste en activité tant qu'elle continue à satisfaire ses clients dans un domaine particulier mieux que quiconque.

L'avantage concurrentiel ou la proposition de vente unique d'une entreprise détermine son taux de croissance, son niveau de ventes, sa rentabilité et sa survie même. Les entreprises qui n'ont pas d'avantage concurrentiel disparaissent rapidement du marché, pour être remplacées par d'autres entreprises disposant d'avantages concurrentiels clairs et indéniables, pour lesquels les clients peuvent et veulent payer.

Vous n'êtes pas différent. En tant que président d'une entreprise unipersonnelle, vous devez, vous aussi, développer et maintenir un avantage concurrentiel significatif. Vous devez développer un domaine de spécificité. Vous devez être absolument excellent dans le travail que vous faites afin de vous hisser au sommet de votre secteur. Vos choix et décisions sur ce qu'est et sera votre avantage concurrentiel sont les déterminants essentiels de votre réussite financière dans votre vie et votre carrière.

RÉUSSIR À LA DURE
Il y a quelques années, un de mes amis est allé travailler pour une société de courtage en bourse. Le programme de recrutement

et de formation était très technique et la formation en vente était pratiquement inexistante. Lorsqu'il a finalement obtenu sa licence de courtage, on lui a remis les pages jaunes et on lui a dit de commencer à « composer des numéros pour obtenir des dollars », en téléphonant à tous ceux qu'il pouvait joindre et en leur vantant ses produits. Il a vite appris que c'était l'une des façons les plus difficiles au monde de percer dans le domaine de la vente professionnelle et de gagner sa vie.

Un jour, il a eu une révélation qui a changé sa carrière et qui a fait de lui l'un des meilleurs conseillers financiers du pays. Il s'est rendu compte que toute sa carrière et tout ce qui lui arrivait (le mode de vie de sa famille, son compte en banque et son avenir) seraient déterminés par son efficacité au téléphone. Il a donc pris la décision de devenir absolument exceptionnel dans l'utilisation du téléphone comme outil de prospection et de vente.

Il a lu tous les livres qu'il a pu trouver sur les techniques téléphoniques efficaces. Il a suivi tous les cours et étudié toutes les informations sur le sujet. Il est devenu si doué avec le téléphone qu'il pouvait reconnaître 19 types différents d'hésitation dans la voix de la personne qu'il appelait. Il a développé des réponses appropriées à chacune d'entre elles afin de pouvoir rassurer ses prospects et ses clients sur le fait que ce qu'il recommandait était la bonne chose pour eux.

Aujourd'hui, il gagne plus de cinq millions de dollars par an en achetant et en vendant des investissements pour ses clients par téléphone, avec une commission directe. Il réalise 99 % de son activité par téléphone et maintenant par ordinateur, e-mail et fax. Il rencontre rarement ses clients personnellement. Mais au téléphone, il est un maître de la communication. Il a définitivement et spécifiquement identifié et développé un avantage concurrentiel qu'il a utilisé pour se hisser au sommet de son domaine. Qu'est-ce que cela pourrait être pour vous ?

TRANSFORMEZ-VOUS EN UN PROJET À RÉALISER VOUS-MÊME

Voici un exercice : Complétez cette phrase : « Si je pouvais _____ vraiment bien, je pourrais gagner tout l'argent que je veux. » Votre travail consiste à remplir les blancs.

Quelle compétence, si vous la développiez et la mettiez en pratique de manière constante et excellente, aurait le plus grand impact positif sur vos revenus ? Si vous pouviez, d'un coup de baguette magique, être absolument exceptionnel dans une partie de votre travail, laquelle choisiriez-vous ? Quelle que soit votre réponse, il s'agit du domaine de résultat clé sur lequel vous devez commencer à travailler dès maintenant.

Tout succès durable dans votre entreprise ou votre carrière résultera du fait que vous faites quelque chose extrêmement bien, quelque chose que les autres apprécient et pour lequel ils sont prêts à payer. Et tout ce que quelqu'un d'autre peut faire de manière excellente, vous pouvez apprendre à le faire également. N'oubliez pas que tous ceux qui font partie des 10 % les plus performants ont commencé dans les 10 % les moins performants.

Toutes les personnes qui s'en sortent bien aujourd'hui étaient autrefois en difficulté. Toutes les personnes au sommet de votre domaine étaient à un moment donné dans un tout autre domaine. La façon d'arriver devant le buffet de la vie, là où se trouvent toutes les bonnes choses, est simple. Premièrement, mettez-vous dans la file. Prenez la décision de rejoindre les 10 % des personnes les plus compétentes, peu importe le temps que cela prendra. Deuxièmement, restez dans la file. Lorsque vous avez commencé à vous diriger vers l'excellence personnelle, continuez à apprendre et à vous entraîner jusqu'à ce que vous y arriviez.

Voici la bonne nouvelle. Le buffet de la vie est en mouvement ! Il ne ferme jamais. Il est ouvert 24h/24. Tous ceux qui sont dans la file et restent dedans finissent par arriver devant. Rien ne peut vous empêcher d'entrer dans les 10 % meilleurs, sauf vous-même. Vous êtes responsable.

CLARIFIEZ VOTRE AVANTAGE CONCURRENTIEL

L'une des premières questions que vous vous posez est : « Quel est mon avantage concurrentiel ? » Qu'est-ce que vous savez faire de manière absolument excellente ? Qu'est-ce que vous faites mieux que presque tout le monde dans votre entreprise ? Quel ensemble unique de compétences possédez-vous qui explique la majeure partie de votre succès à ce jour ? Dans quoi êtes-vous vraiment bon ?

Votre deuxième question est la suivante : « En regardant les tendances de mon secteur, quel sera mon avantage concurrentiel dans trois à cinq ans ? » Si les choses continuent comme elles le font et que vous pouvez vous projeter trois à cinq ans dans l'avenir et regarder autour de vous, que devrez-vous faire de manière excellente à ce moment-là ?

De nombreuses personnes ont du mal à répondre à ces deux questions. Elles ne savent pas quel est leur avantage concurrentiel aujourd'hui et, par conséquent, elles n'ont aucune idée de ce que sera leur avantage concurrentiel à l'avenir. Si vous êtes dans cette situation, vous risquez fort de sous-performer, voire d'échouer dans votre carrière.

VOTRE AVANTAGE CONCURRENTIEL POTENTIEL

Voici la question suivante : « Quel devrait être votre avantage concurrentiel ? » Si vous pouviez être absolument exceptionnel dans un domaine, quel devrait être ce domaine ? Si vous n'êtes pas sûr, allez demander à votre patron ou à vos collègues de travail. Demandez-leur : « Si j'étais vraiment, vraiment bon dans une compétence, quelle compétence aurait le plus grand impact positif sur mes résultats ? »

Vous connaissez généralement la réponse à cette question dès que vous la posez. Si vous avez des doutes sur la compétence qui pourrait vous aider le plus, demandez l'avis et les conseils des autres. Les personnes qui vous entourent, en particulier votre patron, peuvent généralement vous donner assez rapidement la réponse à cette question.

Une fois que vous avez la réponse, vous fixez le développement de cette compétence comme nouvel objectif ou cible à viser. Vous changez votre façon de penser de manière très positive dans ce domaine, et vous commencez à imaginer que vous avez la capacité d'être absolument exceptionnel dans ce domaine. Vous l'écrivez, vous fixez un délai, vous établissez un plan et vous vous mettez au travail pour vous améliorer dans ce domaine. En un rien de temps, vous commencerez à développer l'avantage gagnant dans votre travail qui vous permettra de prendre de l'avance sur les autres.

LICENCIEMENT DU PERSONNEL

Certaines entreprises aujourd'hui font faire à leur personnel un exercice qui peut être assez traumatisant pour leurs employés. Elles convoquent tout le monde, puis elles licencient tout le personnel. Elles annoncent qu'elles vont réembaucher quelqu'un pour chaque poste, et que chaque personne peut représenter sa candidature pour son poste comme si elles étaient des entrepreneurs extérieurs présentant une proposition.

Cette proposition d'emploi comprendrait une description de ce qu'elles ont l'intention de faire, de la manière dont elles ont l'intention de le faire, du prix qu'elles demanderaient pour leur travail, et de ce que l'entreprise gagnerait ou économiserait en leur versant les salaires qu'elles demandent pour ce qu'elles proposent de faire.

Comme vous pouvez l'imaginer, de nombreux employés sont complètement déconcertés lorsqu'ils sont confrontés à cet exercice. L'idée même de réfléchir à leur emploi actuel et de le décrire sous la forme d'une proposition commerciale, en justifiant pourquoi ils devraient être payés au montant qu'ils demandent, est une tâche énorme. La plupart des gens n'ont jamais réfléchi à leur emploi de cette manière.

Enfin, le patron ajoute un détail supplémentaire. Il leur dit qu'ils seront tous en concurrence avec d'autres personnes qui présenteront également des propositions pour les mêmes emplois. Celui qui offrira à l'entreprise la meilleure offre ou le meilleur prix obtiendra le poste.

DÉTERMINEZ EXACTEMENT CE QUE VOUS FAITES

Si vous étiez placé dans cette position et que vous deviez rédiger une proposition pour votre emploi, en commençant par les choses les plus importantes et les plus utiles que vous faites pour votre entreprise, comment l'expliqueriez-vous ? Comment vous vendriez-vous à votre employeur actuel ? Comment défendriez-vous l'argent que vous voulez gagner ?

Quelles sont vos compétences essentielles ? Quels sont les talents et les capacités spéciales que vous avez et qui vous rendent utile et vous distinguent des autres ? Quelles devraient être vos compétences essentielles, ou quelles pourraient être celles de demain ? Que faites-vous d'une manière si excellente que vous valez l'argent que vous voulez gagner ? Vos réponses à ces questions sont essentielles à votre réussite dans votre carrière.

À QUEL POINT ÊTES-VOUS BON ?

Il existe un moyen simple de déterminer à quel point vous êtes bon dans ce que vous faites : Êtes-vous très demandé ? Si vous êtes très bon, les gens essaient continuellement de vous débaucher de votre emploi actuel. Vous recevez régulièrement des offres de poste. Si vous êtes indépendant, vous avez plus d'affaires que vous ne pouvez en gérer. Vous recevez un flux constant de recommandations et de références de la part de clients satisfaits.

Lorsque vous êtes demandé, vous avez une sécurité d'emploi totale. Vous savez que si quelque chose arrivait à votre emploi actuel, vous pourriez traverser la rue et trouver un autre emploi demain. Vous ne vous inquiétez jamais des hauts et des bas de l'économie, car vous avez toujours beaucoup plus d'opportunités que vous n'arrivez pas à gérer en 24 heures.

Lorsque vous atteindrez ce stade, vous saurez que vous êtes l'un des meilleurs dans votre domaine. Vous vous sentirez très bien dans votre peau. Vous aurez un contrôle total sur votre avenir.

FAITES CE QUE VOUS AIMEZ FAIRE

Vous vous demandez peut-être comment déterminer votre domaine d'excellence, si vous n'en avez pas déjà un. Si vous êtes déjà très bon dans ce que vous faites, sachez qu'avec les changements qui se produisent si rapidement dans votre domaine, d'ici quelques années, vous vous retrouverez probablement à un autre poste, à faire quelque chose de différent, avec un domaine d'excellence différent. Ce qui vous a mené là où vous êtes aujourd'hui ne suffira pas à vous y maintenir.

Voici l'une des parties les plus importantes du changement de votre façon de penser. Les personnes qui réussissent font ce qu'elles aiment faire. Elles font leur travail pour l'art et le plaisir de le faire. Elles feraient ce qu'elles font même si elles n'étaient pas payées pour cela. Posez-vous cette question : « Dans quel domaine choisirais-je de travailler si j'étais financièrement indépendant et que je pouvais faire tout ce que je voulais ? »

Comment changeriez-vous votre vie si vous gagniez un million de dollars ? La grande majorité des gens, s'ils gagnaient un million de dollars, quitteraient immédiatement leur emploi actuel. Quitter votre emploi actuel dans le cas où vous gagneriez un million de dollars est un signal de danger. Cela signifie que vous courrez le risque de gâcher votre carrière votre vie.

DÉTERMINEZ CE QUE VOUS AIMEZ FAIRE

Les millionnaires autodidactes disent presque invariablement que le secret de leur réussite est d'avoir découvert ce qu'ils aimaient faire et de l'avoir fait de tout leur cœur. La plupart des personnes qui réussissent ont l'impression de ne pas travailler du tout. Certaines d'entre elles disent : « Je n'ai pas travaillé un seul jour de ma vie ». Leur travail et leurs loisirs s'entremêlent. Elles ne savent pas où l'un commence et l'autre finit. Quand elles ne sont pas au travail, elles y pensent et en parlent. Et quand elles sont au travail, elles s'y perdent.

Rien qu'aux États-Unis, il existe plus de 22 000 catégories officielles d'emplois. Parmi ces 22 000 catégories, il existe des sous-catégories qui portent à près de 100 000 le nombre d'emplois différents que vous pourriez occuper. Et la plupart des emplois que les gens exerceront au vingt-et-unième siècle n'ont même pas encore été inventés.

Parmi les milliers d'emplois qui existent, il existe de nombreux métiers dans lesquels vous pourriez travailler et gagner très bien votre vie. Votre objectif doit être de choisir le travail idéal pour vous, celui qui vous procure le plus de joie, de satisfaction et de gratifications, puis de canaliser toute votre énergie pour devenir absolument excellent dans ce domaine.

LE SUCCÈS LAISSE DES TRACES

Le point de départ de l'identification de vos talents particuliers et de vos capacités uniques consiste à vous replonger dans votre passé. Quelles sortes d'activités vous ont donné vos meilleurs résultats et gratifications ?

Lorsque vous étiez à l'école, quelles étaient les matières qui vous intéressaient le plus ? Dans quelles matières obteniez-vous les meilleures notes ? Vous serez toujours meilleur en faisant quelque chose qui vous fascine, qui retient votre attention, qui capte votre intérêt, et vers lequel vous êtes naturellement attiré.

L'un des tests pour savoir si quelque chose vous convient est votre désir d'en apprendre davantage à son sujet. Vous prendrez plaisir à lire à ce sujet, à en parler et à en apprendre davantage. Non seulement cela, mais vous admirerez naturellement les personnes qui ont le mieux réussi dans le domaine pour lequel vous êtes en position idéale.

RETOURNEZ EN ENFANCE

Une façon de déterminer votre avenir est d'examiner votre passé. Repensez à ce que vous avez le plus aimé faire lorsque vous aviez entre 7 et 14 ans. À cette époque, vous étiez totalement libre de vous intéresser à tout sujet qui vous attirait. Qu'est-ce que vous aimiez le plus faire ? Si vous ne vous en souvenez pas, allez demander à l'un de vos parents. Ils se souviendront généralement de la façon dont vous occupiez votre temps lorsque vous étiez plus jeune.

Un participant à l'un de mes séminaires m'a dit que ce principe s'appliquait exactement à lui. Lorsqu'il avait entre 7 et 14 ans, il adorait construire des modèles réduits d'avions. Il passait de nombreuses heures, jusque tard dans la nuit, à construire des modèles de plus en plus complexes. Il se mis vite à construire des modèles réduits d'avions avec de petits moteurs et à les inscrire à des concours. En grandissant, il a construit de plus gros avions, télécommandés, et les a fait voler lors de concours dans tout le pays.

Après avoir terminé ses études secondaires, il est allé à l'université et a obtenu un diplôme d'ingénieur en aéronautique. Il possède aujourd'hui trois entreprises. Dans l'une d'elles, il conçoit de petits avions. Dans une deuxième société, il loue et affrète des avions, et il possède une troisième société qui s'occupe de l'entretien des avions. Il m'a dit qu'il valait plusieurs millions de dollars et qu'il avait l'impression de n'avoir jamais travaillé une seule journée de sa vie. Il faisait toujours ce qu'il aimait le plus faire quand il était jeune. Et il n'avait que 35 ans.

VOTRE SENTIMENT D'IMPORTANCE
Dale Carnegie a écrit un jour : « Dites-moi ce qui donne à une personne son plus grand sentiment d'importance et je vous dirai toute sa philosophie de vie ». Qu'est-ce qui vous donne votre plus grand sentiment d'importance ? Qu'est-ce qui vous donne une très grande estime de vous-même lorsque vous le faites de

manière excellente ? Qu'est-ce que vous aimez le plus faire, à tel point que vous y revenez sans cesse ?

Napoléon Hill a dit un jour que l'un des grands secrets de la réussite est de décider ce que vous aimez le plus faire, puis de trouver un moyen de bien gagner votre vie dans ce domaine. La plupart des gens font les choses à l'envers. Ils font ce qu'ils pensent devoir faire pour pouvoir enfin acquérir le temps et l'argent nécessaires pour faire ce qu'ils veulent vraiment faire. Votre objectif devrait être d'inverser cet ordre. Vous devriez faire ce que vous aimez vraiment faire dès le début. De cette façon, vous deviendriez de plus en plus performant en faisant de plus en plus de choses qui vous apportent le plus grand sentiment d'importance.

REGARDEZ LES FAITS EN FACE

L'une des parties les plus importantes du changement de votre façon de penser est le développement de la qualité qu'est le courage. J'aborderai ce sujet plus en détail plus tard, au chapitre 12. Pour l'instant, pour ce qui est de faire ce que vous aimez faire, vous avez besoin de courage pour faire face au fait que, pour le moment, vous n'êtes peut-être pas au bon poste, au bon endroit ou dans la bonne relation. Vous êtes peut-être sur la mauvaise voie.

La plupart des gens reprennent leur travail et leur carrière, et même leurs relations, comme s'ils faisaient marche arrière avec leur voiture et heurtaient quelque chose, puis sortaient pour voir ce que c'était. Ils n'ont pas d'objectifs clairs, alors ils acceptent tout ce qui leur arrive. Ils acceptent l'emploi qui leur est proposé au moment où ils commencent à travailler ou passent d'un emploi à un autre. Ils font le travail qui leur est assigné. Ils permettent à leur patron de déterminer leur parcours professionnel.

Toute leur vie professionnelle s'organise bientôt autour des attentes des personnes qui signent leur chèque de paie. S'ils ne font pas attention, les années passent et ils perdent complètement de vue l'enfant en eux qui a commencé dans la vie avec des espoirs et des rêves, entrant dans un monde de possibilités et de potentialités inexploitées.

SOYEZ FIDÈLE À VOUS-MÊME

Joseph Campbell, le défunt professeur de mythologie, a raconté une histoire lors de l'émission de télévision Bill Moyers Special il y a quelques années. Elle se déroulait dans un petit restaurant local qu'il fréquentait avec sa femme. Un jour, un autre couple, accompagné de son jeune fils, est entré et s'est assis pour dîner à une table voisine. Au milieu du repas, le garçon prend la parole et dit qu'il n'aime pas son repas et qu'il ne va pas le manger. Le père se met très en colère et insiste pour qu'il le mange, qu'il l'aime ou non.

Le garçon refusa et dit à son père : « Mais je ne veux pas le manger ! »

À ce moment-là, le père a explosé et a crié : « Tu ne veux pas ? Qu'est-ce que cela a à voir avec quoi que ce soit ? Je n'ai jamais fait quoi que ce soit que je voulais faire de toute ma vie ! »

Campbell poursuit en soulignant que de nombreuses personnes sont dans cette même situation. De nombreuses personnes ont l'impression d'avoir vécu toute leur vie en faisant ce que les autres voulaient qu'elles fassent, car elles n'ont jamais eu le courage de faire ce qu'elles voulaient.

Campbell a ensuite déclaré que la clé du succès et du bonheur dans la vie était de « suivre sa félicité ». C'était de faire ce que vous aimiez le plus faire. C'était de regarder le paysage de votre vie et de déterminer les activités que vous aimiez faire plus que tout, les choses que vous feriez si vous n'aviez aucune limite, et ensuite de construire votre vie autour de ces activités.

SOYEZ PRÊT À VOUS RETIRER

Beaucoup des hommes et des femmes les plus heureux de notre société actuelle sont ceux qui, à un moment donné, se sont levés et se sont éloignés d'une situation dont ils ont finalement réalisé qu'elle ne les rendait pas heureux ou épanouis. Ils ont eu le courage de décider qu'ils allaient faire ce qu'ils aimaient faire, plutôt que ce qu'ils avaient l'impression de devoir faire. Ils ont regardé au fond d'eux-mêmes et ont évalué honnêtement leurs propres talents et capacités naturels. Cela a souvent changé toute leur vie.

ÉCOUTEZ LES AUTRES

Il y a quelques années, j'ai commencé à réfléchir sérieusement à ce que je voulais vraiment faire. Mon emploi actuel arrivait à son terme, et les perspectives d'avenir, à cause de l'économie, n'étaient pas très encourageantes. Entre-temps, même si j'avais une très bonne idée de ce que je voulais faire, je n'en étais pas sûr.

À ce moment-là, j'ai soudainement demandé à un de mes amis ce à quoi il pensait que je serais bon. Il m'a répondu, sans la moindre hésitation : « Tu serais excellent pour enseigner et organiser des séminaires ».

Il s'est avéré que c'était exactement ce que je pensais, mais j'étais nerveux à l'idée d'orienter toute ma carrière vers un domaine totalement inconnu. Le commentaire de mon ami m'a fait comprendre que, souvent, les gens qui vous entourent voient clairement ce que vous devriez faire, même si vous ne le voyez pas vous-même.

Si vous n'êtes pas du tout sûr du domaine pour lequel vous avez du talent et des capacités naturels, demandez à quelqu'un qui vous connaît bien ce qu'il ou elle pense être votre domaine professionnel idéal. Les personnes qui vous connaissent et se soucient de vous vous donneront souvent des idées et des perspectives qui changeront toute votre vie. Souvent, ces informations vous révéleront le désir de votre cœur.

LE DÉSIR DE VOTRE CŒUR

Le désir de votre cœur est cette chose spéciale pour laquelle vous avez été mis sur cette terre. Personne d'autre ne peut le faire de la même manière que vous. C'est quelque chose qui vous appelle peut-être depuis de nombreuses années, comme le son d'une musique lointaine. C'est quelque chose qui vous intéresse et vous attire depuis que vous êtes jeune.

Peut-être n'en avez-vous jamais parlé à personne. Peut-être, au fond de votre cœur, avez-vous eu peur des énormes changements que vous auriez à faire pour réaliser ce que vous désirez. Mais le fait est que vous ne serez jamais vraiment heureux ou satisfait avant de vous laisser aller et de vous jeter corps et âme dans ce que vous désirez.

Eric Butterworth a écrit dans son livre *Découvrez le pouvoir qui est en vous (Harper & Row, 1968)* : « Vous n'êtes pas ce que vous êtes ; vous êtes ce que vous pouvez être ».

Imaginez ! Vous n'êtes pas ce que vous êtes, mais plutôt ce que vous pouvez être lorsque vous découvrez et développez pleinement vos talents et capacités naturels.

SOYEZ HONNÊTE AVEC VOUS-MÊME

L'une des marques du leadership personnel est que vous vous voyez tel que vous êtes vraiment. Vous êtes complètement honnête. Vous reconnaissez et acceptez que vous êtes entièrement responsable, le président de votre propre société de services personnels. Vous acceptez que d'excellentes gratifications ne proviennent que d'excellentes performances dans le domaine que vous avez choisi. Vous vous considérez de manière stratégique, comme si vous regardiez quelqu'un d'autre. Vous planifiez chaque partie de votre vie, sachant que personne ne le fera à votre place. En particulier, vous établissez votre propre programme d'amélioration personnelle et professionnelle pour être certain de devenir l'une des toutes meilleures personnes dans votre domaine.

PENSEZ ET PLANIFIEZ DE MANIÈRE STRATÉGIQUE

Il existe plusieurs concepts dans la planification stratégique personnelle qui peuvent améliorer vos résultats et changer votre vie. Comme en toute chose, ce sont des façons de penser qui mènent à des façons d'agir plus efficaces.

TRACEZ UNE LIGNE

Le premier concept est ce que j'appelle « la pensée zéro ». Faites une pause dans votre vie et votre travail. Tracez une ligne sous toutes vos activités actuelles. Maintenant, imaginez que vous recommencez à zéro. Demandez-vous : « Y a-t-il quelque chose dans ma vie que, sachant ce que je sais maintenant, je n'entreprendrais pas ou ne recommencerais pas aujourd'hui si c'était à refaire ? »

Cette question est l'une des plus importantes que vous aurez à poser et à laquelle vous répondrez. Vous pouvez l'appliquer de « manière continue » à chaque partie de votre vie. Souvent, le plus gros problème de la planification stratégique personnelle est que vous essayez de faire fonctionner quelque chose que vous ne voudriez même pas entreprendre en premier lieu si vous deviez le refaire.

Souvent, lorsque je consulte des entreprises, elles me demandent des conseils sur la façon d'augmenter les ventes d'un produit ou d'un service particulier. Je leur demande toujours : « Sachant ce que vous savez maintenant, présenteriez-vous à nouveau ce produit ou ce service aujourd'hui si c'était à refaire ? »

Ils me disent souvent que, sachant ce qu'ils savent maintenant, ils ne l'auraient jamais présenté en premier lieu. Le conseil que je leur donne est toujours le même : « Abandonnez-le ». L'une des choses les plus intelligentes qu'une entreprise puisse faire avec une partie de son activité qui ne fonctionne pas, et qui n'a pas d'avenir, c'est de l'abandonner aussi vite que possible. Cela s'applique aux produits, services, processus, méthodes de vente ou de publicité, investissements, ou tout autre domaine d'activité qui consomme du temps, de l'argent ou de l'énergie émotionnelle.

METTEZ-VOUS LA PRESSION
S'il y a quelque chose dans votre vie ou votre travail que vous n'entreprendriez pas aujourd'hui, sachant ce que vous savez maintenant, c'est un excellent candidat à l'abandon créatif, à l'abandon pur et simple.

Y a-t-il une relation dans votre vie, personnelle ou professionnelle, que, sachant ce que vous savez maintenant, vous n'entreprendriez pas aujourd'hui si c'était à refaire ? Si c'est le cas, votre prochaine question est la suivante : « Comment puis-je sortir de cette relation, et à quelle vitesse ? »

Pensez à votre entreprise et à votre carrière. Y a-t-il une chose dans votre vie professionnelle que vous ne referiez pas aujourd'hui, sachant ce que vous savez maintenant ? Y a-t-il un processus, une procédure, une activité ou une dépense que vous ne recommenceriez pas aujourd'hui si c'était à refaire ?

Enfin, pensez à vos investissements, non seulement en argent, mais aussi en temps ou en émotions. Y a-t-il une partie de votre vie qui vous tire vers le bas, qui vous cause des tensions ou du stress, et que vous ne recommenceriez pas aujourd'hui si c'était à refaire ? Parfois, le moyen le plus rapide de changer votre façon de penser et votre vie est simplement de remettre en question tout ce que vous faites aujourd'hui et qui vous rend malheureux. Si cela ne fonctionne pas, abandonnez-le et faites autre chose.

VOTRE ATOUT LE PLUS PRÉCIEUX

Votre bien le plus précieux est votre temps. C'est aussi votre ressource la plus rare. Vous avez une quantité limitée de temps, et une fois qu'il est parti, il est parti pour toujours. Le temps est essentiel à l'accomplissement. Le temps est périssable. Vous ne pouvez pas en obtenir davantage, quoi que vous fassiez. On peut dire que la qualité de votre vie est déterminée par la façon dont vous dépensez cette précieuse ressource.

Les résultats et les gratifications, quelle que soit la façon dont vous les définissez pour vous-même, sont essentiels. Votre capacité à atteindre la santé, le bonheur et la prospérité que vous souhaitez est la mesure de votre efficacité en tant qu'être humain. Votre travail consiste à utiliser vos minutes et vos heures plus efficacement pour être sûr d'obtenir la plus grande quantité et qualité de choses que vous voulez en échange du temps que vous investissez.

ÉCHANGEZ VOTRE TEMPS

Tout dans la vie est un échange d'une certaine manière. Globalement, vous échangez votre temps contre les résultats et les gratifications que vous souhaitez. Vous pouvez savoir quel type de négociateur vous êtes en regardant autour de vous et en évaluant votre situation actuelle. Êtes-vous satisfait des résultats de vos échanges dans la vie jusqu'à présent ?

Certaines personnes échangent leur temps contre 25 000 dollars par an. D'autres négocient le même temps pour 250 000 $ par an, même si elles ont le même âge, la même intelligence, la même formation et le même parcours. Mais l'une d'entre elles gagne 10 fois plus que l'autre ! Pourquoi en est-il ainsi ?

En termes plus simples, celui qui gagne plus pense et agit différemment de celui qui gagne moins. Une personne est meilleur « négociateur » que l'autre. Une personne dispose de meilleures informations, améliore continuellement ses compétences, commence plus tôt, travaille plus dur et reste plus tard. Un bon négociateur développe rapidement l'avantage gagnant et commence à prendre de l'avance. Bientôt, il travaille et gagne beaucoup plus que les personnes avec lesquelles il a commencé. Cela doit être votre objectif également.

VOTRE TEMPS EST LIMITÉ

Vous ne pouvez pas économiser du temps. Vous pouvez seulement le dépenser différemment. Chaque partie de votre vie aujourd'hui montre les résultats de la façon dont vous avez dépensé votre temps dans le passé. Si vous voulez avoir un avenir différent, vous devez dépenser votre temps différemment dans le présent. Vous devez changer votre façon de penser à propos de vous-même et de la façon dont vous utilisez votre temps pour obtenir les choses que vous voulez dans la vie.

Le temps, d'une certaine manière, est comme l'argent. Il peut être soit dépensé, soit investi. Si vous dépensez du temps ou de l'argent, il est perdu à jamais. Vous ne pourrez jamais le récupérer. Mais si vous investissez votre temps ou votre argent avec sagesse, vous obtiendrez un meilleur rendement à l'avenir. La planification et la réflexion stratégiques personnelles vous donnent les outils nécessaires pour vous assurer d'obtenir le meilleur retour sur le temps investi (RSTI). En d'autres termes, cela vous permet d'obtenir le « rendement sur la vie » le plus élevé.

Tout ce que vous faites qui nécessite votre temps représente un choix. Ce choix consiste à utiliser votre temps à bon escient ou non. Quel que soit votre choix, le temps sera perdu à jamais. Si vous consacrez votre temps à une activité, vous ne disposerez plus de la même quantité de temps à consacrer ou à investir dans une autre activité. Vos choix quant à l'utilisation de votre temps déterminent en grande partie la qualité de votre vie, aujourd'hui et à l'avenir.

Vous devez être extrêmement avare de votre temps. Vous devez être inflexible et ne pas consacrer votre temps à des activités de faible valeur. Vous devez réduire, externaliser et éliminer toutes les activités qui ne représentent plus la meilleure utilisation de votre temps si vous voulez obtenir le meilleur rendement énergétique dans votre vie et votre carrière. La pensée zéro vous aidera à faire de meilleurs choix. C'est un outil de réflexion essentiel qui peut changer votre vie.

LE PRINCIPE DE PARETO

Un autre concept important de planification stratégique est la règle des 80/20, le « principe de Pareto », que l'économiste italien Vilfredo Pareto a énoncé en 1895 en Suisse. Cette règle stipule que 80 % de vos résultats proviendront de 20 % de vos activités. Si vous faites une liste de 10 tâches que vous devez accomplir dans la journée, deux de ces tâches auront plus de valeur que les huit autres réunies.

Mais les 20 % d'activités qui représentent la majeure partie de la valeur de votre travail sont invariablement les tâches les plus difficiles et les plus complexes. Les 80 % d'activités qui ne représentent que 20 % de vos résultats sont généralement amusantes et faciles. En tant qu'être humain, vous avez une tendance naturelle à faire les choses faciles, même si elles ne sont pas particulièrement utiles ou importantes. Pour en faire le plus possible et obtenir les meilleurs résultats de chaque minute investie, vous devez résister à la tentation de régler d'abord les petites choses. Vous devez vous obliger à concentrer votre énergie sur la ou les deux choses que vous pouvez faire et qui sont plus importantes et utiles que tout le reste.

SE VENDRE DE MANIÈRE STRATÉGIQUE

En tant que président de votre propre société de services personnels, vous devez tenir compte des quatre variables stratégiques lorsque vous vous vendez et vendez vos services. Votre efficacité dans chacun de ces quatre domaines déterminera vos revenus et votre avenir. Il s'agit de : (1) la spécialisation, (2) la différenciation, (3) la segmentation et (4) la concentration.

Ces quatre activités sont au cœur de toute entreprise et du succès de tout produit ou service offert par toute entreprise, où qu'elle soit. La croissance et la rentabilité de toute entreprise sont le résultat d'une bonne performance dans chacun de ces domaines. Les problèmes de vente et de rentabilité sont le résultat d'une faiblesse dans un ou plusieurs de ces domaines. Chacun d'entre eux s'applique également à vous et à votre carrière.

SPÉCIALISEZ-VOUS DANS VOTRE DOMAINE

La spécialisation signifie que vous décidez exactement ce que vous allez faire, et bien faire, dans votre domaine. Les personnes qui réussissent dans tous les domaines se spécialisent plutôt que de généraliser. Elles concentrent leur temps et leurs talents plutôt que d'essayer de faire trop de choses. Elles s'efforcent de développer la réputation d'être très, très douées dans un domaine spécifique. Elles n'essaient pas de tout faire pour tout le monde ou d'être des touche-à-tout.

Une entreprise prospère peut se spécialiser dans un type particulier de client ou dans un marché spécifique. Elle peut se spécialiser dans un produit ou un service particulier pour ce type de client. Un vendeur prospère se spécialisera dans la vente d'un produit ou d'un service particulier à un type de client particulier. Une personne qui réussit dans n'importe quel domaine passera de plus en plus de temps à faire de moins en moins de choses qui ont une valeur de plus en plus élevée dans un domaine spécifique.

Quel est votre domaine de spécialisation aujourd'hui ? Quel sera-t-il à l'avenir ? Que doit-il être si vous voulez vous hisser au sommet de votre domaine ? Que pourrait-il être si vous preniez du recul et imaginiez que vous n'avez aucune limite, et que vous pourriez être excellent dans n'importe quelle compétence, ou sur n'importe quel marché, que vous souhaitez ?

DÉMARQUEZ-VOUS

La deuxième variable stratégique de votre entreprise ou de votre carrière est la différenciation. C'est le facteur clé qui détermine le succès de la plupart des ventes, du marketing et de la croissance des entreprises. C'est le principal facteur déterminant du succès de votre carrière.

La différenciation est la façon dont vous vous distinguez de toutes les autres personnes qui travaillent dans votre domaine et qui offrent quelque chose de similaire. Votre domaine de différenciation est, en réalité, votre domaine d'excellence, votre domaine de spécificité, votre proposition de vente unique. C'est ce qui vous donne un avantage concurrentiel sur les autres dans votre secteur.

LA QUESTION CLÉ

Imaginez qu'un client potentiel très important vous demande : « En quoi votre produit ou service est-il différent, meilleur et supérieur à tout autre produit ou service similaire proposé par toute autre entreprise sur le marché actuel ? » Comment répondriez-vous ? Si vous deviez expliquer comment et pourquoi votre produit ou service est supérieur à celui de vos concurrents, que diriez-vous ?

De nombreux vendeurs, et même des propriétaires d'entreprise, ne sont pas sûrs de la réponse à cette question. Mais vous devez être absolument clair sur votre avantage concurrentiel si vous voulez réaliser plus de ventes dans un marché de plus en plus compétitif.

En tant qu'individu, lorsque vous effectuez une planification stratégique personnelle pour votre propre carrière, vous devez vous poser cette question. Quelles compétences uniques possédez-vous et vous rendent supérieur à toute autre personne proposant de faire le même travail que vous ? Quelles sont les compétences qu'il vous serait utile de posséder ? Si vous n'êtes pas actuellement excellent dans votre domaine, quelles mesures devez-vous prendre, en commençant immédiatement, pour vous amener au point où vous vous démarquez de tous les autres ?

IDENTIFIEZ VOS CLIENTS IDÉAUX

Le troisième domaine stratégique en affaires est celui de la segmentation. Pour cela, vous devez diviser vos marchés et vos clients en segments. Pour ce faire, vous identifiez les clients les plus susceptibles de bénéficier de votre domaine de spécialisation et de votre avantage concurrentiel dans ce domaine.

Dans la segmentation, vous identifiez vos clients idéaux. Qui sont-ils ? Où sont-ils ? Qu'ont-ils en commun ? Quels sont leurs âges, leurs revenus, leurs niveaux d'éducation, leurs antécédents, leurs postes, leurs expériences, etc. ? Aujourd'hui, le marketing est de plus en plus axé sur les niches et les micro-niches. Les ventes et le marketing sont de plus en plus personnels et individuels, ciblant des groupes étroitement définis de clients potentiels possédant des qualités et des caractéristiques particulières. Qui sont vos clients idéaux ?

CONCENTREZ VOTRE ÉNERGIE

La quatrième variable stratégique, peut-être la plus importante de toutes dans le domaine des ventes et du marketing, est le principe de concentration. Il s'agit de votre capacité à concentrer toutes votre énergie et vos ressources sur les clients ou les marchés spécifiques où vous avez le plus de chances de réussir dans le plus court laps de temps.

Votre capacité à vous concentrer sans relâche sur vos opportunités à forte valeur ajoutée contribuera plus que tout autre facteur à augmenter votre rendement énergétique. La concentration est un principe clé du succès dans tous les domaines.

SUCCÈS OU ÉCHEC

Dun & Bradstreet[*] suit les résultats des entreprises les plus florissantes et de celles qui sont le moins fructueuses depuis plus de 50 ans. Il y a peu de temps, ils ont mis toutes leurs recherches sur les entreprises en faillite dans un ordinateur. Les données ont montré que les entreprises font faillite en raison de « faibles ventes ». Les entreprises réussissent grâce à des « ventes élevées ». Tout le reste n'est que commentaire.

En tant que président de votre propre entreprise, engagé dans une planification stratégique personnelle pour votre carrière,

---

[*] Compagnie américaine qui fournit des données commerciales et financières, à la fois analytiques et synthétiques, sur les entreprises

votre travail consiste à assurer le plus haut niveau de ventes de vos services personnels que vous pouvez atteindre. Pour ce faire, vous devez vous spécialiser, vous différencier, vous segmenter et vous concentrer. En tant que président de votre propre vie et de votre carrière, vous devez devenir absolument excellent dans une ou deux activités pour lesquelles le marché paiera le plus. Vous devez ensuite devenir continuellement meilleur dans 2 domaines.

VOUS ÊTES EXTRAORDINAIRE

Le fait est que vous êtes extraordinaire. Vous êtes né avec des talents et des capacités uniques qui vous rendent complètement différent de tous les autres êtres humains qui ont déjà existé. Les chances qu'il existe deux personnes comme vous sont de plus de 50 milliards contre un. En fait, cela n'arrivera jamais.

Personne ne possède la combinaison unique et remarquable d'expériences, d'idées, de pensées, de sentiments, d'éducation et d'imagination que vous possédez. Vous avez en vous, en ce moment même, la capacité d'être, d'avoir ou de faire pratiquement tout ce que vous pouvez imaginer. Vous êtes un peu comme le bloc de marbre de Michel-Ange, simplement posé là. Vous êtes comme un incroyable chef-d'œuvre qui ne demande qu'à émerger.

Le succès et le bonheur sont au rendez-vous lorsque vous identifiez vos capacités naturelles et que vous vous concentrez sur votre développement en fonction de vos talents innés. C'est presque comme si vous étiez conçu pour réussir d'une manière spécifique, et si vous parvenez à trouver le domaine pour lequel vous avez été spécifiquement conçu, vous réaliserez plus en quelques années que la plupart des gens en une vie entière.

NE LAISSEZ RIEN AU HASARD

Vous ne laissez rien au hasard. Vous n'espérez pas de miracles ou ne souhaitez pas de coup de chance. Vous reconnaissez que si cela doit se faire, cela ne dépend que de vous.

Comme vous savez que vous allez devoir passer le reste de votre vie à travailler à quelque chose, vous décidez à l'avance que vous ferez ce que vous aimez faire. Vous deviendrez tout ce que vous êtes capable de devenir en développant vos talents et capacités uniques, où qu'ils vous mènent. Vous ne travaillerez que dans un domaine que vous aimez, avec des personnes que vous aimez, en faisant un travail qui apporte quelque chose au monde.

Vous vous fixez des critères élevés. Vous pensez de manière positive et constructive à votre carrière et à votre avenir. Vous reconnaissez que tout ce que quelqu'un d'autre a fait, vous pouvez le faire aussi bien. Une fois que vous avez décidé ce que vous voulez faire, vous mettez tout votre cœur à le faire de manière excellente. Et par conséquent, vous devenez inarrêtable.

* * *

EXERCICES PRATIQUES

1. Quelle est l'activité que vous aimez vraiment faire ? Quelle activité vous donne le plus grand sentiment d'importance ?

2. Si vous pouviez être absolument excellent dans une tâche ou une compétence, quelle serait-elle ? Définissez cela comme objectif et commencez à travailler sur cette compétence immédiatement.
3. Quels sont les domaines de résultats clés de votre travail ? Sur une échelle de 1 à 10, quel est votre niveau dans chaque domaine ?
4. Quelle compétence, si vous la développiez et l'utilisiez de manière excellente, aurait le plus grand impact positif sur votre vie ?
5. Quel est votre domaine d'excellence, votre proposition de vente unique, et la meilleure chose que vous faites dans votre travail ?
6. Si vous pouviez faire une seule chose toute la journée, quelle tâche ou activité apporterait la plus grande valeur à votre entreprise et à votre travail ?
7. Identifiez votre souhait, la seule chose pour laquelle vous avez été mis sur cette terre. Si vous pouviez accomplir une seule grande chose dans votre vie, quelle serait-elle ?

CHAPITRE 7

LES GENS D'ABORD

Les relations personnelles sont le sol fertile d'où partent tout progrès, tout succès, toute réussite dans la vie réelle.

—BEN STEIN

Les personnes que vous connaissez, et qui vous connaissent de manière favorable, contribueront davantage à déterminer votre succès, votre bonheur et votre niveau de réussite dans la vie que tout autre facteur. Personne n'accomplit quoi que ce soit d'important par lui-même.

Dans la vie, les relations représentent tout. Mon ami Charlie Jones dit : « Vous serez dans cinq ans ce que vous êtes aujourd'hui, à l'exception des livres que vous lisez et des personnes que vous rencontrez ».

Le Dr David McClelland, auteur de *The Achieving Society (Van Nostrand, 1961)*, a conclu après 25 ans de recherches à Harvard que le choix d'un « groupe de référence » contribuerait plus à votre réussite que toute autre chose. McClelland a interviewé des diplômés de l'université, ainsi que ceux qui avaient participé à ses séminaires intensifs sur la réussite dans la vie américaine. Il a suivi ces personnes pendant de nombreuses années. Beaucoup d'entre elles ont pris ce qu'elles avaient appris et en ont fait des choses merveilleuses. Elles ont bâti des entreprises rentables et ont eu des carrières fructueuses.

Cependant, beaucoup d'entre elles n'ont pas réussi à convertir les informations et les idées qu'elles avaient apprises en réalisations ultérieures. Pourquoi ? Lorsqu'il est retourné les interroger, il a constaté qu'invariablement, elles étaient retournées dans le même groupe de personnes qu'elles fréquentaient avant de suivre les cours avancés sur la réussite. Par conséquent, elles sont retournées aux mêmes vieilles méthodes, aux mêmes vieilles habitudes, aux mêmes vieilles coutumes et manières de vivre. Parce qu'elles étaient immergées dans leurs anciens groupes de référence. Rien n'a changé pour elles.

VOTRE GROUPE DE RÉFÉRENCE

Votre groupe de référence désigne les personnes auxquelles vous vous identifiez. Par exemple, si vous appartenez à une église particulière, les membres de cette église font partie de votre groupe de référence. Vous vous considérez comme étant comme eux. Si vous appartenez à un parti politique, à une ligue de bowling ou à une profession particulière, les personnes de ces groupes et organisations font partie de votre groupe de référence. Vous vous identifiez fortement à elles.

Au fil du temps, par un processus d'absorption, vous adoptez leurs attitudes, leurs manières, leurs façons de parler, leurs niveaux d'aspiration et même leur style vestimentaire. Votre groupe de référence exercera une influence démesurée sur le genre de personne que vous deviendrez. Vous adapterez vos objectifs, vos comportements et vos pensées de manière à ce qu'ils correspondent à ce qu'ils pourraient approuver selon vous. Vous voyez cela chez les adolescents en permanence.

FAITES DE NOUVEAUX CHOIX

Tout changement dans votre monde extérieur commence par un changement dans votre monde intérieur. Les changements majeurs dans votre monde intérieur commencent à se produire lorsque vous changez les personnes avec lesquelles vous vous associez et vous identifiez. Lorsque vous choisissez un nouveau groupe de référence, ou que vous vous trouvez dans une situation avec des personnes différentes, vous commencez inconsciemment à changer, presque malgré vous.

Ce processus de changement fonctionne assez rapidement. Au cours de mes conférences et de mes voyages, j'ai travaillé avec d'innombrables hommes et femmes dans tout le pays et dans le monde entier qui ont pris ce conseil à cœur. Ils ont délibérément changé leurs groupes de référence. Ils ont commencé à fréquenter des personnes différentes dans des organisations différentes. Très vite, ils ont commencé à penser différemment à propos d'eux-mêmes, et leurs mondes extérieurs ont commencé à changer.

TEL UN HOMME PENSE

La loi de la correspondance dit que votre monde extérieur est le miroir de votre monde intérieur. Il est dit dans la Bible : « Tel homme pense, tel il est ». Cela signifie qu'au fur et à mesure que vous vous voyez et que vous pensez à vous dans votre esprit conscient, votre perception du monde extérieur change et se conforme à une image qui lui correspond. C'est le message central de ce livre.

Les facteurs les plus influents dans vos pensées et vos sentiments seront presque toujours les autres personnes de votre vie. Les personnes qui réussissent sont celles qui prennent l'habitude de s'associer à d'autres personnes positives, visant la réussite. Les personnes qui ne réussissent pas, par défaut, finissent par s'associer à des personnes qui ne vont nulle part dans leur vie. Les deux groupes de personnes deviennent de plus en plus semblables aux personnes auxquelles ils s'identifient le plus.

FORMEZ UN NOUVEAU GROUPE DE RÉFÉRENCE

Si vous voulez vraiment changer votre façon de penser et votre vie, prenez dès aujourd'hui la décision de commencer à vous associer, dans tous les domaines de votre vie, à d'autres hommes et femmes que vous admirez et respectez. Prenez la résolution de vous associer à des personnes que vous appréciez et dont vous pouvez apprendre. Travaillez et fréquentez uniquement le genre de personnes auxquelles vous souhaitez que vos enfants ressemblent lorsqu'ils seront grands. Lorsque vous établissez ce genre de critères pour vos relations interpersonnelles, votre vie entière commencera à s'améliorer presque immédiatement.

DÉVELOPPEZ VOTRE PROPRE RÉSEAU

Votre réseau est composé du nombre de personnes que vous connaissez, directement et indirectement. Il s'agit de personnes sur lesquelles vous pouvez exercer une certaine influence et qui peuvent à leur tour exercer une certaine influence sur vous.

Les personnes qui réussissent le mieux dans notre société, à tous les niveaux, sont celles qui connaissent le plus grand nombre d'autres personnes ayant réussi. Elles organisent leur vie de manière à rencontrer ces personnes qui ont réussi, de manière délibérée et non par hasard. Et vous le pouvez aussi.

De nombreux hommes et femmes, au fil du temps, déménagent d'une ville à l'autre, ou passe d'un domaine ou d'une industrie à l'autre. Ils commencent avec peu de contacts, mais en un rien de temps, ils deviennent les personnes les plus connues et les plus respectées dans leur nouveau domaine. Pourquoi cela se produit-il ? C'est parce qu'ils appliquent les principes du réseautage créatif à leur nouvelle vie.

Ils commencent immédiatement à former de nouveaux groupes de référence positifs. Ils mettent en œuvre un plan visant à développer autant de bonnes relations de qualité que possible dans le laps de temps le plus court possible.

CONSTRUISEZ VOTRE RÉSEAU

Voici un excellent exercice pour vous. Au cours des six prochains mois à un an, dressez dans un carnet la liste des 100 personnes les plus importantes de votre communauté. Au fur et à mesure que vous recueillez ces noms dans les journaux, dans les conversations, dans les émissions d'information et dans le cadre de votre travail lors de déplacements, commencez à réfléchir à la manière dont vous pourriez rencontrer et connaître ces personnes. N'oubliez pas que plus vous connaissez de gens qui vous connaissent et qui pensent à vous de manière positive, plus vous aurez de succès dans tous les domaines de votre vie.

Lorsque vous avez votre liste de 100 personnes, vous devez la compléter régulièrement. Commencez à établir un réseau systématique avec ces personnes. Lorsque vous obtenez un nom, réfléchissez à la manière dont vous pourriez communiquer avec cette personne. Le moyen le plus simple est d'écrire une lettre exprimant votre opinion sur quelque chose qui concerne la personne, ou simplement de lui exprimer vos félicitations pour sa réussite récente.

Soyez patient lorsque vous commencez à élargir votre cercle de contacts. Ne vous attendez pas à ce que la personne à qui vous avez écrit vous rappelle ou sonne à votre porte pour vous rencontrer. Votre mission consiste à semer des graines. Un jour ou l'autre, vous verrez peut-être que la personne a fait autre chose et vous pourrez écrire une autre lettre. Au fil du temps, ces petits efforts commenceront à porter leurs fruits.

LA PATIENCE EST PAYANTE

J'écris continuellement des lettres aux personnes que je rencontre dans tout le pays. J'envoie toujours une copie d'un poème, parfois d'un livre, d'un programme audio ou de quelque chose que, selon moi, l'autre personne appréciera. J'ai fait cela au fil des ans pour des centaines, voire des milliers de personnes. Maintenant, où que j'aille, les gens viennent me voir et me rappellent que je leur ai écrit et envoyé quelque chose, souvent il y a plusieurs années.

Il y a quelques années, j'étais à Washington, D.C., à une conférence de haut niveau, et un cadre supérieur de l'une des plus grandes organisations de la capitale nationale est venu me rappeler que je lui avais écrit et envoyé quelque chose cinq ans auparavant. Il s'en souvenait encore. Après cette rencontre, au fil du temps, j'ai appris à très bien le connaître. Il m'a maintenant présenté à diverses autres personnes puissantes. Ces nouvelles relations se sont avérées très agréables et productives pour moi. Elles ont toutes commencé par le fait que je me suis assis et que j'ai écrit une lettre amicale.

FAITES PROGRESSER VOTRE CARRIÈRE

Pas moins de 85 % des meilleurs emplois aux États-Unis sont pourvus par le biais de contacts, plutôt que par des annonces de recherche ou des agences de recrutement. Quelqu'un a besoin de pourvoir un emploi particulier et le fait savoir au sein d'un réseau. L'information circule entre les personnes, et une personne qui n'aurait jamais pu être trouvée autrement fait souvent surface et est orientée, grâce à ses relations personnelles, vers un emploi qui lui convient parfaitement.

De nombreuses personnes, qui ont constaté qu'en élargissant leurs contacts dès qu'elles en avaient l'occasion, ont profondément changé leur vie professionnelle. Lorsqu'elles ont changé de carrière, elles ont simplement rencontré la bonne personne qui était au bon endroit pour leur présenter la bonne personne afin d'obtenir le bon emploi, ce qui leur a épargné des années de dur labeur pour atteindre le même niveau de responsabilité et de revenu.

FAITES-VOUS CONNAÎTRE

L'axe principal du réseautage développé par la plupart des hommes et des femmes performants et des millionnaires autodidactes est leur implication régulière dans des groupes, clubs et associations qui comprennent des membres pouvant leur être utiles dans leurs domaines particuliers.

Dans ma propre expérience, en déménageant d'une ville à l'autre, j'ai découvert qu'en rejoignant certains clubs et organisations et en m'impliquant, j'ai pu créer plus d'amitiés et faire plus de progrès en quelques années que beaucoup de gens en 10 ou 20 ans.

Prenez la décision, dès maintenant, de rejoindre un ou deux clubs ou associations. La première association à laquelle vous devriez adhérer devrait être celle de votre profession ou de votre activité. Si vous êtes dans l'immobilier, rejoignez la chambre immobilière. Si vous êtes un entrepreneur, rejoignez une association d'entrepreneurs. Si vous êtes dans la vente, rejoignez un club comme *Sales and Marketing Executives International*.

Lorsque vous rejoignez une association professionnelle, ne commettez pas l'erreur d'assister simplement aux réunions et de rentrer chez vous. C'est ce que font 80 à 90 % des membres. Ils peuvent tirer un certain bénéfice de leur adhésion à l'organisation, mais pas autant que celui que vous pouvez obtenir en vous impliquant davantage.

Voici votre stratégie. Lorsque vous adhérez à un club ou une organisation, prenez le registre des membres et regardez les différents comités. Posez des questions autour de vous et découvrez lequel de ces comités est le plus actif et le plus important pour l'organisation.

Parfois, c'est le comité des membres. Parfois, c'est le comité des relations gouvernementales. Parfois, c'est le comité d'éducation ou le comité de collecte de fonds. Mais quoi qu'il en soit, trouvez le comité qui semble avoir le plus d'impact sur la santé et la croissance de l'organisation, puis portez-vous volontaire pour faire partie de ce comité. Il y aura presque toujours une ouverture pour une personne prête à apporter son aide.

DONNEZ DE VOTRE TEMPS
Lorsque vous assistez aux réunions de ce comité, prenez l'habitude de lever la main. Portez-vous volontaire pour des missions. Portez-vous volontaire pour écrire des choses. Portez-vous volontaire pour faire le travail qui doit être fait.

La règle est la suivante : Dans toute organisation, moins de 10 % des personnes font la majeure partie du travail. Dans n'importe quel comité, moins de 20 % des personnes font plus de 80 % du travail de ce comité. Votre objectif est de faire partie de ces 10 à 20 %.

Les comités les plus importants attirent les personnes les meilleures et les plus importantes de l'association. C'est le genre de personnes que vous voulez voir faire partie de votre groupe de référence. C'est le genre de personnes avec lesquelles vous voulez nouer des relations. C'est le genre de personnes dont vous voulez avoir le nom dans votre Rolodex, et que vous voulez intégrer à votre réseau professionnel.

PRÉSENTEZ-VOUS DEVANT VOS PAIRS

L'un des grands avantages de servir bénévolement dans un comité de votre association est que vous avez l'occasion de vous présenter devant vos pairs, mais sans jamais tenter de les impressionner ou de les amener à vous donner quelque chose ou à faire quelque chose pour vous.

Chaque fois que vous acceptez une responsabilité et que vous la remplissez complètement, ils en prennent note en silence. Ils ne diront peut-être rien à part un remerciement ou une félicitation occasionnels, mais ils prennent des notes mentales, ce qui vous sera utile plus tard.

APPRENEZ À VOUS EXPRIMER EN PUBLIC

Si vous avez des craintes concernant la prise de parole en public, vous devez mettre un plan en place, dès maintenant, pour les surmonter. Votre capacité à faire une présentation à un petit groupe, à vous lever et à donner une conférence ou à présider une réunion pour un groupe plus important peut faire plus pour attirer sur vous l'attention des personnes qui peuvent vous aider que presque toute autre chose.

Heureusement, parler en public est une compétence qui s'apprend avec de la pratique. Au fil des ans, j'ai incité les gens à suivre un cours Dale Carnegie ou à rejoindre Toastmasters International. Ces deux programmes sont ouverts à tous et disponibles partout.

Lorsque vous vous inscrivez ou rejoignez l'une de ces excellentes organisations, les responsables vous forment de manière approfondie à la façon de s'exprimer en public. Ils vous apprendront à concevoir un discours — avec un début, un milieu et une fin. Ils vous montreront comment parler dans diverses situations. Et plus vous vous améliorerez dans votre façon de parler, plus vous attirerez dans votre vie, par la loi de l'attraction, des personnes et des occasions de parler à des groupes plus nombreux et plus importants.

CHERCHEZ DES MOYENS DE VOUS INVESTIR

Voici une chose très importante que j'ai apprise. La grande majorité des gens, étant égoïstes, pensent toujours à la manière dont ils peuvent tirer un profit personnel et immédiat de toute interaction avec d'autres personnes. Mais ce n'est pas pour vous. Au lieu de cela, votre travail consiste à chercher des moyens de contribuer. Votre objectif doit être de chercher des moyens de contribuer.

Cela semble être la stratégie utilisée par de nombreuses personnes de premier plan. Au fil des ans, j'ai travaillé avec de nombreux hommes et femmes fortunés. Je n'oublierai jamais un milliardaire se tournant vers moi à la fin d'une réunion et me demandant en privé : « Y a-t-il quelque chose que je puisse faire pour vous ? » Plus tard, un autre homme, valant plus de 500 millions de dollars, m'a posé la même question : « Y a-t-il quelque chose que je puisse faire pour vous ? »

Lorsque j'ai travaillé pour un homme dont la fortune s'élevait à plus de 800 millions de dollars. Lors de notre deuxième ou troisième rencontre, il m'a demandé s'il y avait quelque chose qu'il pouvait faire dans sa position pour m'aider dans ma vie personnelle. Par ce simple geste, même si je ne pouvais penser à rien, il a gagné ma loyauté pour la vie.

Au fil des ans, j'ai observé que bon nombre des hommes et des femmes les plus puissants, à tous les niveaux de la société, y sont parvenus en cherchant continuellement des moyens d'aider les autres.

ACTIVER LA LOI

Voici l'une des plus grandes découvertes de tous les temps : plus vous donnez de vous-même sans attente de retour, plus vous recevrez de choses provenant des sources les plus inattendues.

La plupart des gens pensent que s'ils font quelque chose de bien ou d'utile pour une personne ou un groupe, leurs récompenses devraient leur revenir directement de cette personne ou de ce groupe. Mais ce n'est pas ainsi que fonctionne l'univers. Lorsque vous faites quelque chose de gentil pour quelqu'un d'autre, vous activez la loi de l'attraction. Comme il s'agit d'une loi, vous n'avez jamais à vous soucier de votre récompense. Tant que vous continuez à semer le bien, l'univers se charge de la récolte. Votre bonté vous viendra généralement d'une source totalement inattendue, et à un moment totalement inattendu. Tout ce que vous avez à faire, c'est de vous assurer que vous y mettez continuellement du vôtre. La récolte se fera d'elle-même.

LES MEILLEURES PERSONNES

En tant que conférencier professionnel, je travaille avec des groupes et des associations dans tout le pays. Sans faute, les personnes les meilleures et les plus talentueuses de chaque association sont celles qui assistent à presque toutes les réunions. Les meilleures personnes sont celles qui prennent toujours le temps et font le sacrifice d'être présentes. Ce sont elles qui siègent toujours dans les comités et se portent volontaires pour aider de toutes les manières possibles.

Et j'ai remarqué un phénomène intéressant. Chaque année, un membre de l'association est élu au poste de président national. En tant que président, il ou elle devra passer jusqu'à la moitié de son temps à voyager dans tout le pays, bénévolement, sans rémunération, pour les activités de l'association.

On pourrait penser que cela peut vraiment réduire la capacité de cette personne à gagner sa vie. Mais il semble que ce soit exactement le contraire qui se produise. Tous les présidents d'association auxquels j'ai parlé ont constaté qu'ils gagnaient plus d'argent, qu'ils réussissaient mieux dans leur carrière et qu'ils progressaient davantage dans leur domaine au cours de l'année où ils prenaient congé pour travailler pour l'association que pendant toute autre année de leur vie professionnelle.

Plus vous vous investissez, sans attendre de récompense, plus vous recevez en retour des sources les plus inattendues. Et vous avez le contrôle total de ce que vous investissez. L'univers s'occupe du reste.

TENEZ UN REGISTRE

Harvey Mackay, dans son programme audio intitulé *How to Build a Network of Power Relationships* (Comment créer un *réseau de relations de pouvoir)*, affirme que le mot le plus important qui ne figure pas dans le dictionnaire (à l'époque) est le mot « Rolodex ». Il affirme que, si votre Rolodex est assez grand, vous n'êtes jamais à plus de deux coups de téléphone de n'importe qui dans le pays. Harvey Mackay possède un Rolodex contenant plus de quatre mille noms qu'il a rassemblés au fil des ans. Il a découvert qu'au moins une de ces personnes dans son Rolodex a un accès direct à pratiquement toute autre personne dans le pays avec laquelle il veut communiquer, y compris le président des États-Unis.

VOTRE ALLIANCE DE TÊTES PENSANTES

Napoléon Hill, après avoir étudié pendant des décennies les hommes les plus riches d'Amérique, a conclu que la formation d'un réseau de têtes pensantes était une étape importante vers la grande richesse. C'est la création ou l'adhésion à un groupe de réflexion qui a permis à d'innombrables hommes et femmes de passer de la pauvreté et de l'obscurité au succès et à la richesse.

Le cœur de votre réseau personnel de contacts, avant même que vous ne commenciez à aller rejoindre des groupes et des organisations, devrait donc être votre réseau de têtes pensantes. Il s'agit d'un petit groupe de quatre ou cinq personnes avec lesquelles vous vous réunissez et discutez régulièrement.

Se réunir régulièrement, au moins une fois par semaine ou même plus souvent, avec d'autres personnes qui pensent comme vous est la clé du succès d'un groupe de réflexion. Ne vous souciez pas d'être égoïste dans ces relations. N'incluez parmi vos têtes pensantes que des personnes que vous pouvez aider (et qui peuvent vous aider).

PRENEZ L'INITIATIVE

Vous commencez la formation d'un groupe de réflexion en approchant une ou deux personnes que vous appréciez et admirez, et qui semblent avoir la même attitude positive que vous. Elles peuvent être dans votre domaine ou dans un autre domaine. Elles peuvent être plus jeunes ou plus âgées que vous, du même sexe ou non. Cela n'a pas vraiment d'importance, tant que vous avez une bonne alchimie.

Les qualifications les plus importantes sont qu'elles ont des attitudes mentales positives et sont généralement optimistes sur elles-mêmes et leur vie. Elles doivent avoir des objectifs personnels qu'elles s'efforcent d'atteindre chaque jour. Elles doivent être ouvertes d'esprit et curieuses. Elles doivent croire au développement personnel et déjà lire des livres, écouter des programmes audios et suivre des cours et des séminaires.

LIBRE OU STRUCTURÉ

Lorsque vous vous réunissez avec les membres de votre groupe de réflexion, vous pouvez avoir un ordre du jour, ou non. Vos réunions peuvent être structurées ou non structurées. Vous pouvez parler de sujets généraux ou de sujets spécifiques. Vous pouvez parler de vos affaires ou des leurs. Cela n'a pas d'importance. L'activité même de passer du temps avec d'autres personnes positives vous donne de l'énergie, vous rend plus créatif et vous apporte plus enthousiasme envers ce que vous faites.

Un élément important de votre groupe de réflexion est les moments de rires que vous partagez ensemble. C'est la mesure clé de la qualité de n'importe laquelle de vos relations. Les personnes qui rient beaucoup ensemble s'apprécient davantage. Elles sont généralement plus serviables et se soutiennent mutuellement. Les personnes que vous appréciez le plus dans la vie seront toujours celles avec lesquelles vous riez et plaisantez le plus.

DEUX PERSONNES ENSEMBLE

Le groupe de réflexion le plus important que vous puissiez former est celui avec votre conjoint ou partenaire. Un mari et une femme ensemble, ou un couple, peuvent constituer le groupe de réflexion le plus puissant de tous. Lorsque deux personnes sont complètement en phase l'une avec l'autre et qu'elles se soutiennent mutuellement dans leurs espoirs et leurs rêves, elles forment une combinaison puissante qui permet à chacune d'entre elles d'accomplir bien plus que ce qu'elles pourraient réaliser seules.

Les personnes qui entretiennent une excellente relation avec une personne qu'elles décrivent comme leur meilleur ami font partie des personnes les plus heureuses, les plus performantes et les plus épanouies de notre société. Deux personnes ensemble peuvent créer des choses merveilleuses pour l'une comme pour l'autre.

PLUSIEURS TÊTES PENSANTES

Vous pouvez avoir plus d'un réseau de têtes pensantes. Certaines personnes auront un réseau de têtes pensantes dans leur famille. D'autres auront des alliances de têtes pensantes avec des personnes qui pratiquent les mêmes hobbies ou les mêmes sports. Vous devriez absolument avoir un réseau de têtes pensantes qui se concentre spécifiquement sur votre travail ou votre carrière. Vous pouvez même avoir des groupes de réflexion imbriqués avec des personnes qui sont impliquées avec vous dans plus d'un domaine.

Plus vous interagissez avec d'autres personnes positives, plus vous serez positif et productif. Le fait de parler constamment avec d'autres personnes et de partager vos idées et vos expériences avec elles vous donnera un flux constant d'idées et de points de vue issus de leurs expériences, et vous aidera à garder une perspective saine sur ce que vous faites.

GARDEZ DU TEMPS POUR VOUS

Votre bien le plus précieux est votre temps, et les relations avec les gens prennent énormément de temps. Le nombre de relations de qualité que vous pouvez nouer et entretenir est limité. Il n'y a tout simplement pas assez d'heures dans une journée ou assez de jours dans un mois. Vous devez être sélectif quant aux personnes avec lesquelles vous vous associez. Vous devez les choisir avec soin.

Le baron de Rothschild, dans ses Maximes du succès, a dit : « Ne faites pas de connaissances inutiles ».

Cela peut sembler un peu froid, mais n'oubliez pas que votre vie est précieuse et qu'elle est constituée des minutes et des heures de chaque journée. Vous ne pouvez pas vous permettre de la gaspiller dans des relations avec des personnes que vous ne pouvez pas aider, et qui ne peuvent pas vous aider, à vivre et à profiter d'une vie meilleure. Vous devez faire attention à garder du temps pour vous. Comme l'a écrit Benjamin Franklin : « Aimez-vous la vie ? Alors ne gaspillez pas le temps, car c'est de cela qu'est faite la vie ».

SOYEZ SÉLECTIF DANS VOS CHOIX

De nombreuses personnes qui réussissent très bien sont souvent décrites comme des « solitaires ». Cependant, cela ne signifie pas « solitaires antisociaux ». Ce ne sont pas des individus isolés et antisociaux. Ce sont des solitaires en ce sens qu'elles sont très sélectives quant aux personnes avec lesquelles elles passent du temps. Elles ne boivent pas un café avec celui qui est assis là, ou ne vont pas déjeuner avec celui qui passe la porte au même moment. Elles construisent et entretiennent soigneusement des relations de qualité, et évitent fastidieusement les personnes négatives qui pourraient les freiner.

Si s'associer à des personnes positives est une clé du succès, le revers de la médaille est que vous devez vous éloigner et rester à l'écart des personnes négatives ou « toxiques ». Les personnes négatives sont la principale source de la plupart des malheurs. Les problèmes avec ces personnes sont très probablement vos principales sources de stress et de frustration. Les personnes négatives diminuent bien plus votre joie de vivre que tout autre facteur.

Il est beaucoup plus facile de rebondir après une perte financière ou un revers dans votre carrière que de faire face à des personnes négatives dans votre travail ou votre vie personnelle. Une seule relation négative importante peut suffire à couper toutes vos chances de réaliser votre plein potentiel dans votre carrière. Choisissez vos relations avec soin.

RECHERCHEZ UN MENTOR

La plupart des personnes qui réussissent ont des mentors à différentes étapes de leur vie. Une personne que vous connaissez et qui vous aide régulièrement détermine souvent votre réussite dans la vie. Le bon mentor au bon moment peut vous éviter d'innombrables erreurs et des années de travail acharné.

À chaque étape de votre vie, vous pouvez bénéficier des conseils et de l'expérience de quelqu'un qui est plus avancé que vous sur le chemin. Les hommes qui ont été là pour me guider et me conseiller alors que je grandissais et que je me lançais dans les affaires à différents niveaux ont eu un impact considérable sur ma vie. Ce type de relation peut également avoir un impact majeur sur votre réussite.

Beaucoup de gens ne savent pas exactement comment fonctionnent les relations de mentorat. Un mentor est comme un oncle. C'est un ami plus âgé, quelqu'un de plus sage et de plus expérimenté que vous, qui vous guidera et vous conseillera de temps en temps. Un mentor peut vous aider à éviter les pièges qui pourraient faire dévier votre carrière ou vous freiner.

DÉVELOPPEZ UNE STRATÉGIE

Il se trouve que les meilleurs mentors potentiels sont des personnes qui ont réussi et qui sont déjà très occupées. Approcher l'un d'entre eux nécessite une stratégie et une planification. Voici ce que vous devez faire.

Lorsque vous décidez que vous aimeriez qu'une personne particulière soit votre mentor dans un domaine précis, vous devez contacter cette personne avec une question ou un besoin spécifique. La plupart des gens qui réussissent sont ouverts à l'idée d'aider d'autres personnes qui veulent aussi réussir, mais ils sont très pris. Ils n'ont pas beaucoup de temps. Vous ne devriez pas demander plus de 10 minutes.

La meilleure façon d'aborder un mentor potentiel pour la première fois est de dresser une courte liste de questions clés pour lesquelles vous avez besoin de réponses afin de vous aider à prendre des décisions actuelles dans votre vie et votre carrière. N'abordez pas un mentor en lui posant des questions personnelles sur sa vie et ses expériences. Les personnes occupées ne souhaitent pas partager leurs expériences et leurs sentiments les plus intimes avec une personne qu'elles n'ont jamais rencontrée auparavant.

RECHERCHEZ LA COMPATIBILITÉ

Lors de votre première rencontre, en posant quelques questions spécifiques, vous tâtez le terrain. Ce que vous recherchez, c'est une certaine forme de chimie. Vous recherchez une personne que vous appréciez, que vous respectez et avec laquelle vous

vous sentez à l'aise, qui vous aime et qui sera prête à vous aider à l'avenir.

Pour cette raison, vous devez y aller doucement au début. Vous ne devez demander que quelques minutes, puis vous devez poursuivre vos activités. Vous devez demander un conseil spécifique sur une situation spécifique. Soyez respectueux, amical et professionnel.

Voici la clé pour développer la relation mentor/mentoré. Lorsque l'on vous donne un conseil, suivez-le. Ne demandez pas de conseil spécifique pour ne rien faire ensuite, et finalement tenter de revenir pour obtenir encore plus de conseils. Cela ne fait que démontrer au mentor potentiel que vous lui faites perdre son temps.

Au contraire, si la personne vous suggère de prendre une mesure particulière, faites-le immédiatement. Si le mentor vous suggère de lire un livre, procurez-le-vous et lisez-le. S'il vous suggère d'écouter un programme audio, prenez-le et écoutez-le. S'il vous suggère de suivre un cours particulier, inscrivez-vous et assistez-y.

SOYEZ RESPECTUEUX DE LEUR TEMPS

De nombreuses personnes me contactent et me demandent d'être leur mentor, non seulement de tous les États-Unis et du Canada, mais aussi de pays étrangers. Mis à part le fait que je suis extrêmement occupé, je décline respectueusement toutes les invitations en raison de l'approche particulière qu'elles adoptent généralement. Ils appellent ou écrivent et veulent que je prenne complètement en charge leur vie. Ils veulent que je passe de nombreuses heures de mon temps à les guider, à les conseiller, à les orienter et à les aider dans leur travail ou leur carrière.

Le fait est qu'un mentor potentiel est généralement très occupé et ne peut même pas envisager la possibilité de passer de longs moments avec un parfait inconnu.

Cependant, si vous y allez doucement et que vous suivez les conseils que vous donne un mentor, cette personne peut conclure qu'il vaut la peine d'investir du temps en vous. Il ou elle sera prêt(e) à passer encore plus de temps avec vous pour vous aider davantage. Au final, une très bonne relation peut se développer.

Vous pouvez avoir plus d'un mentor en même temps, et vous pouvez avoir des mentors séquentiels. Cela signifie qu'au fur et à mesure qu'un mentor remplit son rôle de guide et que vous évoluez et grandissez dans votre carrière, il est souvent temps de passer à un autre mentor qui est encore plus avancé que votre premier mentor.

RÉSISTEZ À L'ENTROPIE DES RELATIONS

La tendance naturelle de toutes les relations est à l'entropie. L'entropie relationnelle signifie que les relations se vident de leur énergie si elles ne sont pas continuellement renouvelées. Les gens cessent de faire les choses qu'ils faisaient auparavant pour établir la relation en premier lieu. Ils travaillent très dur pour créer la relation, puis ils la considèrent comme acquise. Ils oublient de communiquer avec l'autre personne. Ils supposent simplement que tout va bien et qu'aucun effort supplémentaire n'est nécessaire pour maintenir la relation. Il se trouve que les hommes sont plus susceptibles que les femmes de se laisser faire.

Mais toutes les relations sont fonction du temps qui y est investi. Vous ne pouvez augmenter la valeur d'une relation qu'en y investissant plus de temps. Cela s'applique aux relations avec votre conjoint, aux relations avec vos enfants, aux relations avec les membres de votre personnel, et surtout aux relations avec vos amis et associés sur le plan personnel et professionnel.

Il n'y a pas d'alternative au temps personnel investi dans la construction et l'entretien d'une relation. Vous devez être attentif au danger de l'entropie relationnelle et travailler constamment à le contrer.

DES CLIENTS POUR LA VIE

Il est assez courant dans le monde des affaires qu'une personne travaille très dur pour gagner un client pour la première fois et pour établir la relation initiale. Cependant, une fois la relation établie, l'homme d'affaires commence à considérer le client comme acquis et part travailler sur de nouvelles relations qui ne sont pas encore bien établies. Puis, six mois plus tard, l'homme d'affaires est étonné de découvrir que le client est passé chez un concurrent.

En tant qu'homme d'affaires, vos relations avec les clients font partie des actifs les plus importants que vous développez et entretenez tout au long de votre carrière. Une fois que vous avez investi le temps et l'énergie nécessaires au développement d'une relation client, il est essentiel d'élaborer un plan d'entretien de la relation. Vous vous assurez que vous faites tout ce qui est nécessaire pour que cette relation reste vivante et se développe.

LA LOI DE L'EFFORT INDIRECT
Plusieurs principes s'appliquent à l'établissement et au maintien de relations de toutes sortes. Le plus important est peut-être la loi de l'effort indirect. Cette loi stipule que vous réalisez des choses avec les gens plus indirectement que directement. Voici quelques exemples de ce principe.

Si vous voulez avoir un ami, le moyen direct est d'essayer d'amener les gens à vous apprécier. Cela fonctionne rarement. Le moyen indirect est d'être un ami, de traiter les autres de manière amicale sans rien attendre en retour.

Si vous voulez impressionner d'autres personnes, le moyen direct consiste à leur parler de vos réalisations et à leur montrer à quel point vous êtes intelligent. Le moyen indirect indirecte, qui est plus rapide et plus efficace, est de se laisser impressionner par eux. Plus vous montrerez que vous êtes impressionné par quelqu'un, plus il vous trouvera impressionnant.

Le moyen indirect d'amener les gens à vous apprécier est de les apprécier d'abord. Pour que les gens vous admirent et vous respectent, il faut que vous les admiriez et les respectiez au préalable.

LA LOI DE LA COMPENSATION
La loi de la compensation semble s'appliquer directement aux relations. Cette loi dit que l'on retire ce que l'on a investi, et

que plus on investit, plus on y gagne. Plus vous faites de choses pour les autres, plus les autres voudront faire de choses pour vous. Lorsque vous proposez d'aider ou de servir les autres, ils voudront vous aider ou vous servir. On récolte ce que l'on sème. Tout ce que vous semez, vous finirez par le récolter.

Nous sommes entrés dans l'ère du « donneur » plutôt que du simple « fonceur ». Chaque personne a un profond désir de réciprocité dans ses relations avec les autres. Nous voulons rendre la pareille lorsque quelque chose de gentil a été fait pour nous. Nous voulons rembourser les gens pour toute bienveillance ou faveur. Nous ne voulons pas nous sentir obligés envers quelqu'un d'autre. Ce principe n'est nulle part plus important que dans les relations.

Nombreux sont ceux qui pensent que la clé du succès consiste à fréquenter d'autres personnes ayant réussi et à exploiter ensuite cette relation. Cette stratégie fonctionne rarement. Il est bien mieux pour vous de devenir le genre de personne que les autres veulent côtoyer. Lorsque vous travaillez sur vous-même et devenez une meilleure personne, de meilleures personnes voudront s'associer à vous. C'est le moyen indirect.

ÉPOUSEZ UNE PERSONNE RICHE

Parfois, les gens disent qu'ils veulent épouser une personne riche. Si vous voulez épouser une personne riche, selon la loi de l'effort indirect, vous feriez mieux de vous mettre au travail pour devenir le genre d'homme ou de femme qu'une personne riche voudrait épouser. Vous devez devenir très bon dans ce que vous faites, et développer les manières d'une excellente personne.

L'amélioration de votre vie et de vos perspectives à l'extérieur commence par votre amélioration à l'intérieur.

De nombreuses études ont été menées sur les ascendants sociaux, des personnes qui ont rejoint des clubs et des organisations dans le but de s'associer à d'autres personnes ayant réussi. Elles échouent invariablement. Pourquoi ? Parce que qui se ressemble s'assemble. Les gens sont naturellement attirés par les personnes qui sont au même niveau qu'eux. Si vous ne vous êtes pas développé pour atteindre un certain niveau d'accomplissement dans votre domaine, vous ne pouvez pas prendre de raccourci et commencer à fréquenter des personnes à ce nouveau niveau supérieur. Ils ne s'intéresseront pas à vous, et vous finirez seulement par paraître et vous sentir idiot.

LES RELATIONS FONT TOUT

Gardez à l'esprit que les relations font tout. Votre travail consiste à devenir un individu qui crée des relations. Vous devez rechercher tous les moyens possibles (dans vos groupes de référence personnels, dans vos réseaux de têtes pensantes, dans vos clubs et associations, et avec vos mentors) pour créer et entretenir des relations de grande qualité.

La plupart des hommes et des femmes qui réussissent doivent leur succès au fait qu'à une époque antérieure, ils ont fait l'effort d'établir et d'entretenir une relation particulière qui a fini par porter ses fruits. Des portes se sont ouvertes et des opportunités ont été créées, ce qui leur a épargné des années de dur labeur. Et cela peut vous arriver aussi, si vous utilisez le réseautage créatif à chaque étape de votre carrière.

Lorsque vous savez que votre Rolodex contient des centaines de noms précieux auxquels vous pouvez faire appel parce que vous avez déjà établi un lien avec ces personnes, cela vous donne un énorme sentiment de pouvoir personnel et de confiance en vous. Vous commencez à vous sentir inarrêtable.

* * *

EXERCICES PRATIQUES
1. Faites une liste de 10 personnes qu'il vous serait utile de connaître. Écrivez à chacune d'elles une lettre les félicitant pour quelque chose qu'elles viennent de réaliser.
2. Sélectionnez trois personnes avec lesquelles vous pouvez former un groupe de réflexion de type affaires/carrière. Invitez-les à vous rencontrer chaque semaine pour un petit-déjeuner ou un déjeuner.
3. Rejoignez au moins une association qui tient des réunions régulières dans votre communauté et commencez à assister à chacune d'entre elles. Portez-vous volontaire pour siéger à l'un des comités et impliquez-vous.
4. Examinez chacune des personnes que vous fréquentez régulièrement, en affaires ou socialement. Sont-elles les bonnes personnes à avoir comme membres de votre groupe de référence ?
5. Élaborez un plan de développement personnel pour vous préparer à devenir le genre de personne que vous aimeriez rencontrer et avec qui vous aimeriez passer du temps. Prenez le contrôle de votre propre avenir.

6. Suivez un cours Dale Carnegie sur l'art oratoire, ou rejoignez un chapitre de Toastmasters International. Apprenez à vous exprimer en public.
7. Résistez à l'entropie relationnelle ; gardez un contact régulier avec les personnes les plus importantes de votre vie personnelle et professionnelle. Appelez ou rendez visite à quelqu'un aujourd'hui.

CHAPITRE 8

PENSEZ COMME UN GÉNIE

Faites en sorte que chaque pensée, chaque fait, qui entre dans votre esprit vous rapporte un bénéfice. Faites en sorte que cela travaille et produise quelque chose pour vous. Pensez aux choses non pas comme elles sont, mais comme elles pourraient être. Ne vous contentez pas de rêver, créez !

—MAXWELL MALTZ

Vous êtes un génie potentiel. Votre étonnant cerveau compte plus de 18 milliards de cellules, chacune d'entre elles étant connectée et reliée à pas moins de 20 000 autres. Cela signifie que le nombre de pensées possibles que vous pouvez avoir est supérieur à toutes les molécules de l'univers connu.

Vous avez la capacité d'apprendre à une vitesse incroyable et de retenir plus d'informations que vous ne pouvez l'imaginer. On dit que « lorsqu'une personne instruite meurt, c'est comme si une bibliothèque brûlait ». Cette bibliothèque potentielle est contenue entre vos oreilles.

LES ORIGINES DE LA RICHESSE

Tout au long de l'histoire de l'humanité, la valeur a été contenue dans la terre, le travail, le capital, le mobilier, les installations, les machines et autres biens matériels. Des guerres et des révolutions ont été menées pour leur contrôle. Les principaux créateurs de valeur étaient les personnes capables de combiner ces diverses ressources pour produire des produits et des services destinés au marché.

Au vingtième siècle, cependant, nous avons vu le changement s'opérer à une vitesse pratiquement inimaginable. En 1900, 50 % de la population américaine vivait dans des fermes et produisait de la nourriture pour les autres 50 % qui vivaient dans les villes. Aujourd'hui, moins de 3 % de la population vit dans des fermes, et celles-ci produisent non seulement suffisamment de nourriture pour tous les Américains, mais aussi d'énormes excédents qui sont exportés ou même donnés au monde entier.

Nous sommes passés de l'ère agricole à l'ère industrielle, puis à l'ère des services et à l'ère de l'information, et nous entrons maintenant dans l'ère des communications. La principale source de valeur aujourd'hui n'est pas la terre, le travail et les autres biens matériels, mais la connaissance, l'information et les idées.

La plus grande richesse que vous puissiez posséder se trouve entre vos oreilles. Vous pouvez vous créer un avenir illimité en puisant dans votre matière grise et en la canalisant, comme un puissant courant, pour dynamiser votre vie et obtenir tout ce que vous désirez vraiment.

LA VRAIE RICHESSE AUJOURD'HUI

L'américain le plus riche aujourd'hui, et peut-être la personne la plus riche du monde, est Bill Gates. La valeur nette de sa société, Microsoft, est supérieure à celle d'IBM, qui existe depuis bien plus longtemps. Microsoft est entièrement basé sur la matière grise. Elle crée de la richesse en facilitant le traitement numérique de l'information dans les ordinateurs, et d'ordinateur à ordinateur par les lignes téléphoniques, les systèmes sans fil et les satellites.

Si vous êtes propriétaire d'une entreprise, vos principaux actifs sortent chaque soir à l'heure de la fermeture. Votre bâtiment pourrait être réduit en cendres, mais tant que vos employés en sortent sains et saufs, vous pouvez traverser la rue et reprendre vos activités. Les principaux atouts de toute organisation, et de tout individu, sont contenus dans la capacité à penser et à appliquer cette pensée pour obtenir des résultats pour lesquels d'autres personnes paieront. La capacité à créer de la richesse est déterminée par la force mentale plutôt que par la force physique.

CAPITAL DE DÉPART

Dans les générations passées, il fallait parfois de nombreuses années à une personne pour accumuler suffisamment de capital pour lancer et construire une entreprise prospère dans le secteur de la fabrication ou des services. Aujourd'hui, un investissement aussi important dans des actifs physiques peut en fait être un handicap. Un changement de technologie à l'autre bout du monde peut rendre obsolète une usine de fabrication de 100 millions de dollars en quelques mois.

Mais ce que vous avez entre les oreilles peut être inestimable. Cela est capable d'innombrables applications et utilisations. Cela est totalement portable. Cela est polyvalent. Cela est flexible, et peut être augmenté presque sans limites, si vous apprenez comment faire.

Un immigrant pourrait arriver dans un aéroport américain avec la capacité de créer une industrie d'un milliard de dollars dans sa tête. Il pourrait se présenter à la douane, ouvrir ses mains et dire : « Rien à déclarer » et passer son chemin. Ses atouts résident dans ses connaissances et ses compétences. Bon nombre des entrepreneurs et des hommes d'affaires les plus prospères et les plus respectés d'Amérique sont arrivés de cette façon.

LA CONNAISSANCE EST LA PLUS GRANDE RESSOURCE

La principale source de valeur aujourd'hui est la connaissance. Puisqu'il n'y a pas de limite à la quantité de connaissances que vous pouvez acquérir, il n'y a pas de limite à la quantité de valeur que vous pouvez créer. Vous pouvez partir de là où vous êtes, quel que soit votre parcours, et commencer à augmenter votre capital mental. Vous pouvez commencer à travailler dès aujourd'hui à l'amélioration de votre capacité à performer et à obtenir des résultats pour lesquels les autres paieront.

Ce qui est merveilleux avec la connaissance, c'est qu'elle peut être reproduite des centaines de milliers, voire des millions de fois sans perdre sa valeur. C'est le seul produit dont l'application peut réellement être infinie. Si vous ou quelqu'un d'autre trouve une nouvelle idée pour faire quelque chose plus rapidement ou mieux, cette idée peut être diffusée dans le monde entier en un rien de temps, et se retrouver entre les mains de millions d'autres personnes qui peuvent également l'utiliser pour améliorer leur vie et leur travail. Et vous n'avez rien perdu. L'idée a toujours sa valeur initiale pour vous. C'est absolument incroyable.

BIENS MATÉRIELS CONTRE MATIÈRE GRISE

Aujourd'hui, nos industries bancaires et financières s'efforcent de prendre le virage de la connaissance comme un atout. Les banques, par exemple, ne prêtent aujourd'hui de l'argent que contre des biens matériels, des choses qui peuvent être saisies comme garantie et vendues pour rembourser le prêt. Cependant, les véritables actifs d'une entreprise ne sont pas du tout les objets tangibles. Ce sont la capacité de réflexion des personnes qui y travaillent. Ils sont contenus dans la matière grise combinée d'équipes d'experts travaillant ensemble pour résoudre des problèmes, créer des produits innovants et produire des biens et des services pour le marché concurrentiel.

Votre capacité à utiliser votre matière grise et à libérer vos capacités créatives est absolument essentielle à votre réussite. Aujourd'hui, nous en savons plus que jamais sur la façon dont vous pouvez devenir plus intelligent.

DE PETITES DIFFÉRENCES CONDUISENT À DE GRANDS RÉSULTATS

Souvent, de petites améliorations dans votre façon de penser et de travailler peuvent conduire à des améliorations significatives de vos performances. Il n'est pas nécessaire d'aller à l'université et de suivre des années d'enseignement pour amener vos connaissances au niveau où elles peuvent vous rapporter. Parfois, de très petits changements dans ce que vous faites en ce moment, là où vous êtes, peuvent donner des résultats étonnants.

Voici un exemple. Si un cheval participe à une course hippique et gagne d'un rien, il gagne 10 fois le prix d'un cheval qui arrive en deuxième position. Cela signifie-t-il que le cheval qui arrive en tête est 10 fois plus rapide ? Est-il deux fois plus rapide ? Dix pour cent plus rapide ? Non, le cheval qui gagne est seulement un peu plus rapide.

De même, la possession d'une petite information au bon moment et au bon endroit peut vous permettre de faire une différence extraordinaire dans une situation particulière. Souvent, une seule idée ou une seule information peut changer toute votre vie ou votre carrière.

ÉVITEZ LE PIÈGE DE L'INTELLIGENCE

Les personnes qui réussissent le mieux aujourd'hui sont celles qui investissent continuellement dans l'apprentissage et le développement de leur capital intellectuel. Elles sont très ouvertes aux nouvelles idées et aux nouvelles approches. Une erreur majeure commise par de nombreuses personnes, en particulier celles qui sont diplômées d'une université, est de conclure que tout ce qu'elles savent à ce moment-là est tout ce qu'il y a à savoir sur un sujet particulier. Parfois, elles pensent que ce qu'elles savent est tout ce qu'elles doivent savoir sur un sujet également.

C'est ce qu'on appelle le « piège de l'intelligence » du mauvais élément, de l'incompétent inconscient. Il s'agit d'une personne qui ne sait pas, et qui ne sait pas qu'elle ne sait pas. Cette personne ne peut être aidée, car elle est fermée aux nouvelles informations. C'est pourquoi le début de toute sagesse est souvent la prise de conscience de l'ignorance dans laquelle vous vous trouvez, du peu que vous savez vraiment.

NE VOUS LAISSEZ PAS IMPRESSIONNER

J'ai voyagé dans de nombreux pays et rencontré d'innombrables personnes très intelligentes et qui ont réussi. J'ai parlé avec de nombreux millionnaires, multimillionnaires et même milliardaires. J'ai travaillé au plus haut niveau du gouvernement avec certains des hommes et des femmes les plus intelligents qui aient jamais vécu. Et la seule chose que ces personnes semblent avoir en commun est qu'elles ne sont jamais impressionnées par leur propre intelligence. En fait, plus elles deviennent intelligentes, plus elles deviennent humbles et moins elles se considèrent comme des experts, de quelque manière que ce soit.

Il y a plus de 700 ans, l'Anglais Roger Bacon était considéré comme le dernier homme universel. On pensait qu'il était au courant de toutes les connaissances et de la science de l'époque. À son époque, il savait presque tout ce qu'il y avait à savoir sur tout ce qui était enseigné de manière académique.

Bien sûr, à cette époque, la quantité de connaissances disponibles était limitée. Il y avait très peu de livres. Il y avait moins de scientifiques, de philosophes et de chercheurs qui écrivaient et enseignaient.

LE SAVOIR CROÎT DE FAÇON EXPONENTIELLE

Aujourd'hui, cependant, il est impossible pour une seule personne de tout savoir, même sur un petit sujet. Il suffit de regarder la médecine moderne. De grands esprits passent leur vie entière à étudier le fonctionnement de l'oreille interne, de la trachée ou de l'un des autres organes du corps. Et même si ces professionnels très intelligents et dévoués passent toute leur carrière à se spécialiser dans une partie particulière du corps, ils n'apprennent jamais tout ce qu'il y a à savoir, même sur ce seul organe.

Parfois, je demande aux spectateurs : « Y a-t-il quelqu'un ici qui est un je-sais-tout ? » Bien sûr, personne ne lève la main. Je continue alors à expliquer ce que j'entends par je-sais-tout.

Un je-sais-tout est une personne qui a l'impression de savoir tout ce qu'il faut savoir sur un sujet. Comment pouvez-vous savoir si vous êtes devenu un je-sais-tout ? C'est facile. Vous avez cessé d'apprendre et de progresser dans votre domaine de spécialisation. Vous avez cessé de lire, d'écouter des programmes audio et de suivre des cours supplémentaires.

Le fait même que vous ne cherchiez pas régulièrement à acquérir de nouvelles connaissances dans votre domaine signifie que vous avez inconsciemment, accidentellement, glissé dans le piège de l'intelligence des mauvais éléments. Vous êtes involontairement devenu un je-sais-tout par le simple fait de ne pas continuer à apprendre et à évoluer.

LES RÉPONSES CHANGENT

Après avoir fait passer un examen avancé à une classe d'étudiants en physique de l'université de Princeton, Albert Einstein était de retour à son bureau lorsqu'un de ses assistants diplômés a demandé au célèbre professeur : « Dr Einstein, n'était-ce pas le même examen que vous avez fait passer à cette classe de physique l'année dernière ? »

Le Dr Einstein a hoché la tête et a répondu : « Oui, c'était le même examen que l'année dernière ».

L'assistant diplômé a rassemblé son courage pour demander au grand physicien lauréat du prix Nobel : « Mais, Dr. Einstein, comment avez-vous pu donner le même examen deux années de suite ? »

« Parce que », a répondu Einstein, « au cours de l'année passée, les réponses ont changé. »

De la même manière, vos réponses changent aujourd'hui à un rythme plus rapide que jamais. Les réponses dans votre domaine changent pendant que vous êtes assis là. Ce qui était vrai il y a un an ne l'est peut-être pas aujourd'hui, et ce qui est vrai aujourd'hui ne le sera peut-être pas dans un an. La seule façon de vous assurer de rester au sommet de votre domaine est d'absorber continuellement de nouvelles idées et connaissances pour les comparer à ce que vous savez aujourd'hui.

LES SOURCES DE L'INNOVATION

Peter Drucker, dans son livre *Innovation and Entrepreneurship (HarperBusiness, 1985)*, écrit que les plus grandes percées commerciales ont lieu à la suite « d'un succès inattendu ou d'un échec inattendu ».

Il explique que lorsque quelque chose d'inhabituel ou d'inattendu se produit dans un domaine quelconque, la personne moyenne le rejette comme un événement aléatoire ou un accident. La personne supérieure, en revanche, étudie chaque résultat inattendu comme s'il s'agissait du signe d'une tendance sous-jacente ou de l'indication d'un changement fondamental dans la nature des choses.

Lorsqu'une expérience de culture de bactéries a échoué parce qu'une moisissure avait traversé le laboratoire et atterri sur la boîte de Pétri, tuant les bactéries, les assistants de laboratoire étaient sur le point de la jeter. Cependant, un bactériologiste, Alexander Fleming, fut curieux de découvrir une moisissure si puissante qu'elle pouvait tuer des bactéries aussi résistantes. Ses recherches ont conduit à la découverte et au développement de la pénicilline, qui a sauvé des millions de vies pendant la Seconde Guerre mondiale et lui a valu d'être fait chevalier et de recevoir le prix Nobel.

GARDEZ L'ESPRIT OUVERT

En 1975, IBM a chargé des consultants d'étudier le potentiel de marché de l'ordinateur personnel. Ils sont revenus avec la conclusion que le marché des ordinateurs personnels n'était que de quelques centaines dans le monde entier, au mieux. Sur la base de cette information, IBM a décidé de concentrer ses efforts sur les ordinateurs centraux, où elle était déjà le leader mondial, et d'ignorer le marché des ordinateurs personnels, le laissant à une petite entreprise naissante de Cupertino, en Californie, appelée Apple Computer.

Lorsque les ordinateurs Apple sont arrivés sur le marché et ont commencé à se vendre par centaines, puis par milliers, IBM a vite compris. IBM a fait volte-face et a décidé de se lancer dans le commerce des petits ordinateurs. Et la société a réussi. IBM a sorti un PC qui, en quatre ans, a conquis plus de 50 % du marché mondial des petits ordinateurs.

SURVEILLEZ LES TENDANCES

Mais IBM n'a pas remarqué qu'une tendance majeure vers les petits ordinateurs s'était mise en place. Ignorant son succès initial dans les PC, IBM a continué à se concentrer sur le développement et la vente d'ordinateurs centraux. Alors que l'attention d'IBM était concentrée sur les ordinateurs centraux, de plus en plus de concurrents se sont précipités dans le domaine des ordinateurs personnels, et finalement IBM a été délogé en tant que leader mondial.

IBM n'a pas vu que son succès en s'emparant de 50 % du marché des ordinateurs personnels était le signe d'une tendance radicale dans le domaine des ordinateurs qui allait changer le monde entier. Aujourd'hui, IBM se démène pour rattraper son retard, en concurrence avec des entreprises comme Dell Computer, Hewlett-Packard/Compaq, Toshiba et d'autres. Comme IBM a raté la tendance, il est peu probable qu'elle retrouve un jour sa position sur le marché des ordinateurs personnels.

PENSEZ À L'AVENIR

Gardez les yeux ouverts. Plus de changements se produisent tout autour de vous aujourd'hui que jamais auparavant. Chacun de ces changements peut être le signe d'une tendance qui pourrait vous mener à la fortune et au succès. Vous devez être ouvert, éveillé et attentif à ces changements. Rien ne reste inchangé très longtemps. Toutes vos meilleures opportunités viendront de l'application de vos connaissances et de votre matière grise à de nouveaux produits et de nouveaux services dans le futur.

Tout ce dont vous avez besoin pour faire fortune, c'est d'une idée qui soit nouvelle à 10 %. Tout ce dont vous avez besoin, c'est d'un produit ou d'un service innovant qui soit un peu meilleur, plus rapide ou moins cher que quelque chose d'autre, et vous pouvez rapidement passer en tête de liste.

Bon nombre des grandes fortunes qui se font aujourd'hui aux États-Unis et dans le monde sont créées par des personnes qui ont commencé avec rien. Un jour, elles ont eu une idée révolutionnaire qui a bouleversé ou transformé leur secteur d'activité. Qu'est-ce que cela pourrait être pour vous ?

DEUX FACTEURS QUI VOUS FREINENT

Il existe deux facteurs majeurs qui vous empêchent d'utiliser davantage votre intelligence naturelle. Ce sont la psychosclérose et l'homéostasie. La psychosclérose est un autre nom pour

« durcissement des attitudes ». Elle est vécue par un type particulier de personne qui est rigide, inflexible et immuable. C'est le genre de personne qui développe des attitudes fixes sur une certaine personne ou un certain sujet et qui résiste ensuite à toute tentative de changer d'avis. C'est ce qu'on appelle souvent le mode de pensée mécanique. Vous connaissez probablement des personnes qui en souffrent.

Le mode de pensée opposé est plus ouvert et plus souple. C'est ce qu'on appelle la vision du monde adaptative. Les personnes adaptatives gardent leur esprit ouvert aux nouvelles informations. Elles sont curieuses et intéressées par les nouvelles idées et les nouveaux développements. Elles se préoccupent davantage de ce qui est juste que de qui a raison. Elles sont prêtes à abandonner une ancienne idée si quelqu'un peut venir leur montrer qu'une nouvelle idée a plus de mérite. Elles sont plus préoccupées par le fait que la nouvelle idée fonctionne pour résoudre un problème ou atteindre un objectif que par le fait d'avoir raison elles-mêmes.

LES TROIS QUALITÉS DU GÉNIE

Les génies ont fait l'objet de nombreuses études au fil des ans. L'une des conclusions les plus remarquables auxquelles les experts sont parvenus est que les génies ne sont pas nécessairement des personnes dotées d'un QI extraordinairement élevé. Ce sont souvent des gens ordinaires qui utilisent leur intelligence d'une manière supérieure à celle des personnes moyennes, voire plus intelligentes. Cela signifie que vous pouvez fonctionner au niveau d'un génie si vous apprenez à penser comme les génies.

Les génies semblent avoir trois caractéristiques en commun, chacune d'entre elles pouvant être développée et devenir un élément normal de votre pensée.

Premièrement, les génies semblent avoir un esprit ouvert. Ils sont curieux, interrogatifs, flexibles et prêts à envisager un large éventail de possibilités pour traiter une question ou un problème. Cet état d'esprit adaptatif est comme une porte ouverte qui permet aux idées de passer de n'importe quelle direction, ou source. C'est l'état d'esprit du génie. Et vous pouvez l'apprendre en vous entraînant.

Deuxièmement, les génies semblent aborder les problèmes et les décisions de manière systématique. Ils ne se jettent pas sur un problème comme un chien qui poursuit une voiture qui passe. Au contraire, ils abordent chaque situation difficile en posant des questions structurées dans un ordre logique, comme pour résoudre un problème en mathématiques.

Troisièmement, les génies abordent les problèmes avec une série de questions.

LE QUESTIONNEMENT OUVRE VOTRE ESPRIT

Les génies se demandent d'abord : « Quel est exactement le problème ? » et « Pourquoi est-ce un problème en premier lieu ? » Ils se demandent ensuite : « Quelle serait la solution idéale à ce problème ? » et « Qu'est-ce qui nous empêche de parvenir à une telle solution ? »

Ils s'interrogent : Pourquoi cette situation existe-t-elle ? Comment s'est-elle produite ? Qu'est-ce qui l'a provoquée ? Où et quand s'est-elle produite pour la première fois ? Qui est impliqué dans cette situation ? Quelles sont les différentes façons dont nous pourrions résoudre ce problème ? Parmi toutes ces différentes façons, quelle solution semble être la plus acceptable, tout bien considéré ?

L'acte même de questionner ouvre votre esprit et élargit vos options. Il accroît votre créativité et stimule votre imagination. Le questionnement vous permet de réfléchir plus efficacement au problème et, en fin de compte, de prendre une meilleure décision.

TIRER DES CONCLUSIONS HÂTIVES

Les personnes ayant un esprit mécanique ont tendance à tirer des conclusions hâtives. Elles voient un problème et décident immédiatement d'une solution. Lorsque deux événements se produisent de manière rapprochée, elles supposent qu'un événement est la raison du second. Elles confondent corrélation et causalité. Une fois qu'elles ont pris une décision, elles cherchent des preuves pour confirmer ce qu'elles ont déjà décidé. Leur ego s'en mêle rapidement, et elles deviennent alors réticentes à changer d'avis.

Il semble y avoir une relation directe entre la quantité d'idées et d'approches que vous développez pour résoudre un problème et votre probabilité de trouver la meilleure idée qui résoudra le problème de la meilleure façon. Pour cette raison, vous devez vous obliger à résister à la tentation de tirer des conclusions hâtives, ou de porter un jugement hâtif. Vous devez procéder plus lentement, comme un génie, et continuer à poser des questions. Vous devez garder votre esprit ouvert.

LA CRÉATIVITÉ EST VOTRE DROIT DE NAISSANCE

À vrai dire, vous êtes un organisme générateur d'idées. La créativité est votre droit de naissance. Vous êtes un individu très intelligent avec un flux continu de bonnes idées que vous pouvez utiliser pour atteindre des objectifs et améliorer votre vie. En fait, même si vous n'avez pas utilisé votre créativité depuis longtemps, et la plupart des gens ne l'ont pas fait, vous pouvez la faire remonter, comme le sucre qui a coulé au fond d'une tasse de café, en stimulant votre esprit avec des méthodes dont nous parlerons dans le prochain chapitre.

Il existe une loi des probabilités qui s'applique à la pensée créative et à l'exploitation des pouvoirs de votre esprit. Cette loi dit que plus vous êtes exposé à des idées, plus vous avez de chances d'être exposé à la bonne idée, exactement au moment où vous en avez besoin.

Les personnes qui réussissent le mieux aujourd'hui sont celles qui s'exposent constamment à de nouvelles idées provenant de sources diverses. Les personnes qui ne réussissent pas, en revanche, sont celles qui continuent à faire circuler les mêmes vieilles idées fatiguées avec peu d'imagination ou de créativité.

CHERCHEZ DES IDÉES PARTOUT

Lorsque vous assistez à un séminaire ou à une conférence donnée par un expert qui partage certaines des idées les plus actuelles dans son domaine, vous recevez souvent un bombardement de nouvelles idées que vous pouvez utiliser pour améliorer certains aspects de votre vie. La vie de nombreuses personnes a été complètement changée après avoir assisté à une seule conférence donnée par une seule personne intelligente qui leur a donné un seul aperçu qui était la clé de leur avenir.

Imaginez ce qui se passerait si vous suiviez régulièrement des cours, des séminaires et des conférences. Vous bombarderiez continuellement votre esprit de nouvelles idées qui maintiendraient votre esprit alerte et conscient, et feraient couler votre jus créatif.

Les personnes créatives lisent constamment, non seulement dans leur propre domaine, mais aussi dans d'autres domaines. Elles lisent principalement des ouvrages documentaires. Elles sont abonnées à une variété de magazines et de journaux. Elles parcourent continuellement les tables des matières et les articles critiques.

Lisez toujours avec un stylo ou un surligneur à la main. Mieux encore, apprenez à lire rapidement afin de pouvoir parcourir des documents à raison de mille mots par minute, voire plus. La lecture rapide est une compétence, comme la conduite d'un vélo, que tout le monde peut apprendre avec quelques heures d'application. Vous serez alors capable de traiter plus d'informations que vous n'auriez peut-être jamais imaginé possible.

FRÉQUENTEZ LES BONNES PERSONNES

Les personnes efficaces prennent l'habitude de s'associer à d'autres personnes positives et créatives. Elles partagent constamment leurs idées et leurs expériences, apprenant les unes des autres. Elles découpent des articles dans des magazines et des bulletins d'information et les transmettent à leurs amis. Elles recommandent des livres qu'elles ont lus et des programmes audios qu'elles ont écoutés. Leurs amis font de même pour elles. Parfois, une seule bonne idée que vous recevez de quelqu'un d'autre peut changer le sens de votre vie.

UNE COHÉRENCE STUPIDE

Le deuxième facteur majeur qui freine les gens est l'homéostasie. Celle-ci se définie comme un « effort de cohérence ». C'est un désir profond de rester cohérent avec ce que vous avez fait et dit dans le passé. Ralph Waldo Emerson a écrit dans son essai « *Autonomie* » : « *Une cohérence insensée est le hobgobelin des petits esprits* ».

Il faisait référence à la tendance naturelle des individus à essayer de rester cohérents avec leurs opinions et comportements antérieurs. Cette forme de rigidité bloque presque toutes les possibilités de croissance à l'avenir. Pour résister à la tendance à l'homéostasie, vous devez être prêt à abandonner vos anciennes idées lorsque quelqu'un peut prouver qu'il existe des idées nouvelles et meilleures.

Une façon d'échapper au piège mental de l'homéostasie consiste à être prêt à admettre que vous avez tort. La marque de la personne supérieure, dans une période de changement rapide, est de toujours rester ouverte à la possibilité que ses idées les plus chères soient incorrectes. Cela demande beaucoup de courage et de maturité. Mais cela stimule davantage d'idées et d'intuitions.

MAUVAISES DÉCISIONS

Selon l'American Management Association, au moins 70 % de vos décisions s'avéreront mauvaises au bout d'un certain temps. Ce chiffre de 70 pour cent est une moyenne. Certaines personnes se tromperont encore plus souvent. Mais vous pouvez supposer, en règle générale, que 7 décisions sur 10 que vous prenez concernant votre vie et votre travail s'avéreront mauvaises à long terme.

Voici une question pour vous. Si 70 % des décisions que les managers et les cadres prennent s'avèrent être mauvaises, comment le monde peut-il continuer à fonctionner ? La réponse est simple. Les personnes supérieures, celles qui se hissent au sommet d'une organisation — sont celles qui sont prêtes à réduire leurs pertes. Elles sont prêtes à admettre rapidement qu'elles ont fait une erreur et à rectifier la situation plutôt que de continuer jusqu'à ce qu'elle s'aggrave.

Malheureusement, la grande majorité des gens s'attachent à leurs décisions passées, et une fois qu'ils les ont prises, ils sont réticents à les abandonner, même si toutes les preuves sont contre eux. Ne laissez pas cela vous arriver. Au contraire, prenez la résolution d'être le tout premier à reconnaître qu'une décision que vous avez prise ou une conclusion à laquelle vous êtes arrivé a été invalidée ou réfutée par de nouvelles informations. Soyez prêt à abandonner l'ancienne décision et à adopter une nouvelle solution ou une nouvelle façon de faire les choses.

LA FLEXIBILITÉ VOUS DONNE DE LA FORCE

Selon l'Institut Menninger, la qualité la plus importante dont vous aurez besoin pour réussir au vingt-et-unième siècle est la qualité de flexibilité, notamment dans votre façon de penser. La flexibilité fait référence à votre volonté de changer et d'essayer de nouvelles choses. Cela signifie surtout que vous avez la capacité d'abandonner continuellement les vieilles idées dépassées au profit d'idées nouvelles et plus efficaces.

De nombreuses personnes passent une grande partie de leur temps à argumenter, à rationaliser et à justifier leurs comportements. Elles sont déterminées à continuer à faire les choses de la même vieille façon, même lorsqu'il est parfaitement clair que l'ancienne façon ne fonctionne plus. Pour éviter cette tendance, il faut rester flexible, surtout lorsque vous êtes le plus convaincu d'avoir raison.

LE MIRACLE DU DÉVELOPPEMENT PERSONNEL

L'un des grands tournants de ma vie s'est produit lorsque, alors que j'étais un jeune homme d'une vingtaine d'années, j'ai découvert le miracle du développement personnel. Ma vie n'a plus jamais été la même. J'ai appris que, grâce au développement personnel, on peut effectivement se relever par ses propres moyens. J'ai appris qu'en apprenant ce que vous devez apprendre pour atteindre les objectifs que vous vous êtes fixés, il n'y a pratiquement aucune limite à ce que vous pouvez faire, avoir ou être.

La vérité est que l'avenir appartient aux personnes compétentes. Vous pourriez perdre tout votre argent demain, mais tant que vous avez encore votre capacité à penser et à raisonner, vous pourriez tout regagner et plus encore. L'avenir appartient à ceux qui sont mieux informés. L'avenir n'appartient pas à ceux qui ont plus par rapport à ceux qui ont moins, mais à ceux qui en savent plus par rapport à ceux qui en savent moins.

L'OBSOLESCENCE RAPIDE

Les connaissances et les informations dans votre domaine doublent tous les deux ou trois ans. Quelle que soit la base d'informations dont vous disposez, elle devient rapidement obsolète. Vous devez continuellement absorber de nouvelles informations et idées juste pour rester à niveau.

Heureusement, il existe un programme simple, en trois parties, que vous pouvez utiliser pour vous maintenir en tête du peloton. Je l'ai utilisé et enseigné à plusieurs milliers de personnes, et j'ai des dossiers remplis de lettres de personnes dont la vie entière a changé grâce à lui. Les trois clés du développement personnel et professionnel continu sont la lecture continue, l'écoute continue de programmes d'apprentissage audio et la formation continue.

LISEZ TOUS LES JOURS

Pour rester au top de votre travail, vous devez lire des ouvrages dans votre domaine au moins une heure par jour, en soulignant et en prenant de bonnes notes. Tout ce qui est inférieur à une heure par jour vous fera prendre le risque d'être dépassé par vos concurrents. Le conseil de mon ami Jim Rohn est : « Travaillez au moins autant sur vous-même que sur votre travail ».

Au minimum, vous devriez vous lever chaque matin et lire quelque chose d'éducatif pendant 30 à 60 minutes. Prenez des notes minutieuses. Relisez régulièrement vos notes. Réfléchissez à ce que vous avez appris, et pensez à la façon dont vous pourriez appliquer les nouvelles idées dans votre vie quotidienne.

Utilisez vos pouvoirs de visualisation pour vous imaginer en train d'utiliser les nouvelles informations d'une manière ou d'une autre. Cela augmentera considérablement la vitesse à laquelle vous apprenez et retenez les nouvelles idées, et augmentera la probabilité que vous les utilisiez à la première occasion.

Si vous ne lisez qu'une heure par jour, cela équivaut à environ un livre par semaine. Un livre par semaine équivaudra à environ 50 livres par an. Cinquante livres par an totaliseront environ 500 livres au cours des 10 prochaines années. Au minimum, vous aurez besoin d'une plus grande maison juste pour stocker vos livres, et vous pourrez probablement vous le permettre aussi.

DONNEZ-VOUS UNE LONGUEUR D'AVANCE

Selon l'American Booksellers Association, pas moins de 70 % des Américains adultes ne se sont pas rendus dans une librairie au cours des cinq dernières années. L'Américain moyen lit moins d'un livre par an ; 58 % des Américains adultes ne lisent jamais de livre de bout en bout après avoir quitté le lycée.

En attendant, à l'ère de l'information, si vous ne lisez pas continuellement, vous risquez fort de voir vos connaissances devenir obsolètes avec le temps. Cependant, si vous lisez une heure par jour, un livre par semaine, vous obtiendrez l'équivalent d'un doctorat dans votre domaine chaque année. Vous deviendrez l'une des personnes les plus intelligentes, les mieux informées et les plus productives de votre entreprise.

BATTRE LE TAMBOUR

Il y a quelques années, j'avais un bon ami qui lisait très peu. Il n'était pas convaincu que la lecture changerait quoique ce soit dans sa vie ou ses revenus. Il avait perdu l'habitude de lire après avoir quitté l'école. Il me soutenait que la lecture n'était pas si importante. Pendant ce temps, il s'efforçait de gagner sa vie. Il était continuellement frustré. Il perdait continuellement des affaires au profit de ses concurrents mieux informés.

Pendant près de trois ans, je n'ai cessé de l'encourager à commencer à lire quotidiennement. Finalement, il a cédé et a commencé à lire chaque matin, juste pendant quelques minutes. Il était étonné de voir à quel point la lecture était utile, et combien il était mieux informé lorsqu'il parlait à ses clients.

Il a bientôt commencé à lire, comme je l'avais recommandé, une heure par jour, un livre par semaine. En un an, son revenu avait doublé. Deux ans plus tard, son revenu a encore doublé. Aujourd'hui, il est l'une des personnes les mieux payées dans son domaine. Et il est fier de me dire, chaque fois que je le vois, qu'il rencontre très rarement un client qui est aussi bien informé que lui sur son activité. Et plus il lit, plus il devient compétent et confiant.

POUR GAGNER PLUS, VOUS DEVEZ APPRENDRE PLUS

La règle est que pour gagner plus, vous devez apprendre plus. Vous ne pouvez pas avancer dans votre domaine plus loin ou plus vite que vous ne le faites aujourd'hui, sauf dans la mesure où vous apprenez et vous exercez à quelque chose de nouveau.

La deuxième partie de votre programme de développement personnel et professionnel consiste en des programmes d'apprentissage audio. Si vous vous déplacez dans le cadre de votre travail, vous passez entre cinq cents et mille heures par an dans votre voiture. Si vous transformez ce temps de conduite en temps d'apprentissage, vous obtiendrez l'équivalent de trois à six mois de semaines de 40 heures de 40 heures de formation supplémentaire, simplement en conduisant d'un endroit à l'autre. J'ai rencontré d'innombrables personnes qui ont doublé, triplé et quadruplé leurs revenus par le simple fait d'écouter des programmes de formation audio en conduisant.

SUIVEZ TOUTES LES FORMATIONS QUE VOUS POUVEZ

La troisième clé de l'apprentissage continu, et de la libération de votre potentiel mental, consiste à suivre toutes les formations que vous pouvez. Si un programme de formation est proposé au public, il a déjà été prouvé qu'il était très efficace. La personne qui présente le programme a probablement acquis de nombreuses années d'expérience, et peut avoir passé des centaines d'heures à créer le programme que vous pouvez suivre en une demi-journée ou une journée entière. Vous pouvez parfois vous épargner des semaines, des mois, voire des années de dur labeur en assistant à un séminaire donné par un expert qui vous explique des méthodes de pointe pour accomplir votre travail plus rapidement et plus facilement.

Lorsque vous combinez ces trois éléments : la lecture régulière, l'écoute régulière de programmes de formation audio et l'entraînement régulier et continu, vous disposez d'une combinaison dynamisante qui peut vous propulser vers l'avant à une plus grande vitesse que vous ne pourriez jamais le faire sans tout cela.

LA CONNAISSANCE EST LE POUVOIR

Comme mentionné précédemment, Francis Bacon a dit que la connaissance est le pouvoir. Ceci n'est que partiellement vrai. En fait, seule la connaissance qui peut être appliquée à des fins pratiques pour quelqu'un d'autre est réellement un pouvoir. Les bibliothèques sont pleines de connaissances qui n'apportent rien de bon à personne.

Pour changer votre façon de penser de manière positive et constructive, vous devez continuellement nourrir votre esprit de nouvelles idées. Vous devez rester informer dans votre domaine. Vous devez vous associer régulièrement à d'autres personnes de premier plan dans votre domaine de spécialisation. Vous devez être continuellement à la recherche de moyens de faire votre travail mieux, plus rapidement, avec moins d'efforts et plus facilement. Vous devez être continuellement à la recherche de moyens de mieux servir vos clients et vos consommateurs. Vous devez rester à la pointe de votre domaine afin d'être, et de continuer à être, l'une des personnes les plus précieuses de votre entreprise.

PENSÉE SANS LIMITES
À l'ère de l'information, la connaissance est tout. Et la quantité de connaissances que vous pouvez rassembler et appliquer à votre vie n'est limitée que par votre ambition personnelle. Il n'y a vraiment aucune limite à ce que vous pouvez accomplir, si ce n'est celles que vous vous fixez.

Plus vous apprenez, plus vous gagnez. Plus vous vous familiariserez avec votre domaine, plus vous aurez le courage et la confiance nécessaires pour mettre en œuvre vos compétences dans votre travail. Plus vous développerez de courage et de confiance, plus votre estime de vous-même et votre sentiment de pouvoir personnel seront élevés. Vous deviendrez pratiquement inarrêtable dans tout ce que vous entreprendrez.

* * *

EXERCICES PRATIQUES
1. Commencez dès aujourd'hui à créer votre bibliothèque personnelle de livres relatifs à votre domaine. Lisez 30 à 60 minutes chaque jour, soulignez et prenez des notes minutieuses.
2. Examinez vos récents succès et échecs inattendus dans votre entreprise. Pourraient-ils être révélateurs d'une tendance dont vous pourriez tirer parti ?
3. Abordez chaque problème de votre vie de manière systématique. Imaginez que la solution est exactement l'inverse de ce que vous faites actuellement.

4. Exposez continuellement votre esprit à de nouvelles idées et à de nouveaux points de vue. Posez beaucoup de questions. Envisagez la possibilité que vous puissiez avoir tort.
5. Écoutez des programmes audios éducatifs dans votre voiture. Faites de votre voiture une salle de classe mobile, une « université sur roues ».
6. Choisissez un domaine où l'expertise peut vous aider à progresser dans votre carrière. Élaborez un plan pour étudier et apprendre tout ce que vous pouvez dans ce domaine. Soyez le meilleur dans ce que vous faites.
7. Ne fréquentez que des personnes positives, optimistes, créatives et heureuses qui ont un but dans leur vie. Fréquentez les gagnants si vous voulez en être un.

CHAPITRE 9

LIBÉREZ VOS POUVOIRS MENTAUX

Le potentiel d'une personne moyenne est comme un immense océan inconnu, un nouveau continent inexploré, un monde de possibilités qui attendent d'être libérées et canalisées vers quelque grand bien.

—BRIAN TRACY

Chaque changement dans votre vie sera le résultat de la collision de votre esprit avec une nouvelle idée. Les idées sont les clés de l'avenir. Les idées contiennent les réponses à tous vos problèmes et les moyens d'atteindre tous vos objectifs. Votre besoin consiste à devenir un générateur d'idées, de sorte que vous trouviez continuellement de nouvelles et meilleures idées pour faire face aux changements continus et aux opportunités qui se présentent autour de vous.

Heureusement, vous êtes naturellement créatif. C'est une qualité innée. Vous êtes né avec. Mais la créativité est soumise à la loi de l'usage, qui dit : « Si vous ne l'utilisez pas, vous la perdez », du moins temporairement. La bonne nouvelle, c'est que vous pouvez raviver votre créativité en pratiquant les méthodes et techniques spécifiques abordées dans ce livre.

PROJETEZ-VOUS VERS L'AVENIR ET PENSEZ AU PASSÉ

Pour changer votre façon de penser, vous devez élargir vos idées et votre imagination sur la personne que vous pourriez être, les choses que vous pourriez faire et les choses que vous pourriez avoir. Toute personne qui accomplit quelque chose de valable dans la vie commence par un grand rêve ou une vision de ce qui est possible pour elle. Elles s'élèvent au-dessus de leur environnement actuel, de leurs limites et problèmes existants, et s'imaginent plutôt un jour dans le futur vivre le genre de vie qu'elles aimeraient vivre. Vous devez également pratiquer cette façon de penser.

Plus tôt, nous avons parlé de votre vision idéale de l'avenir. Vous la créez en vous projetant cinq ans en avant et en imaginant que tous vos rêves sont devenus réalité. À quoi ressemblerait votre vie si elle était idéale en tous points ? Où seriez-vous ? Qui serait là avec vous ? Que seriez-vous en train de faire ? Combien gagneriez-vous ? Et ainsi de suite.

Vous revenez ensuite au jour présent et à votre situation actuelle. Vous pensez à des mesures spécifiques que vous pourriez prendre pour tirer parti de vos opportunités et pour surmonter vos limites et vos obstacles. C'est la principale utilité de la pensée créative. Elle consiste à résoudre vos problèmes et à déclencher des découvertes mentales que vous pouvez utiliser pour avancer plus rapidement vers la réalisation des objectifs qui sont les plus importants pour vous.

TROIS ESPRITS EN UN

Vous pensez et gérez votre vie avec trois esprits différents. Le premier est votre esprit conscient. Vous utilisez votre esprit conscient pour absorber de nouvelles informations, les comparer à vos connaissances actuelles, les analyser en fonction de leur valeur ou de leur pertinence pour vous, puis décider d'agir ou de ne pas agir. C'est l'esprit avec lequel vous dirigez votre vie. On l'appelle souvent l'esprit objectif.

Le deuxième esprit que vous utilisez est votre subconscient. Votre esprit subconscient est une énorme banque de données qui enregistre chaque pensée, idée, émotion ou expérience que vous avez eue au cours de votre vie. C'est ce qu'on appelle l'esprit subjectif. Son rôle est de faire en sorte que toutes vos paroles et actions soient cohérentes avec votre image de vous-même et avec vos attitudes, croyances, peurs et préjugés actuels. Votre esprit subconscient ne raisonne pas ; il ne fait qu'obéir à vos ordres.

Votre esprit subconscient est également responsable du fonctionnement de toutes vos fonctions corporelles. Il contrôle votre système nerveux autonome et votre rythme cardiaque, votre respiration, votre digestion, votre mémoire de base, etc. Il est comme un immense ordinateur, si puissant et précis qu'il peut traiter cent millions de commandes par seconde. Il maintient un équilibre précis de centaines de produits chimiques dans chacune de vos milliards de cellules, 24 heures sur 24.

Votre troisième esprit est votre esprit superconscient. Cet esprit est votre connexion directe avec l'intelligence infinie. Il contient toutes les connaissances, et peut vous apporter toutes les idées et réponses dont vous aurez besoin pour atteindre n'importe quel objectif que vous pouvez vous fixer. Cet esprit est la source de tout inspiration, imagination, intuition et pressentiment. Il fonctionne 24 heures sur 24, et vous apportera exactement la bonne réponse à votre problème ou à votre question, au moment précis où vous êtes prêt à la recevoir. Il est stimulé par des objectifs clairs, des images mentales vivantes et des ordres clairs et positifs sous forme d'affirmations.

Lorsque vous utilisez les trois esprits en harmonie, chaque esprit remplissant les fonctions pour lesquelles il a été conçu, vous accomplirez davantage de vos objectifs, plus rapidement que vous ne l'avez jamais imaginé. L'utilisation appropriée de vos trois esprits est essentielle pour changer votre façon de penser et changer votre vie.

LES TROIS DÉCLENCHEURS DE LA CRÉATIVITÉ

Il existe trois facteurs principaux qui déclenchent la créativité. Vous pouvez utiliser chacun d'eux régulièrement, dans tout ce que vous faites. Ce sont : premièrement, les objectifs intensément désirés, deuxièmement, les problèmes urgents et troisièmement, les questions ciblées. Lorsque vous les utilisez toutes, vous commencez à générer des idées à un rythme qui vous étonnera.

En utilisant ces trois méthodes de stimulation mentale (objectifs, problèmes et questions), vous activez simultanément vos trois esprits et vous commencez à fonctionner à des niveaux beaucoup plus élevés que la personne moyenne.

OBJECTIFS INTENSÉMENT DÉSIRÉS

Le premier facteur est un objectif clairement défini et intensément désiré. Vous devez savoir exactement ce que vous voulez, fixer une échéance, le rendre mesurable et élaborer un plan pour sa réalisation auquel vous travaillez chaque jour. Il existe une relation directe entre le degré de clarté de votre objectif souhaité et le nombre d'idées qui vous viendront pour l'atteindre.

L'une des façons les plus puissantes d'harmoniser les activités de vos trois esprits, et d'activer vos pouvoirs créatifs, est de réécrire vos objectifs au présent chaque matin.

Procurez-vous un cahier à spirale. Chaque matin, après votre lecture quotidienne, prenez quelques minutes et réécrivez vos principaux objectifs au présent, exactement comme s'ils existaient déjà. Prenez quelques secondes après avoir réécrit chaque objectif pour le visualiser comme s'il était déjà accompli. Visualisez chaque objectif dans votre esprit comme s'il existait déjà. Puis, souriez, détendez-vous et lâchez prise.

Cette méthode consistant à réécrire vos objectifs chaque matin, à les visualiser comme s'ils étaient déjà atteints et à les laisser aller en toute confiance est un élément essentiel pour créer l'équivalent mental des choses que vous voulez.

En utilisant cette méthode, vous aiderez vos objectifs à se matérialiser exactement au moment où vous êtes prêt pour eux. En écrivant et réécrivant vos objectifs, vous les gravez de plus en plus profondément dans votre subconscient. À un certain point, vous activez votre esprit superconscient. À ce moment-là, vous commencez à attirer dans votre vie des personnes et des circonstances qui peuvent vous aider à les atteindre.

RESSENTEZ LES CHOSES

L'émotion est la clé. Plus vous désirez intensément un objectif, plus il se matérialise rapidement. Combiner l'idée de votre objectif avec l'émotion intense du désir ou de l'excitation, c'est comme appuyer sur l'accélérateur de votre potentiel mental. Votre esprit va s'accélérer et générer des idées pour atteindre votre objectif. Plus vous êtes positif, excité et enthousiaste à l'idée de réaliser quelque chose, plus votre esprit se met rapidement au travail pour l'amener dans votre vie.

Pensez à ce que vous ressentiriez si vous aviez atteint votre objectif. Vous sentiriez-vous fier, heureux, soulagé, joyeux ou exalté ? Quelle que soit l'émotion, vous devez vous imaginer avec confiance et bonheur en train d'éprouver le sentiment exact que vous auriez si votre objectif faisait déjà partie de votre vie.

Si vous voulez gagner plus d'argent et atteindre un niveau de vie plus élevé, imaginez que vous y êtes déjà, vivant la vie que vous désirez. Imaginez ce que vous ressentiriez. Fermez les yeux et ressentez le bonheur, la joie et la satisfaction intérieure.

Lorsque vous pouvez combiner une image mentale claire de votre objectif avec la même émotion que vous éprouveriez s'il était atteint, vous activez vos pouvoirs supérieurs de l'esprit. Vous déclenchez votre créativité. Vous obtenez des informations et des idées qui vous aideront à atteindre votre objectif beaucoup plus rapidement.

LES PROBLÈMES SONT DES OPPORTUNITÉS

Le deuxième facteur qui déclenche votre créativité et active votre esprit positif, ce sont les problèmes urgents. Ce n'est que lorsque vous subissez la pression des problèmes et des obstacles que vous êtes motivé pour donner le meilleur de vous-même sur le plan mental. Affronter et résoudre les inévitables problèmes et difficultés de la vie vous rend plus fort et plus intelligent, et fait ressortir le meilleur de vous-même.

La plupart des gens ne comprennent pas la nature des problèmes. Les problèmes sont une partie normale et nécessaire de la vie. Ils sont inévitables et inéluctables. Les problèmes surviennent en dépit de tous vos efforts pour les éviter. Par conséquent, les problèmes surviennent de manière imprévue.

La seule partie d'un problème sur laquelle vous avez un quelconque contrôle est votre réponse à vos problèmes. Les personnes efficaces répondent aux problèmes de manière positive et constructive. De cette façon, elles démontrent qu'elles ont développé des niveaux élevés de « capacité de réaction ». Elles ont développé la capacité à réagir efficacement lorsque des difficultés inattendues ou indésirables surviennent.

Les problèmes de toutes sortes font ressortir vos meilleures qualités. Ils vous rendent fort et plein de ressources. Plus vos problèmes sont urgents, et plus vous investissez d'émotions dans la résolution de ces problèmes, plus vous deviendrez créatif. Chaque fois que vous résolvez un problème de manière constructive, vous devenez plus intelligent et plus efficace. Par conséquent, vous vous préparez à des problèmes encore plus grands et plus importants à résoudre.

RÉFLÉCHISSEZ SUR LE PAPIER

Une façon d'améliorer votre capacité à résoudre des problèmes, et de déclencher votre créativité, est de réfléchir sur papier. Prenez quelques instants pour vous demander : « Quel est exactement le problème ? » Puis écrivez la réponse sous une forme telle qu'elle décrit exactement le problème.

Vous pouvez alors vous demander : « Quel est le problème, sinon ? » Vous devez vous méfier de tout problème pour lequel il n'existe qu'une seule définition. La pire chose que vous puissiez faire est de résoudre le mauvais problème. Plus vous pouvez énoncer un problème de différentes manières, plus il se prête à une solution.

Quels que soient les difficultés, les obstacles, les défis ou les facteurs qui vous gênent ou vous retiennent de quelque manière que ce soit, définissez-les clairement par écrit. Comme on dit en médecine, « Un diagnostic précis est la moitié du remède ».

Parfois, lorsque vous commencez à définir un problème, vous découvrez qu'il s'agit en fait d'un « problème groupé ». C'est-à-dire qu'il s'agit d'un seul gros problème entouré de plusieurs petits problèmes. La plupart des problèmes que vous traitez seront composés de plusieurs problèmes plus petits. Souvent, dans une situation difficile, il y a un seul gros problème qui doit être résolu avant tous les petits problèmes.

La meilleure approche dans ce type de situation consiste à déterminer le problème principal, puis à définir séparément les différentes parties du problème. Vous identifiez le problème principal qui doit d'abord être résolu, puis vous traitez les problèmes plus petits dans l'ordre. Parfois, la résolution d'une partie du problème conduit à la résolution de l'ensemble de la situation.

LES OBJECTIFS NE SONT QUE DES PROBLÈMES

Un objectif que vous n'avez pas encore atteint est simplement un problème que vous n'avez pas encore résolu. C'est pourquoi le succès a été défini comme la capacité à résoudre des problèmes. Si vous ne gagnez pas l'argent que vous aimeriez, c'est un problème non résolu. Si vous ne jouissez pas des niveaux de santé et de forme physique que vous désirez, c'est un problème que vous devez résoudre. Un obstacle qui se dresse entre vous et votre objectif est simplement un problème qui attend une solution. Toute limite qui vous retient n'est qu'un autre problème qui attend d'être résolu.

Dans tous les cas, votre travail consiste à ne pas laisser le problème prendre le dessus sur vous, mais plutôt à rendre le dessus sur le problème.

LA DESCRIPTION DE VOTRE TRAVAIL

Si je vous demandais ce que vous faites dans la vie, vous me diriez le nom de votre poste actuel ou la description de votre travail. Mais quel que soit votre titre, votre véritable métier est « résolveur de problèmes ». C'est ce que vous faites toute la journée. C'est cette capacité qui vous rend précieux. Vous êtes un professionnel de la résolution de problèmes. Votre réussite dans votre carrière est déterminée par l'efficacité avec laquelle vous résolvez les problèmes et atteignez les objectifs de votre poste.

Ne vous plaignez jamais de vos problèmes au travail. Vous devriez en être reconnaissant. Si vous n'aviez pas de problèmes au travail, vous n'auriez pas d'emploi. Lorsque les gens deviennent incapables de résoudre les problèmes qui se présentent dans leur travail, ils sont rapidement remplacés par des personnes qui le peuvent. Lorsque vous devenez un excellent résolveur de problèmes, vous êtes rapidement promu pour résoudre des problèmes encore plus grands et plus importants.

À partir de maintenant, considérez-vous comme un résolveur de problèmes. La seule question est de savoir à quel point vous êtes bon dans votre travail. Votre objectif consiste à devenir absolument excellent dans la résolution de tous les problèmes que le monde peut vous soumettre.

POSEZ DES QUESTIONS CIBLÉES
La troisième façon d'activer votre créativité est de poser des questions ciblées. Des questions bien formulées, ciblées, provocantes et stimulantes activent votre esprit et stimulent votre réflexion. Les meilleurs consultants se décrivent souvent comme des « insulteurs ». Ils ne donnent pas de réponses. Ils obligent plutôt leurs clients à poser des questions difficiles et à y répondre.

Pour déclencher votre propre créativité, vous devez également vous poser des questions difficiles, puis remettre en question vos réponses.

Vous vous souvenez de la pensée zéro ? Continuez à vous demander : « Si je ne faisais pas cela maintenant, est-ce que je recommencerais aujourd'hui en sachant ce que je sais maintenant ? »

Vous serez étonné de voir à quel point vous devenez créatif lorsque vous examinez chaque aspect de votre vie comme si vous pouviez choisir de tout recommencer, si vous le vouliez, en vous basant sur vos connaissances et votre expérience actuelles.

Souvent, la réponse à votre plus grand dilemme est tout simplement d'arrêter une activité. Si ça ne marche pas, parfois la chose la plus intelligente à faire est de simplement abandonner une ligne de conduite particulière. Demandez toujours : « Quelle est la solution la plus simple et la plus directe à ce problème ? »

LA CLARTÉ EST TOUT

Il existe des questions supplémentaires que vous pouvez poser pour déclencher votre créativité, par exemple : « Qu'est-ce que j'essaie de faire ? » Soyez absolument clair dans votre réponse à cette question.

Chaque fois que vous ressentez de la frustration ou de la résistance dans l'atteinte d'un objectif ou l'obtention d'un résultat, demandez-vous : « Comment est-ce que j'essaie de le faire ? » et « Pourrait-il y avoir une meilleure façon ? » Ne vous attachez pas à vos méthodes actuelles.

Quelles sont vos hypothèses ? Quelles sont vos hypothèses évidentes et quelles sont vos hypothèses inconscientes ? Que supposez-vous être vrai au point que si ce n'était pas le cas votre façon de penser changerait du tout au tout ? Alex McKenzie a écrit : « Les hypothèses errantes sont à l'origine de tout échec ».

LE VRAI PROBLÈME

Je travaille souvent avec des entreprises qui essaient de commercialiser un nouveau produit ou service et qui ont des difficultés sur le marché. Lorsque nous cherchons les raisons de leurs problèmes commerciaux, elles me donnent généralement de longues listes de difficultés liées à la publicité, à la promotion, aux personnes, aux ventes, à la distribution, à la livraison et au service. Cependant, le problème central est toujours que leurs ventes ne sont pas assez élevées.

Je leur pose alors trois questions. Ce sont des questions que vous pouvez poser lorsque vous envisagez tout produit ou service potentiel pour tout marché.

La première question est : « Y a-t-il un marché ? » Y a-t-il des gens qui peuvent et veulent acheter ce produit ou service en concurrence avec d'autres produits et services actuellement proposés ? De nombreuses personnes créent des entreprises sans se rendre compte à quel point il est difficile d'attirer un client d'un autre fournisseur s'il est actuellement satisfait de ce dernier.

Si la réponse de l'entreprise est : « Oui, il y a certainement un marché pour ce que nous vendons. Il y a des gens qui le veulent et qui sont prêts à nous l'acheter », ma prochaine question est alors : « Le marché est-il assez grand ? » Nombreux sont les produits ou services qui sont bons, utiles et dignes d'intérêt, mais il n'existe pas de marché suffisamment vaste pour justifier l'investissement de tout le temps et de toute l'énergie nécessaires pour les mettre sur le marché. Il existe des utilisations meilleures et plus rentables de l'argent.

POURQUOI LES ENTREPRISES ÉCHOUENT

De nombreuses personnes font faillite, en particulier dans les entreprises, parce que le marché n'est tout simplement pas assez grand pour qu'elles puissent vendre suffisamment pour justifier les difficultés et les dépenses liées à la production du produit ou du service en premier lieu. Chaque investissement doit être comparé aux autres investissements possibles qui sont disponibles au même moment. Il y a peut-être de meilleurs endroits où investir votre temps et votre argent.

Ce principe s'applique également à vous personnellement : votre travail consiste à vous investir de manière à obtenir le meilleur « retour sur énergie ». Il existe mille façons différentes de dépenser votre temps et votre vie. Vous êtes vous-même votre ressource la plus précieuse, et vous devez toujours investir cette ressource là où vous pouvez obtenir le meilleur rendement.

La troisième question que je pose à mes clients est la suivante : « S'il existe un marché et que celui-ci est suffisamment grand, est-il suffisamment concentré pour que vous puissiez y faire de la publicité et y vendre de manière rentable ? »

Cette dernière question est ce qui fait souvent sombrer une idée de nouveau produit. Oui, il y a un marché, et oui, le marché est assez grand, mais le marché est réparti sur une zone géographique tellement vaste qu'il est pratiquement impossible d'y vendre efficacement.

TENEZ COMPTE DES CONTRAINTES

Un bon moyen de déclencher des solutions créatives à vos problèmes est d'appliquer la « théorie des contraintes ». Cette théorie affirme que, dans chaque processus ou série d'activités, il existe un facteur limitant. Il existe des contraintes ou des goulets d'étranglement qui déterminent la vitesse à laquelle vous passez de l'endroit où vous êtes à celui où vous voulez aller. Le simple fait d'identifier les contraintes critiques dans votre environnement déclenche souvent des idées et des réflexions qui vous aident à les atténuer.

Par exemple, disons que votre objectif est de doubler votre revenu au cours des trois à cinq prochaines années. Vous commencez à identifier les contraintes qui vous empêchent d'atteindre cet objectif en vous demandant : « Pourquoi mon revenu n'est-il pas déjà deux fois plus élevé ? »

Soyez honnête. Posez-vous les questions brutales : Pourquoi ne gagnez-vous pas déjà deux fois plus que ce que vous gagnez aujourd'hui ? Qu'est-ce qui vous en empêche ? Parmi toutes les choses qui vous en empêchent, quel est le principal facteur limitant qui déterminera la vitesse à laquelle vous atteindrez votre objectif ?

APPLIQUEZ LA RÈGLE DES 80/20

La règle 80/20 semble s'appliquer aux contraintes, mais d'une manière particulière. Dans ce contexte, cette règle dit que 80 % des contraintes qui vous empêchent d'atteindre votre objectif se trouvent en vous-même. Elles sont contenues en vous, plutôt que dans votre environnement.

Seuls 20 % des facteurs qui vous retiennent se trouvent dans le monde extérieur. Cette découverte est un choc pour la plupart des gens. La grande majorité des gens pensent que leurs principaux problèmes sont créés ou causés par les situations et les personnes qui les entourent. Mais c'est généralement faux. La plupart des raisons pour lesquelles vous n'avancez pas ont à voir avec votre propre manque de compétences, de capacités ou de bonnes qualités personnelles.

DOUBLEZ VOS REVENUS

Disons que vous êtes dans la vente. Vous voulez doubler votre revenu dans les trois à cinq prochaines années, si ce n'est plus tôt. La première contrainte critique que vous allez identifier est la quantité de votre produit ou service que vous devez vendre. Si vous pouviez résoudre ce problème, vous atteindriez votre objectif.

Une fois que vous avez identifié cette contrainte principale, vous vous demandez alors : « Quelle est la contrainte qui se cache derrière ? » Votre prochaine contrainte pourrait être le nombre de prospects que vous devez trouver. Si vous pouviez parler à un nombre suffisant de prospects, vous pourriez probablement doubler vos ventes et doubler vos revenus.

Vous regardez alors derrière cette contrainte et vous demandez quelle est la contrainte qui cause cette limite. Cette contrainte réelle peut être votre capacité à prospecter, quelque chose qui se trouve à l'intérieur de vous plutôt que sur le marché.

REGARDEZ AUTOUR DE VOUS

Une bonne façon pour vous de déterminer si la contrainte est interne ou externe est de regarder autour de vous et de voir si quelqu'un d'autre accomplit les mêmes objectifs que ceux que vous souhaitez accomplir. Quelqu'un d'autre gagne-t-il déjà deux fois plus que vous en vendant le même produit ou service sur le même marché ? Si quelqu'un le fait déjà, alors la contrainte est interne, et non externe. C'est quelque chose en vous. C'est le manque d'une capacité ou d'un attribut particulier que vous devez surmonter.

Il a été dit que : « Quand le combat d'un homme commence par lui-même, il en vaut vraiment la peine ». La personne supérieure pose toujours la question : « Qu'y a-t-il en moi qui me retient ? » Les personnes supérieures se regardent toujours d'abord elles-mêmes. Il se peut très bien qu'il y ait quelque chose dans votre monde extérieur qui agisse comme un frein sur votre potentiel, mais l'endroit où vous devez commencer à chercher est à l'intérieur. Il y a de fortes chances que vous le trouviez là.

ACTIONNEZ LES DÉCLENCHEURS

Lorsque vous appuyez régulièrement sur ces déclencheurs, vous stimulez votre capacité créative et allumez vos lumières mentales, comme on allume les lumières d'une pièce sombre avec un variateur d'intensité.

Lorsque vous fixez des objectifs clairs que vous avez un désir ardent d'atteindre, vous activez votre esprit créatif. Lorsque vous associez vos objectifs à des problèmes urgents, clairement définis, vous générez davantage d'idées. Lorsque vous posez continuellement des questions ciblées qui provoquent votre réflexion, vous voyez des possibilités plus nombreuses et meilleures dans chaque situation. Et lorsque vous identifiez votre principale contrainte pour atteindre n'importe quel objectif ou résoudre n'importe quel problème, vous commencez à fonctionner comme un génie. Vous vous placez sur la voie royale du succès et des grandes réalisations.

UTILISEZ TOUTE VOTRE INTELLIGENCE

Vous possédez au moins 10 formes d'intelligence différentes, selon les recherches de Howard Garner à Harvard et les travaux de Charles Handy en Angleterre. Tout au long de votre scolarité, vous avez été testé uniquement sur la base de vos intelligences verbale et mathématique. Mais les recherches menées ces dernières années indiquent que vous disposez d'une variété d'intelligences, dans chacune desquelles vous pourriez être un génie ; combinées, elles vous permettent d'accomplir des choses extraordinaires. Votre premier travail consiste à identifier votre intelligence ou vos intelligences prédominantes ; vous vous appliquez ensuite à utiliser davantage de cette intelligence dans tout ce que vous essayez d'accomplir.

L'INTELLIGENCE VERBALE

Votre première intelligence est verbale. C'est votre capacité à parler, votre maîtrise du langage. La capacité à comprendre et à bien utiliser le langage est étroitement associée au succès dans tout domaine qui implique la communication avec les autres. Dans chaque société, il existe une relation directe entre votre niveau de maîtrise du langage et votre revenu. Vous pouvez en fait augmenter vos perspectives et votre vitesse de promotion simplement en apprenant et en utilisant davantage de mots.

Chaque mot est en fait un outil d'expression de la pensée. Plus vous connaissez et comprenez de mots, plus vous pouvez former des pensées et des idées complexes. Plus votre vocabulaire est riche, plus vous serez respecté et écouté par les autres. C'est pourquoi les compétences linguistiques sont considérées comme une mesure clé de l'intelligence.

L'INTELLIGENCE MATHÉMATIQUE

La deuxième intelligence utilisée pour mesurer le QI est l'intelligence mathématique. Il s'agit de votre capacité à utiliser habilement les chiffres, à additionner, soustraire, diviser et multiplier. En affaires, il s'agit de votre capacité à lire des états financiers et à élaborer des projections financières. Plus vous connaissez les prix, les coûts, les dépenses et les ratios financiers, meilleures sont les décisions que vous pouvez prendre, et plus vous devenez précieux.

De nombreuses personnes pensent qu'elles n'ont aucune aptitude pour les chiffres. Elles évitent donc tout domaine ou activité où la maîtrise des finances est nécessaire pour réussir. Cela peut être fatal si l'un de vos objectifs est d'atteindre l'indépendance financière. Heureusement, vous pouvez apprendre à comprendre les chiffres essentiels dans votre entreprise avec un peu d'étude et d'application. Ainsi, vous serez beaucoup plus compétent et capable de prendre de bonnes décisions pour le reste de votre vie professionnelle.

L'INTELLIGENCE PHYSIQUE

Votre troisième domaine de génie potentiel est l'intelligence physique. C'est le type d'intelligence dont jouissent les athlètes de haut niveau qui ont des capacités extraordinaires de synchronisation et de coordination dans le mouvement et l'utilisation de leur corps. Une personne pourrait échouer à l'école sur des tests verbaux et mathématiques et être malgré tout réussir de manière extraordinaire sur le plan sportif, même si cela n'apparaîtrait jamais sur un bulletin scolaire.

De nombreuses personnes se dévalorisent en croyant qu'elles ne sont pas particulièrement douées pour le sport ou certaines activités physiques. La bonne nouvelle, c'est qu'avec un enseignement et une pratique appropriés, vous pouvez réaliser d'excellentes performances dans toute une série de sports, comme la natation, le patinage ou le ski. Ce n'est vraiment qu'une question de désir de votre part. Vous avez beaucoup plus de capacités physiques que vous n'en avez jamais utilisées auparavant.

L'INTELLIGENCE MUSICALE

Votre quatrième forme d'intelligence peut être musicale. Un Mozart ou un Beethoven aurait pu être mauvais en sport et mauvais à l'école et pourtant capable de composer certaines des plus belles musiques classiques de tous les temps. Bon nombre des meilleurs musiciens et chanteurs populaires d'aujourd'hui étaient médiocres à l'école mais se sont avérés avoir une capacité exceptionnelle à créer et à exprimer la musique. Ils ont été capables de réaliser des performances musicales exceptionnelles.

L'INTELLIGENCE VISUO-SPATIALE

Votre cinquième domaine de potentiel mental est l'intelligence visuo-spatiale. Il s'agit de la capacité à voir et à créer des formes et des motifs. Un architecte, un ingénieur, un peintre, ou une personne qui a développé la capacité de visualiser très clairement aurait cette intelligence.

Un architecte, par exemple, pourrait être capable de concevoir, d'abord dans son esprit puis sur papier, de magnifiques bâtiments que des personnes dotées d'une intelligence mathématique seraient ensuite capables de convertir en plans et en dimensions exactes pour la construction.

C'est également l'intelligence que vous utilisez pour visualiser et voir vos objectifs dans votre esprit avant qu'ils n'émergent dans votre réalité. Il s'agit d'une intelligence et d'une capacité que vous pouvez développer avec de la pratique.

L'INTELLIGENCE INTERPERSONNELLE

Votre sixième forme d'intelligence est interpersonnelle. Il s'agit de la forme d'intelligence la mieux rémunérée aux États-Unis. Il s'agit de la capacité à communiquer, négocier, influencer et persuader d'autres personnes. Elle se caractérise par un haut degré de sensibilité aux pensées, aux sentiments, aux motivations et aux désirs des autres. Une personne dotée d'une intelligence interpersonnelle élevée a la capacité d'interagir efficacement avec les gens pour faire avancer les choses.

Les managers, les chefs d'équipe et même les officiers militaires qui réussissent ont généralement une intelligence interpersonnelle développée à un degré très élevé. En conséquence, les gens veulent travailler et coopérer avec eux dans l'accomplissement des objectifs du groupe.

Les vendeurs les mieux payés sont ceux qui excellent à persuader les autres d'acheter leurs produits et services. Les hommes d'affaires, les consultants et les professionnels les plus efficaces font constamment preuve de cette intelligence. C'est la capacité unique la plus importante de l'homme politique qui réussit. C'est peut-être aussi votre domaine particulier de génie.

L'INTELLIGENCE INTRAPERSONNELLE

Votre septième forme d'intelligence est intrapersonnelle. Il s'agit de la capacité à être conscient de vous-même (qui vous êtes et qui vous n'êtes pas). Grâce à cette intelligence, vous savez exactement ce que vous voulez et ce que vous ne voulez pas. Vous êtes capable de vous fixer des objectifs et de faire des plans pour les atteindre. Les personnes ayant un niveau élevé d'intelligence intrapersonnelle sont douées pour l'introspection. Elles réfléchissent à ce qu'elles pensent et ressentent. Grâce à une meilleure compréhension d'elles-mêmes, elles sont plus efficaces dans leurs relations avec les autres.

Plus votre niveau de conscience de vous-même, acquis par la réflexion et l'introspection, est élevé, plus votre niveau de compréhension personnelle est élevé. Mieux vous vous comprenez et pourquoi vous pensez et ressentez comme vous le faites, plus grand sera votre niveau d'acceptation de vous-même. Plus vous vous acceptez comme une personne de valeur et digne d'intérêt, plus vous vous appréciez et vous respectez. Et plus vous vous appréciez, plus vous appréciez les autres et plus ils vous apprécient. L'intelligence intrapersonnelle est très importante pour une vie heureuse et réussie, et vous pouvez la développer avec de la pratique.

L'INTELLIGENCE ENTREPRENEURIALE

Votre huitième forme d'intelligence est entrepreneuriale. Il s'agit de la capacité à voir les opportunités du marché, puis à rassembler les différentes ressources pour produire des produits et des services qui peuvent être vendus avec un bénéfice. L'intelligence entrepreneuriale est l'une des formes d'intelligence les mieux rémunérées dans notre société actuelle, et constitue le fondement de toutes les entreprises prospères à croissance rapide.

La plupart des millionnaires et de nombreux milliardaires autodidactes ont commencé avec rien et ont gagné leur argent en appliquant leur intelligence entrepreneuriale aux opportunités de marché qui se présentaient à eux. Bill Gates a abandonné ses études à Harvard pour fonder Microsoft avec l'idée de développer des logiciels pour le marché émergent des ordinateurs personnels. Michael Dell a commencé à assembler des ordinateurs personnels dans son dortoir à l'université. Ils avaient un haut niveau d'intelligence entrepreneuriale. Vous en avez probablement aussi.

L'INTELLIGENCE INTUITIVE

Votre neuvième forme d'intelligence est intuitive. Il s'agit de la capacité à sentir le bien ou le mal d'une situation, à juger les gens rapidement et avec précision, et à trouver des idées et des intuitions indépendamment de votre logique ou de votre formation.

De nombreuses personnes sont de grands juges de caractère. Elles semblent en savoir énormément sur une personne en quelques secondes seulement après l'avoir rencontrée ou même après avoir entendu sa voix.

L'intuition des femmes est plus respectée que celle des hommes. Pourtant, lorsqu'on teste les hommes et les femmes et qu'on leur demande de répondre à des questions qui dépendent de leur intuition, les hommes et les femmes obtiennent les mêmes résultats. Pourquoi alors respectons-nous autant l'intuition des femmes ? C'est parce que les femmes elles-mêmes écoutent et font confiance à leur intuition plus que les hommes.

Heureusement, votre intelligence intuitive est innée et peut être développée avec l'usage. Plus vous écoutez votre intuition et lui faites confiance, plus elle devient aiguisée et précise. Au fur et à mesure que vous utiliserez votre intuition, vous recevrez des réponses plus nombreuses et plus précises de sa part. L'auteur Jane Ponder a déclaré que « les hommes et les femmes commencent à devenir grands lorsqu'ils commencent à écouter leur voix intérieure ».

L'INTELLIGENCE ABSTRAITE

Votre dixième forme d'intelligence est abstraite, ou intelligence conceptuelle. C'est le genre d'intelligence que possédait un Einstein qui pouvait se voir chevaucher un faisceau de lumière et qui, par conséquent, a pu formuler la théorie de la relativité, laquelle a complètement révolutionné le domaine de la physique.

Le scientifique F. A. Kekule a vu un grand serpent se recourber sur lui-même et saisir sa propre queue. Il y a vu un indice de la structure en anneau de la molécule de benzène, une découverte capitale pour notre siècle.

Souvent dans votre vie, vous aurez une idée ou une image soudaine qui combine plusieurs facteurs en une nouvelle synthèse. Cela peut s'avérer être une nouvelle idée commerciale, comme celle qu'a eue Ray Kroc lorsqu'il a observé les méthodes de production de masse pour la cuisson des hamburgers et des frites développées par les frères McDonald de San Bernardino. Grâce à cette intuition, il a créé la société McDonald's, qui compte 30 000 unités.

VOS INTELLIGENCES VOUS RENDENT UNIQUE
Votre combinaison d'intelligences fait de vous un génie potentiel, et vous rend également différent de toute autre personne. Pensez à vous de cette façon : imaginez que ces 10 intelligences sont comme les 10 chiffres de zéro à neuf. Si vous prenez n'importe quelle grande ville, vous constaterez qu'il y a des centaines de milliers de personnes avec des numéros de téléphone différents, même si tous leurs numéros de téléphone sont composés d'un indicatif régional plus sept chiffres.

Si vous vous attribuez un score de zéro à neuf dans chacune des 10 intelligences, vous obtiendrez un nombre à 10 chiffres qui décrit votre combinaison personnelle d'intelligences. Cette combinaison unique d'intelligences forme une sorte de numéro de téléphone intellectuel personnel. Votre numéro de code mental privé vous rend différent de toute autre personne. Comme l'ADN, la probabilité qu'une autre personne ait la même formule intellectuelle que vous est de plusieurs milliards contre un.

METTRE EN PRATIQUE VOTRE INCROYABLE ESPRIT

En développant et en exploitant votre combinaison unique d'intelligences, vous pouvez atteindre des niveaux de performance extraordinaires. Vous devez d'abord évaluer vos intelligences, puis vous noter dans chacune d'elles.

Ensuite, vous identifiez les domaines particuliers de l'intelligence que vous appréciez le plus, ceux que vous avez utilisés avec le plus de succès dans le passé. Enfin, vous regardez autour de vous et réfléchissez au type de travail que vous pourriez faire et qui vous permettrait d'utiliser votre combinaison spéciale d'intelligences au plus haut niveau.

Avant tout, vous devez développer un plus grand respect de vous-même et de votre potentiel cérébral. Le psychologue Abraham Maslow a estimé que pas plus de 2 % des adultes faisaient tout ce qui était possible pour eux sur la base de leurs talents particuliers. Vous devez donc développer un niveau plus élevé de foi et de confiance dans votre capacité à utiliser vos pouvoirs mentaux pour surmonter tout obstacle et atteindre tout objectif que vous pouvez vous fixer.

TROIS FAÇONS D'APPRENDRE

Vous avez trois façons d'apprendre : auditive, visuelle et kinesthésique. Vous pouvez apprendre en écoutant, en voyant, ou en ressentant et en bougeant. Chaque personne utilise les trois modalités pour apprendre, mais chaque personne a également ce que l'on appelle un style d'apprentissage préféré.

L'APPRENANT VISUEL

Les visuels aiment voir les choses clairement en face d'eux. Ils traitent les informations avec leurs yeux. Ils ont un sens aigu de la vue et aiment rencontrer personnellement leurs amis et leurs associés. Si vous leur donnez des informations verbales sur des résultats commerciaux, ils demanderont : « Avez-vous un document écrit à ce sujet ? »

Ce sont des lecteurs avides. Lorsque vous citez un livre ou un magazine, ils voudront en obtenir une copie papier pour la lire personnellement. Ils aiment prendre des photos, et préfèrent voir les choses plutôt que d'en parler. Les visuels représentent environ 50 % de la population.

L'APPRENANT AUDITIF

L'apprenant auditif aime écouter les autres, les programmes audios éducatifs, les livres audio, la musique, les conférences, les discours et les séminaires. Ils ont une conversation active et préfèrent qu'on leur explique les nouvelles idées et les nouveaux concepts. Si vous leur remettez un rapport écrit, ils y jetteront un coup d'œil et demanderont : « Qu'est-ce que ça dit ? »

Les auditifs disent des choses comme « Ça sonne bien », « J'entends ce que vous dites » ou « Ça ne sonne pas bien ».

Ils sont également sensibles à la musique et apprécient les équipements stéréo de haute qualité, les concerts, les CD et autres reproductions sonores. Les auditifs représentent environ 40 % de la population.

APPRENDRE PAR LA PRATIQUE

Le troisième style d'apprentissage préféré est kinesthésique, ou apprentissage par la pratique et le toucher. Les kinesthésiques ont du mal à rester assis. Ils veulent être actifs, essayer des choses, ignorant souvent les instructions écrites (visuelles) ou verbales (auditives).

Vous trouvez les kinesthésiques dans tout type de travail qui exige une dextérité manuelle, comme la menuiserie, la mécanique, la construction, et même la conduite de camions ou de voitures. Les athlètes sont également des kinesthésiques.

VOUS ÊTES VRAIMENT UNIQUE

Quelle est votre façon préférée d'apprendre et d'appréhender le monde ? Vous ne serez heureux et épanoui que lorsque ce que vous faites à l'extérieur sera en harmonie avec la personne unique et spéciale que vous êtes à l'intérieur.

Lorsque vous combinez vos intelligences dominantes avec votre méthode d'apprentissage préférée, vous pouvez créer une combinaison d'intelligence et de capacité qui vous permettra d'accomplir des choses extraordinaires dans votre vie.

DÉVERROUILLER LES VANNES DE VOTRE ESPRIT

Il existe deux méthodes puissantes que vous pouvez utiliser pour débloquer votre cerveau et générer plus d'idées pour atteindre vos objectifs. Ces méthodes sont appelées « mindstorming » et « brainstorming ». La première vous rendra riche personnellement, et la seconde vous fera réussir en vous permettant d'exploiter la matière grise d'autres personnes. Ces méthodes sont à l'origine de la création de nombreux millionnaires autodidactes. Vous pouvez les utiliser presque n'importe quand et n'importe où.

LE MINDSTORMING POUR TROUVER DES IDÉES

Le processus de « mindstorming » est souvent appelé « méthode des 20 idées ». Il est si puissant pour générer des idées que lorsque vous commencerez à l'utiliser, votre vie entière changera. Je l'ai enseigné à plusieurs dizaines de milliers de personnes dans le monde entier. Tous ceux qui l'utilisent constatent immédiatement de profondes améliorations dans chaque partie de leur vie à laquelle cette méthode est appliquée.

La méthode est simple, ce qui explique probablement pourquoi elle est si puissante. Tout ce dont vous avez besoin est une feuille de papier vierge. En haut de la page, écrivez votre problème ou objectif actuel sous la forme d'une question.

Disons que votre objectif est de doubler vos revenus au cours des deux prochaines années. Faites en sorte que la question sur cet objectif soit aussi spécifique que possible. Plus la question est spécifique, plus votre esprit peut se concentrer dessus et meilleure sera la qualité des réponses que vous générerez avec cet exercice.

Ainsi, au lieu d'écrire « Comment puis-je gagner plus d'argent ? », vous écrirez plutôt « Que puis-je faire pour doubler mes revenus au cours des 24 prochains mois ? » N'oubliez pas, vous notez cette question en haut de la page.

TROUVEZ 20 RÉPONSES

Vous vous obligez ensuite à trouver au moins 20 réponses différentes à cette question. Forcez-vous à écrire 20 choses différentes que vous pourriez faire et qui vous aideraient à doubler vos revenus. Vous pouvez rédiger plus de 20 réponses, mais vous devez en rédiger un minimum de 20.

Vos premières réponses seront probablement simples et évidentes. Vous pourriez écrire « travailler plus dur », « travailler plus longtemps », « parfaire mon éducation », « améliorer mes compétences dans des domaines spécifiques », etc. Elles seront faciles. Les 5 à 10 réponses suivantes seront plus difficiles. Les 10 dernières réponses seront atrocement difficiles, comme extraire de l'eau d'une pierre.

Mais pour tirer le meilleur parti de cet exercice, vous devez vous forcer à continuer à écrire jusqu'à ce que vous ayez répondu à la question de 20 façons différentes. Vous pouvez jouer avec ces réponses si vous le souhaitez. Par exemple, vous pouvez écrire l'exact opposé d'une de vos réponses précédentes. Vous pouvez également donner des réponses ridicules.

SORTEZ DES SENTIERS BATTUS

Par exemple, vous pouvez écrire « travailler plus dur dans mon emploi actuel ». Votre prochaine réponse pourrait être : « travailler moins à mon poste actuel ». Ou, « travailler plus dur dans un autre poste ». Ou cela peut être de créer votre propre emploi. Ou encore d'obtenir un second emploi rémunérateur, ou de travailler à temps partiel dans un autre domaine.

Si votre revenu dépend de la vente et que votre succès dans la vente dépend de la prospection, votre réponse pourrait être de doubler le nombre de prospects qualifiés que vous voyez chaque semaine. Ou cela pourrait être de voir des prospects à plus fort potentiel qui ont la capacité d'acheter deux fois plus de votre produit. Ou cela pourrait être de vendre un produit différent avec une commission plus élevée par vente.

Dans tous les cas, les réponses potentielles ne sont limitées que par votre imagination, et votre capacité à trouver des idées pour vous aider est, à toutes fins utiles, infinie.

L'IMPORTANCE DE L'ACTION

Une fois que vous avez répondu à votre question avec au moins 20 réponses, passez en revue vos réponses et sélectionnez au moins une réponse sur laquelle vous allez agir immédiatement. Cette étape est très importante ! C'est votre action, quelle qu'elle soit, qui maintient le torrent d'idées qui coule dans votre esprit. Au fur et à mesure que mettez en pratique une idée, une autre idée pour une autre action vous viendra.

Voici un exercice que vous pouvez utiliser pour doubler et tripler l'impact de la méthode des 20 idées. Une fois que vous avez rédigé au moins 20 idées et sélectionné celle que vous allez mettre en œuvre immédiatement, vous pouvez alors appliquer la méthode des 20 idées à cette nouvelle idée, en générant 20 façons différentes de mettre cette idée en pratique.

PREMIÈRE CHOSE LE MATIN

Si vous trouvez 20 façons d'atteindre votre objectif principal le matin avant de partir, vous vous surprendrez à penser de façon créative toute la journée. Votre esprit sera plus vif et plus alerte. Vous verrez des solutions aux problèmes et aux obstacles aussi vite qu'ils se présentent. Vous activerez la loi de l'attraction et commencerez à attirer dans votre vie les personnes et les ressources qui peuvent vous aider à atteindre votre objectif.

Si vous pratiquez cet exercice chaque jour pendant cinq jours, vous trouverez 100 nouvelles idées pour vous aider à atteindre vos objectifs au cours de la semaine suivante. Si vous sélectionnez ensuite une idée par jour, vous lancerez cinq idées par semaine. C'est plus d'idées que la personne moyenne n'en trouve en un mois, ou même en un an.

Si vous trouvez 20 idées par jour, 5 jours par semaine, 50 semaines par an, vous obtiendrez un total stupéfiant de 5000 nouvelles idées pour améliorer votre vie et votre travail chaque année. Si vous ne mettez en œuvre qu'une seule nouvelle idée par jour, 5 jours par semaine, 50 semaines par an, vous utiliserez 250 idées par an pour vous aider à résoudre vos problèmes et à atteindre vos objectifs.

L'individu moyen vit avec très peu de créativité. Il est généralement victime de la psychosclérose et de l'homéostasie, se contentant de continuer à faire à l'avenir les mêmes choses qu'il a faites dans le passé, que cela fonctionne ou non. Si vous pratiquez le mindstorming de façon régulière, vous aurez bientôt tellement de bonnes idées qu'il n'y aura pas assez d'heures dans la journée pour les réaliser.

Plus de personnes sont devenues riches en utilisant cette méthode des 20 idées que toute autre méthode de pensée créative jamais découverte. Pour que cette méthode fonctionne, il suffit de la pratiquer régulièrement dans votre propre vie. Tout ce dont vous avez besoin est votre volonté d'utiliser régulièrement le brainstorming, puis d'essayer les idées que vous trouvez jusqu'à ce que ce processus devienne une partie normale de votre vie.

LE BRAINSTORMING AVEC LES AUTRES

Le mindstorming est un exercice que vous pouvez faire tout seul. Le brainstorming est un exercice que vous faites avec d'autres personnes. Le brainstorming est une forme de mindstorming effectué en groupe, mais il a des règles légèrement différentes.

Le brainstorming a été développé à l'origine par le publicitaire Alex Osborn, et a été décrit pour la première fois dans son livre de 1946, *Applied Imagination*. Il a depuis proliféré et est utilisé dans le monde entier, dans tout type d'organisation et de situation, pour générer des idées pour diverses raisons. C'est un processus très simple à apprendre et à utiliser.

LES SIX ÉTAPES DU BRAINSTORMING

Formez le groupe. Le nombre idéal de personnes dans une session de brainstorming est de quatre à sept. En dessous de quatre, vous n'avez pas assez d'esprits pour trouver une variété assez grande de solutions différentes au problème. Avec plus de sept personnes, le groupe devient trop important pour que les participants aient suffisamment l'occasion de participer.

Deuxième étape : Ne permettez pas la critique ou le ridicule. L'élément essentiel du brainstorming est qu'aucune évaluation des idées n'a lieu pendant la séance de brainstorming. L'objectif de la séance de brainstorming est de trouver la plus grande quantité d'idées possible en un court laps de temps.

Rien ne tue plus rapidement une séance de brainstorming que la tendance des gens à critiquer les idées au fur et à mesure qu'elles sont exprimées. Dès que les idées d'une personne sont critiquées, la séance de brainstorming s'arrête. Personne ne veut être critiqué. Personne ne veut être humilié ou ridiculisé devant les autres. C'est pourquoi vous devez vous concentrer sur la quantité d'idées et laisser l'évaluation de celles-ci à un autre moment, ou à d'autres personnes.

Troisième étape : Fixez une limite de temps spécifique. La durée idéale des séances de brainstorming varie de 15 à 45 minutes. L'une des tâches des managers et des chefs d'équipe consiste à faire s'asseoir régulièrement leurs collaborateurs pour qu'ils réfléchissent à certains problèmes. Réunissez tout le monde et annoncez que vous allez faire un brainstorming sur un objectif ou une situation particulière pendant 15 minutes, puis que tout le monde va se remettre au travail. Vous serez étonné des résultats.

Quatrième étape : Choisissez un leader pour le groupe. Le travail du leader est d'encourager chacun à contribuer autant que possible. L'une des meilleures façons de diriger une séance de brainstorming est de faire le tour de la table et d'encourager chaque personne à apporter une idée, un peu comme lorsque vous jouez aux cartes, où vous encouragez chaque personne à miser ou à passer. Une fois que vous aurez fait le tour de la table quelques fois, les gens commenceront à donner des idées à un rythme rapide.

Cinquième étape : Choisissez une personne pour noter les idées. Une fonction clé dans une session de brainstorming est celle du rapporteur. Il s'agit de la personne qui note les idées au fur et à mesure qu'elles sont exprimées.

Sixième étape : Soyez ponctuel. Commencez et arrêtez la séance de brainstorming exactement à l'heure, quel que soit son déroulement. À la fin, vous rassemblez toutes les idées et les emportez pour les évaluer ultérieurement.

IDÉES SUR DES FICHES

Dans un autre type de séance de brainstorming impliquant des dizaines de personnes, on divise le groupe et on distribue des fiches à chaque sous-groupe. Chacun des petits groupes est chargé de noter des idées en réponse à la question ou au problème. Ensuite, les fiches contenant les idées sont rassemblées. Elles sont ensuite mélangées et distribuées à nouveau aux sous-groupes, complètement mélangées.

Dans la deuxième phase de l'exercice, chaque sous-groupe est invité à prendre les idées figurant sur les fiches qu'il a reçues et à les évaluer, en les notant en fonction de leur valeur avant de faire un rapport à l'ensemble du groupe.

Dans une séance avec 20 ou 30 personnes, deux ou trois cents idées seront proposées en 30 minutes. Lorsque ces idées sont rassemblées, distribuées, évaluées et rapportées à l'ensemble du groupe, les résultats sont absolument étonnants ! J'ai travaillé avec des entreprises qui ont trouvé tellement de solutions à des problèmes qui les avaient laissées perplexes qu'elles n'avaient pas assez d'heures dans la journée, ou assez de personnes, pour mettre en œuvre plus d'un petit nombre d'entre elles.

L'ÉQUIPE LOCALE

Si vous entretenez une bonne relation avec une autre personne, vous pouvez former à deux une excellente équipe de brainstorming permanent. Un mari et une femme, ou deux personnes, peuvent générer ensemble un flux continu d'idées, tant qu'ils ne tentent pas d'évaluer ou de critiquer les idées au moment même où ils les expriment.

LES IDÉES VOUS DYNAMISENT

Il y a deux éléments pour débloquer votre potentiel mental et exploiter le génie qui sommeille en vous. Le premier consiste à accepter que vous êtes extrêmement intelligent à votre manière. Le second consiste à utiliser les méthodes et techniques décrites dans ce chapitre jusqu'à ce qu'elles deviennent une seconde nature pour vous. Comme un muscle qui grandit et se renforce à l'usage, vos muscles mentaux se développent et se renforcent chaque fois que vous pratiquez l'un de ces exercices.

Il y a quelque chose d'excitant et d'édifiant à trouver des idées qui vous aident à atteindre vos objectifs. Plus vous trouvez d'idées, plus vous avez d'énergie et d'enthousiasme. Plus vous avez d'énergie et d'enthousiasme, plus vous êtes convaincu que vous pouvez atteindre n'importe quel objectif que vous vous fixez. Plus vous trouvez d'idées, plus vous changez rapidement votre façon de penser sur ce qui est réellement possible pour vous. Vous finirez par atteindre le point de votre propre pensée où vous serez inarrêtable.

* * *

EXERCICES PRATIQUES

1. Définissez votre objectif ou votre problème le plus important sous la forme d'une question et écrivez-la en haut d'une page. Ensuite, donnez au moins 20 réponses à votre question.
2. Dressez une liste de vos problèmes ou obstacles les plus urgents pour atteindre vos objectifs. Quelle est la solution la plus simple et la plus directe à chacun d'eux ?
3. Pensez à votre objectif le plus important et posez-vous la question suivante : « Pourquoi n'ai-je pas déjà atteint cet objectif ? »
4. Identifiez les contraintes ou les facteurs limitants qui déterminent la vitesse à laquelle vous augmentez vos revenus. Que pouvez-vous faire dès maintenant pour alléger ces contraintes ?

5. Quelles sont les intelligences pour lesquelles vous semblez être meilleur que les autres ? Comment pourriez-vous organiser votre vie et votre travail afin de capitaliser davantage sur ces intelligences ?
6. Dans quelles activités étiez-vous doué par le passé ? Quelles activités vous donnent le plus grand sentiment d'importance ?
7. Quelles parties de votre travail vous apportent le meilleur retour sur énergie ? Comment pourriez-vous structurer votre travail et votre vie de manière à passer plus de temps dans ces domaines ?

CHAPITRE 10

OPTIMISEZ VOTRE RÉFLEXION

Chaque problème cache en son sein une opportunité si puissante qu'elle éclipse littéralement le problème. Les plus grandes réussites ont été créées par des personnes qui ont reconnu un problème et l'ont transformé en opportunité.

—JOSEPH SUGARMAN

La façon dont vous vous voyez, ainsi que votre vie détermine presque tout ce qui vous arrive. Votre responsabilité première est de prendre le contrôle total de votre réflexion et de garder vos paroles et vos pensées clairement axées sur les choses que vous voulez vraiment. Simultanément, vous devez refuser de penser aux choses que vous ne voulez pas. Cette formule simple est la véritable clé de la santé, du bonheur et de la prospérité personnelle.

Ce chapitre porte sur la « pensée des possibilités ». Il s'agit du processus consistant à considérer tout ce qui se passe autour de vous en termes de possibilités et d'opportunités plutôt que comme des difficultés ou des problèmes. Votre objectif est de faire de cette façon de penser une habitude et, comme toutes les habitudes, elle s'apprend. Vous pouvez la développer en la répétant constamment. Finalement, vous deviendrez une personne complètement positive et constructive dans tout ce que vous faites.

ATTITUDE MENTALE POSITIVE

Une attitude mentale positive est étroitement associée au succès dans tous les domaines de la vie. Le genre de personnes que nous aimons le plus et avec lesquelles nous voulons nous associer ont tendance à être des personnes qui sont généralement joyeuses et optimistes quant à leur travail et leur vie personnelle. Personne ne veut passer du temps avec une personne négative, pessimiste et qui se plaint.

Malheureusement, il est facile de prendre l'habitude de critiquer et de se plaindre. Nous sommes continuellement bombardés d'informations négatives, à la radio, à la télévision, dans les journaux et les magazines et dans nos interactions quotidiennes avec les autres. Il n'est peut-être pas facile de s'élever au-dessus du flot de négativité qui vous submerge, mais il est absolument essentiel de le faire si vous voulez garder le moral et l'esprit clair et positif.

RÉAGISSEZ DE MANIÈRE CONSTRUCTIVE AU STRESS

Une attitude mentale positive peut être définie comme une réaction constructive au stress. Cela ne signifie pas que, quoi qu'il arrive, vous êtes tout le temps heureux et joyeux. Avoir une attitude mentale positive exige plutôt que vous fassiez face aux problèmes inévitables de votre vie quotidienne d'une manière plus efficace que la moyenne des gens.

Le stress est inévitable. Les problèmes sont sans fin. Les échecs et les déceptions arrivent à tout le monde, tout le temps. La seule chose sur laquelle vous avez un quelconque contrôle est la façon dont vous réagissez à ces événements stressants. Si vous réagissez de manière positive et constructive, vous conserverez une attitude généralement positive. Lorsque votre esprit est calme et clair, vous serez plus créatif et plus alerte. Vous serez plus susceptible de voir d'autres façons de résoudre vos problèmes et de continuer à avancer vers la réalisation de vos objectifs.

Lorsque vous réagissez de manière négative ou colérique à un problème ou à une difficulté, vous déclenchez une série de réactions nerveuses qui éteignent les parties les plus créatives de votre cerveau. Au lieu d'adopter un mode de pensée de « réaction et réponse », vous développez une mentalité de « combat ou fuite ».

LES CINQ ÉTAPES VERS LE POUVOIR PERSONNEL

Il existe un processus de pouvoir en cinq étapes que vous pouvez utiliser pour rester positif et atteindre vos objectifs plus rapidement. Ce processus en cinq étapes rassemble plusieurs des meilleures techniques jamais découvertes pour un changement d'esprit permanent. Il contient et illustre tous les principes clés que vous devez connaître pour devenir un « penseur de possibilités » positif et hautement efficace dans votre propre vie.

Les cinq étapes sont : premièrement, idéaliser, deuxièmement, verbaliser, troisièmement, visualiser, quatrièmement, susciter des émotions et cinquièmement, réaliser. Laissez-moi vous expliquer comment elles fonctionnent un par un, puis, ensemble.

IMAGINEZ VOTRE AVENIR PARFAIT

Le plus grand obstacle à la création d'une vie merveilleuse est peut-être les « croyances autolimitantes ». Tout le monde en a, et certaines personnes en ont tellement qu'elles sont presque paralysées lorsqu'il s'agit de passer à l'action.

Une croyance autolimitante est l'idée que vous êtes limité d'une certaine manière, en termes de temps, de talent, d'intelligence, d'argent, de capacité ou d'opportunité. En raison de ces croyances, dont la plupart sont probablement fausses, vous vous empêchez de prendre les mesures nécessaires pour créer le genre de vie que vous désirez vraiment.

La façon de vous libérer de ces freins négatifs à votre potentiel est de changer votre façon de penser à propos de qui vous êtes et de ce qui est vraiment possible pour vous. Vous mettez de côté toute pensée limitante et commencez à idéaliser et à imaginer le genre de vie que vous voulez avoir dans une semaine, un mois, un an et cinq ans, comme si tout était possible.

Dans l'idéalisation, vous considérez chacun des domaines clés de votre vie et vous imaginez ce à quoi chacun ressemblerait si ce domaine de votre vie était exactement comme vous voudriez qu'il soit, à tous les égards.

MONTREZ-MOI L'ARGENT

Commencez par vos revenus. Combien voulez-vous gagner dans un, deux, trois et cinq ans ? Regardez autour de vous et demandez : « Qui d'autre gagne l'argent que je veux gagner, et qu'est-ce qu'ils font différemment de moi ? » Si vous ne savez pas ou si vous n'êtes pas sûr, allez leur demander. Faites vos devoirs.

Quelles connaissances, compétences et aptitudes devriez-vous avoir pour pouvoir gagner cette somme ? Quel type de travail feriez-vous, ou pourriez-vous faire, pour atteindre ce type de revenu ? Quel poste occuperez-vous dans votre entreprise ? À quel niveau devrez-vous être dans votre domaine ou votre profession ? Si vous êtes dans la vente, combien devrez-vous vendre, et à qui ?

CONCEVEZ VOTRE VIE PARFAITE

Imaginez votre style de vie parfait. Si vous n'aviez aucune limite, comment aimeriez-vous vivre au quotidien ? Si vous étiez financièrement indépendant, dans quel type de maison aimeriez-vous vivre ? Quel type de voiture voudriez-vous conduire ? Quel genre de vie voudriez-vous offrir à votre famille ? Quel genre d'activités aimeriez-vous pratiquer au cours de la semaine, du mois et de l'année ?

Combien de temps voudriez-vous être en vacances, et où voudriez-vous aller ? Qu'aimeriez-vous faire ? Quel genre d'activités aimez-vous le plus ? Si vous étiez obligé de prendre un mois de congé et que vous aviez tout l'argent nécessaire, comment passeriez-vous ce temps ?

PLANIFICATION FAMILIALE

Impliquez votre famille dans la conception de votre style de vie idéal. Faites-en un élément permanent de vos relations. Plus les gens ont l'occasion de discuter d'un plan d'action, plus ils s'engageront dans ce qui sera finalement décidé.

Il y a quelque temps, un de mes bons amis s'est assis avec sa femme et ses enfants pour discuter du fait qu'il travaillait trop et ne passait pas assez de temps avec la famille. Ils ont imaginé comment ils passeraient leur temps en famille s'ils n'avaient aucune limite. Chacun a apporté ses idées, y compris les jeunes enfants.

À la suite de cet exercice, ils ont pris certaines décisions concernant le temps et le mode de vie. Ils ont décidé de quitter la ville pour s'installer à la campagne, dans une maison plus grande avec un plus grand jardin. Il a réorganisé sa semaine de travail de façon à travailler quatre jours par semaine en ville, à raison de 10 à 12 heures par jour, puis à ne travailler que trois ou quatre heures un jour dans son bureau à la maison, à la campagne. Il a fini par passer beaucoup plus de temps avec sa famille et par tirer beaucoup plus de satisfaction de la vie. Le plus beau, c'est que tant ses résultats que ses revenus ont réellement augmenté avec ce nouveau plan.

TRANSFORMEZ VOTRE IDÉAL EN RÉALITÉ

Lorsque vous vous asseyez et concevez votre style de vie idéal, vous pouvez ensuite le comparer à ce que vous faites aujourd'hui et noter les différences. Vous pouvez alors commencer à réfléchir à la manière dont vous pourriez rapprocher votre mode de vie réel ou actuel de votre idéal.

Lorsque vous idéalisez votre revenu et votre style de vie, vous développez une vision pour votre vie. Vous commencez à mettre en pratique une qualité clé du leadership personnel. Vous commencez à vous projeter dans l'avenir et à faire des plans pour transformer vos rêves futurs en une réalité actuelle.

SANTÉ ET FORME PHYSIQUE

Vous devriez également idéaliser votre santé. Imaginez que votre santé soit parfaite en tous points. En quoi seriez-vous différent d'aujourd'hui ? Combien voulez-vous peser exactement, et quel niveau de forme physique voulez-vous avoir ? Comment cela se compare-t-il à votre situation actuelle ? Quelles étapes devrez-vous franchir et quels changements devrez-vous apporter à vos habitudes en termes de santé afin de devenir la personne idéale que vous souhaitez être personnellement ? Cette description devient alors votre vision idéale du futur pour vous-même.

LA PERSONNE QUE VOUS DEVENEZ

Créez une version de vous future idéale en termes de développement personnel et professionnel. Quel genre de personne voulez-vous être à l'avenir ? Quelles connaissances et compétences supplémentaires souhaitez-vous acquérir ? Dans quels domaines aimeriez-vous devenir absolument excellent ? Quels sujets aimeriez-vous maîtriser ? Que devez-vous apprendre pour vous hisser au sommet de votre domaine ? Quel est votre plan de croissance pour passer de là où vous êtes à là où vous voulez aller ?

VOTRE DÉCLARATION DE MISSION

Lorsque vous effectuez une planification stratégique personnelle pour vous-même, vous commencez toujours par une déclaration de mission. Il s'agit d'une définition claire de ce que vous voulez exactement être et accomplir à une date future. Pour élaborer votre déclaration de mission, vous vous projetez dans l'avenir et imaginez que vous avez réussi à atteindre tous vos objectifs dans un domaine particulier. Vous décrivez ensuite votre vie et vos activités dans ce domaine exactement comme si elles étaient déjà réelles aujourd'hui.

Par exemple, votre déclaration de mission personnelle pourrait être quelque chose comme : « Je suis une personne heureuse, saine et positive qui fait un excellent travail, est extrêmement bien payée, est très respectée par ses clients et ses collègues, et est profondément aimée par sa famille. »

Ce type de déclaration de mission peut ensuite servir de plan d'organisation pour votre vie. Vous pouvez l'utiliser pour prendre des décisions en comparant ce que vous êtes sur le point de faire pour voir si cela est cohérent avec votre mission. Si ce n'est pas cohérent avec votre mission, ou avec l'image idéale de la meilleure personne que vous puissiez être, vous ne le ferez pas.

UN REPÈRE POUR LA PRISE DE DÉCISION

Il n'y a pas longtemps, j'ai dirigé une séance de planification stratégique pour une grande entreprise. Les cadres avaient plus de 250 projets potentiels sur leur planche à dessin. Après que nous ayons défini les valeurs, la vision et la mission idéale de l'entreprise, ils ont pu immédiatement écarter plus de 200 de ces projets potentiels. Il était clair pour tous les participants à la réunion que ces projets ne correspondaient pas à ce qu'ils étaient en tant qu'entreprise et à ce qu'ils voulaient être à l'avenir. Cela peut également fonctionner pour vous.

L'un de vos problèmes aujourd'hui est que vous êtes submergé par trop de choses à faire et trop peu de temps. Vous avez trop de choses auxquelles vous devez penser. Vous êtes submergé par trop de problèmes, de possibilités et d'opportunités. Lorsque vous idéaliserez et verrez clairement ce à quoi ressemblerait votre vie parfaite dans le futur, vous commencerez immédiatement à faire de meilleurs choix dans vos activités quotidiennes. Vous commencerez immédiatement à éliminer les activités qui ne sont pas compatibles avec l'endroit où vous voulez vraiment aboutir.

UNE CLÉ DU BONHEUR

Une définition claire de votre idéal, dans n'importe quel domaine de votre vie qui est important pour vous, est le point de départ pour prendre de meilleures décisions dans le présent qui mèneront à plus de succès et de bonheur dans le futur. À mesure que vous vous sentirez progresser vers la réalisation d'un idéal valable, vous vous sentirez plus heureux et plus confiant. Plus vous progresserez vers un objectif clair ou un ensemble de conditions idéales, plus vous aurez d'énergie et d'enthousiasme.

LA DÉFINITION DE L'INTELLIGENCE

Il y a quelques années, l'organisation Gallup a interrogé 1 500 hommes et femmes ayant très bien réussi, à la recherche de certains des dénominateurs communs de la réussite. Mais lorsqu'ils leur ont demandé de définir le terme « intelligence », ils ont obtenu une réponse inattendue.

Les personnes les plus performantes de l'enquête définissaient l'intelligence non pas tant comme un QI ou de bonnes notes à l'école, mais plutôt comme une façon d'agir. Le comportement intelligent était défini comme le fait de ne faire que les choses qui les faisaient avancer vers leurs objectifs. Ils ont défini l'intelligence comme la capacité à éliminer systématiquement les activités chronophages qui ne les aidaient pas à atteindre leurs objectifs ou, pire encore, qui les éloignaient de leurs objectifs.

SOYEZ INTELLIGENT

Chaque fois que vous faites quelque chose qui vous fait avancer dans la direction de vos propres objectifs et idéaux autoproclamés, vous agissez intelligemment. Ceci est vrai indépendamment de votre éducation ou de votre QI. C'est pourquoi il existe de nombreuses personnes d'intelligence moyenne ou qui ont mal réussi à l'école qui accomplissent bien plus que les personnes ayant des diplômes universitaires. Ces personnes très performantes consacrent de plus en plus de temps et d'énergie à des activités visant à atteindre uniquement les objectifs qui sont les plus importants pour elles.

METTEZ DES MOTS SUR CELA

La deuxième partie de ce processus en cinq étapes consiste pour vous à verbaliser clairement la personne que vous voulez être, les choses que vous voulez faire et les objectifs que vous voulez atteindre. Vous verbalisez avec des affirmations positives.

Parce que vous pouvez complètement reprogrammer votre subconscient avec les affirmations, en les utilisant de manière répétée, vous constaterez que votre potentiel est illimité.

La loi de l'activité subconsciente dit que tout ce que vous vous répétez sans cesse dans votre esprit conscient finira par être accepté par votre esprit subconscient. Une fois que votre esprit subconscient accepte vos pensées conscientes comme des ordres, il les transmet à votre esprit superconscient, qui travaille alors 24 heures sur 24 pour faire entrer ces objectifs dans votre vie.

Avec les affirmations positives, vous pouvez prendre le contrôle total du contenu de votre esprit conscient et subconscient. Vous pouvez activer tous vos pouvoirs mentaux. Vous pouvez puiser dans un grand esprit universel qui peut vous aider à avancer plus rapidement vers vos objectifs de revenus plus élevés, d'une meilleure santé et de meilleures relations, et d'un plus grand succès dans votre domaine.

LES TROIS P DE LA PROGRAMMATION POSITIVE

Une affirmation positive est formulée selon les « trois P ». Cela signifie que pour une efficacité maximale, une affirmation doit être personnelle, positive et énoncée au présent.

Votre subconscient est comme un ordinateur spécial. On ne peut y accéder et l'activer qu'avec des mots et des commandes qui sont présentés dans un langage spécifique. Il n'accepte que les ordres positifs formulés au présent, comme si l'objectif était déjà atteint. Il ne connaît pas le passé ou le futur.

Mon affirmation préférée est, « Je m'aime ! » répétée encore et encore dans un esprit de confiance totale. Lorsque vous répétez « Je m'aime ! » plusieurs fois par jour, vous envoyez ce message profondément dans votre subconscient. Plus vous vous appréciez, plus votre estime personnelle sera élevée. Plus votre estime personnelle sera élevée, plus vous serez performant dans tous les domaines de votre vie. Plus vous vous aimerez, mieux vous agirez, et mieux vous agirez, plus vous vous aimerez.

DEVENEZ VOTRE PROPRE SUPPORTER
Pour améliorer vos performances dans votre travail, ou dans tout autre domaine nécessitant des compétences ou des capacités, répétez continuellement les mots, « Je suis le meilleur, je suis le meilleur, je suis le meilleur ! » En vous parlant à vous-même comme si vous étiez déjà la personne que vous voulez être un jour dans le futur, vous devenez votre propre supporter. Vous vous surprendrez alors à faire de mieux en mieux tout ce que vous tentez.

Une autre affirmation puissante que vous pouvez répéter chaque matin avant de vous mettre en route est « J'aime mon travail ! » Parfois, lorsque vous vous réveillez le matin, vous ne vous sentez pas particulièrement excité par la journée à venir. Mais vous pouvez prendre le contrôle de votre esprit et de vos émotions en répétant « J'aime mon travail ! » jusqu'à ce que cela vous semble vrai.

Mieux encore, vous pouvez commencer chaque journée par les mots suivants : « Je m'aime et j'aime mon travail ! ». Cette affirmation, répétée avec enthousiasme plusieurs fois chaque matin, vous revigorera et vous donnera envie de vous rendre à votre travail.

CONTRÔLEZ VOTRE DISCOURS INTÉRIEUR

Au moins 95 % de vos émotions sont déterminées par la façon dont vous vous parlez à vous-même. Dans son livre *La Force de l'optimisme*, le Dr Martin Seligman affirme que votre « style explicatif » est le facteur critique pour déterminer si vous êtes une personne positive ou négative.

Votre style explicatif se définit comme la façon dont vous vous expliquez les choses Si vous vous expliquez ou interprétez les choses de manière positive, vous serez positif. Si vous les expliquez de manière négative, vous serez négatif. Ce que Seligman a conclu, c'est que les personnes optimistes, lorsque quelque chose va mal, s'expliquent toujours l'événement ou l'expérience comme s'il s'agissait d'une situation temporaire et spécifique, plutôt que d'une condition générale et à long terme.

Imaginez que vous passez un appel commercial et que le prospect n'est pas intéressé par ce que vous vendez. Cela n'a pas marché. C'était une perte de temps. Si vous êtes une personne positive, vous direz quelque chose comme : « Eh bien, ce n'est qu'un appel commercial ». Cela le rend temporaire. Vous direz : « Le client passe probablement une mauvaise journée ». Cela le rend spécifique. Vous dites ensuite : « Je ferai mieux lors du prochain appel ». Cela vous concentre sur l'avenir. Lorsque vous écartez les revers temporaires de cette manière, vous gardez un esprit positif. Vous restez confiant et optimiste.

NE PRENEZ PAS LES CHOSES PERSONNELLEMENT

Lorsque les personnes négatives connaissent des problèmes, des revers ou des difficultés, elles les interprètent différemment des personnes confiantes et optimistes. Lorsqu'elles échouent temporairement, ce qui est inévitable, elles l'interprètent immédiatement comme une indication personnelle sur leurs faiblesses. Si l'appel commercial n'est pas fructueux, elles disent : « Je dois être un horrible vendeur. Le produit n'est pas bon. Les clients ne sont pas intéressés par ce que nous avons à vendre. Je ne réussirai jamais dans ce domaine. »

En d'autres termes, elles généralisent et dramatisent à l'excès un petit échec au lieu de le considérer comme un revers temporaire et de passer à l'appel suivant. Elles interprètent l'expérience de manière négative. Cela a ensuite un effet négatif sur leur image d'elles-mêmes : « Je ne suis pas bon. » Leurs performances au travail diminuent et elles font encore moins bien la fois suivante.

La bonne nouvelle, cependant, est que la façon dont vous interprétez un événement est sous votre contrôle. C'est une question de choix. Vous déterminez comment vous allez vous sentir et réagir par la façon dont vous choisissez d'expliquer une situation à vous-même. Choisissez d'y mettre une tournure positive, quelle qu'elle soit. Vous êtes aux commandes.

FAITES SIMPLE

Lorsque vous verbalisez vos objectifs sous forme d'affirmations positives, vous devez utiliser des mots que votre subconscient peut facilement comprendre pour se mettre au travail. Faites en sorte que vos affirmations soient simples et pratiques. Par exemple, « Je m'aime » est personnel. « Je suis le meilleur » est personnel et positif. Et « J'aime mon travail » est personnel, positif et au présent.

Ce sont les types d'affirmations qui sont immédiatement acceptées par votre subconscient comme des ordres. Elles ont un impact immédiat sur ce que vous pensez et ressentez à votre égard. Elles renforcent instantanément votre estime personnelle et votre confiance en vous. Pour rester optimiste, vous devez continuellement vous parler en termes de ce que vous voulez être plutôt que de ce que les choses sont en ce moment.

En programmation neurolinguistique, la façon dont vous vous parlez à vous-même de ce qui vous arrive s'appelle votre « style d'interprétation ». La façon dont vous interprétez les choses est un élément clé de la modification de votre façon de penser. La question est toujours de savoir si vous interprétez les choses qui se passent autour de vous de manière positive ou négative. Rappelez-vous que l'optimiste voit le verre à moitié plein tandis que le pessimiste voit le verre à moitié vide. Choisissez d'être un optimiste.

DEVENEZ UN PARANOÏAQUE INVERSÉ

Le multimillionnaire W. Clement Stone a commencé à vendre des journaux dans les rues de Chicago à l'âge de 12 ans. Il a ensuite créé la Combined Insurance Company of America, et est décédé récemment à l'âge de 100 ans et valait plus de 800 millions de dollars. Il a été une grande source d'inspiration pour des milliers de personnes, et était célèbre pour son habitude d'être un « paranoïaque inversé ».

Un paranoïaque est une personne qui croit que les gens conspirent contre elle. Un paranoïaque inversé, en revanche, est une personne convaincue que le monde conspire à sa réussite. Un paranoïaque inversé insiste pour interpréter tout ce qui se passe comme faisant partie d'un grand plan menant au succès. W. Clement Stone avait l'habitude de répondre à chaque difficulté par une déclaration emphatique : « C'est bien ! » Puis il concentrait son attention sur la recherche de ce qui était bon dans la situation. Et il trouvait toujours quelque chose, même si ce n'était qu'une précieuse leçon.

Si vous changez la définition d'un problème en une situation, un défi ou une opportunité, votre réponse au problème sera positive et constructive, plutôt que négative et colérique. Si vous considérez chaque problème comme une opportunité potentielle, vous trouverez presque toujours dans le problème une opportunité ou un avantage dont vous pourrez tirer parti.

Norman Vincent Peale avait l'habitude de dire : « Lorsque Dieu veut vous envoyer un cadeau, il l'emballe dans un problème ». Plus le problème que vous rencontrez est important, plus le cadeau est grand — sous la forme de leçons, d'idées et d'aperçus précieux qu'il contient probablement. Le verre est-il à moitié plein ou à moitié vide ? C'est à vous de décider.

VOUS LE CROIREZ LORSQUE VOUS LE VERREZ

La troisième partie du processus en cinq parties visant à optimiser votre pensée est la visualisation. Vous savez déjà à quel point cela peut être puissant pour vous aider à atteindre vos objectifs. Ce n'est que lorsque vous apprendrez à utiliser la visualisation pour chaque objectif et chaque activité que vous tirerez vraiment parti de son incroyable pouvoir à vous apporter de bonnes choses.

Il se trouve que tout le monde visualise, tout le temps. La différence est que les personnes qui réussissent visualisent les choses qu'elles veulent, et que les personnes qui échouent visualisent les choses qu'elles ne veulent pas. Avant toute nouvelle expérience, une personne qui réussit prendra quelques instants pour se rappeler et revivre une expérience antérieure réussie dans ce domaine. Les personnes qui ne réussissent pas, en revanche, avant une nouvelle expérience, se rappelleront et revivront une expérience d'échec antérieure.

Dans chaque cas, les gens créent une prédisposition à la réussite ou à l'échec. Lorsqu'elles visualisent, elles envoient une commande à leur subconscient. Le subconscient coordonne alors leurs paroles et leurs actions dans la situation à venir afin qu'ils obtiennent des résultats conformes à cette image.

IMAGINEZ UN RÉSULTAT PARFAIT

En visualisant, vous projetez votre esprit et créez une image claire de votre objectif futur idéal. Vous imaginez à quoi il ressemblerait s'il était déjà atteint. Vous rendez votre image aussi vivante que possible. Vous répétez cette image mentale encore et encore, aussi souvent que possible dans la journée, et aussi longtemps que vous le pouvez.

Il existe une relation directe entre la clarté avec laquelle vous pouvez voir votre objectif ou votre performance à l'intérieur et la rapidité avec laquelle il apparaît dans votre réalité à l'extérieur. La visualisation est l'une des facultés les plus puissantes dont vous disposez pour devenir un penseur des possibilités, pour changer votre façon de penser à votre vie et à votre avenir. Grâce à la visualisation, vous pouvez transformer vos rêves actuels en réalités futures. Vous pouvez changer complètement votre façon de penser en modifiant vos images mentales.

PROGRAMMEZ VOTRE ESPRIT

Il existe trois techniques combinant verbalisation et visualisation que vous pouvez utiliser pour atteindre vos objectifs plus rapidement. Elles sont souvent appelées « techniques de programmation mentale ». Elles sont étonnamment efficaces pour vous préparer, vous et votre esprit, à un événement à venir.

La première de ces méthodes est ce que l'on appelle la technique de programmation rapide. Voici comment elle fonctionne. Avant tout événement d'importance non récurrent, comme un appel commercial, une réunion ou un entretien, vous prenez quelques instants pour vous préparer mentalement, comme un athlète s'échaufferait pour une compétition.

Tout d'abord, prenez quelques respirations profondes. Cela vous détend et fait passer votre esprit à l'état alpha. Dans cet état, votre subconscient devient très réceptif à toute commande entrante. Deuxièmement, vous visualisez le résultat idéal de la situation à venir. Vous imaginez qu'elle se déroule parfaitement pour vous à tous égards. Par exemple, si vous effectuez un appel commercial, visualisez le client qui vous répond de manière positive et réceptive. Surtout, visualisez le client signant le chèque ou le bon de commande à la fin de la conversation.

Un de mes bons amis a utilisé cette technique pendant de nombreuses années pour devenir l'une des personnes les mieux payées de son secteur. Il dit que c'est absolument incroyable le nombre de fois où la vente se déroule exactement comme il l'a visualisée avant de commencer. Essayez-la vous-même et voyez.

AFFIRMEZ ET VISUALISEZ

La troisième et dernière partie de la technique de programmation rapide consiste pour vous à verbaliser ou à créer une affirmation positive qui soit cohérente avec votre image mentale. Une affirmation simple serait : « Cet appel commercial se déroule extrêmement bien et se conclut de manière satisfaisante pour toutes les personnes impliquées ». Cette commande ordonne à votre subconscient de vous donner les mots, les ressentis, les comportements et le langage corporel cohérents avec la réalisation de votre objectif d'un appel commercial réussi.

Nous enseignons cette technique d'« affirmation rapide » aux candidats qui passent des entretiens d'embauche, aux orateurs qui donnent des conférences publiques, aux artistes et même aux politiciens. C'est une technique extraordinairement efficace, et elle ne prend que quelques secondes avant chaque événement.

ÉCRIVEZ ET REVOYEZ VOS OBJECTIFS

La deuxième méthode que vous pouvez utiliser pour apporter des changements internes rapides à votre pensée et à votre vie s'appelle la technique d'affirmation standard. Cette technique exige que vous écriviez vos principaux objectifs sous forme d'affirmations personnelles actuelles et positives sur des fiches de trois par cinq, un objectif par fiche. Vous pouvez travailler sur 10 à 15 objectifs à la fois grâce à cette méthode.

Emportez ces fiches avec vous. Au début de chaque journée, prenez quelques minutes seul pour revoir chaque objectif.

Prenez la première carte et lisez-la. La première fiche dit peut-être : « Je gagne 50 000 $ par an ». Lisez la fiche et laissez vos yeux se concentrer sur le message afin qu'il s'imprime dans votre subconscient. Ensuite, fermez les yeux, prenez une profonde respiration et répétez l'affirmation cinq fois. Pendant que vous affirmez, visualisez votre objectif comme étant déjà atteint. Voyez-le. Ressentez-le. Ensuite, ouvrez les yeux, détendez-vous, expirez profondément, et lisez la fiche suivante.

PRÉPAREZ LA JOURNÉE

Cet exercice complet, avec 10 à 15 objectifs, prend environ 10 minutes. Il programme votre subconscient à un niveau profond, et vous prépare à donner le meilleur de vous-même pour le reste de la journée.

Si vous pratiquez cet exercice chaque matin avant de commencer à travailler et chaque soir avant de vous coucher, vous serez absolument étonné de la rapidité avec laquelle vos objectifs vont commencer à se matérialiser.

Votre subconscient est la station d'envoi et de réception du pouvoir d'attraction dans votre vie. Plus vous nourrissez votre subconscient de mots et d'images correspondant à ce que vous voulez accomplir, plus vous magnétisez vos objectifs. Vous devenez un aimant vivant. Vous commencez à attirer dans votre vie des personnes, des opportunités, des idées et des ressources qui rendent possible l'atteinte de vos objectifs.

PRATIQUER LA RÉPÉTITION MENTALE

La troisième technique de programmation mentale que vous pouvez utiliser pour être plus performant et atteindre vos objectifs plus rapidement est souvent appelée répétition mentale. Elle est enseignée et utilisée à grande échelle dans les sports de toutes sortes. Le processus est à la fois simple et puissant.

Premièrement, vous vous asseyez ou vous allongez, complètement détendu, les yeux fermés, et vous respirez profondément jusqu'à ce que tout votre corps soit calme et tranquille.

Ensuite, vous visualisez clairement un événement à venir, ou un objectif que vous désirez. Vous vous autorisez à entrer dans l'expérience et à la voir clairement dans votre esprit. Vous vous imaginez en train de faire et de dire les choses que vous feriez si la situation à venir était parfaite.

L'un des meilleurs moments pour pratiquer la répétition mentale est juste avant d'aller dormir. En verbalisant et en visualisant vos objectifs ou activités idéaux pour la journée à venir juste avant de dormir, vous programmez votre subconscient à travailler sur ces objectifs toute la nuit. Ensuite, lorsque vous vous réveillez le matin, vous aurez souvent des informations et des idées que vous pourrez utiliser pour faire de ces objectifs une réalité. Il s'agit d'une technique étonnante et extrêmement efficace.

PRÉPROGRAMMATION POUR DES PERFORMANCES DE POINTE

Vous pouvez utiliser cette technique pour préprogrammer votre esprit pour diverses choses. Par exemple, disons que vous avez un problème qui vous inquiète. Juste avant de vous endormir, confiez ce problème à votre superconscient et demandez-lui une solution. Ensuite, oubliez-le et allez dormir. Très souvent, lorsque vous vous réveillerez le matin, la solution vous apparaîtra. Elle sera limpide et parfaite à tous égards.

Vous pouvez utiliser cette méthode de programmation mentale pour vous assurer que vous vous réveillez en vous sentant positif et énergique. Le processus est à la fois simple et efficace. Juste avant de vous endormir, dites-vous : « Quand je me réveille le matin, je me sens formidable ! » Répétez cette phrase plusieurs fois. Imaginez-vous vous lever le lendemain matin en vous sentant heureux et plein d'énergie. Surtout lorsque vous vous couchez tard et que vous devez être au meilleur de votre forme le lendemain, utilisez cette technique pour vous réveiller en pleine forme. Cela fonctionne à tous les coups.

RÉVEILLEZ-VOUS À UNE HEURE PRÉCISE

Vous pouvez utiliser la répétition mentale et la préprogrammation pour vous réveiller à l'heure souhaitée sans réveil. Peu importe où vous êtes, ou dans quel fuseau horaire, vous pouvez

« régler votre esprit » sur une certaine heure avant de vous endormir, et vous vous réveillerez exactement à cette minute.

Avant de vous endormir, vous dites : « Je me réveille demain matin à sept heures précises ». Vous pouvez alors vous endormir sans vous inquiéter. Le lendemain matin, votre rythme cardiaque s'accélérera progressivement, vous réveillant à l'heure prédéfinie. Vous serez incapable de vous rendormir. Vous pouvez même voyager sur de grandes distances et vous réveiller à l'heure prévue dans différents fuseaux horaires grâce à cette méthode.

RESSENTEZ LA RÉUSSITE

Le quatrième élément de la programmation mentale est la création d'émotions. Cela exige que vous créiez le sentiment qui accompagnerait l'accomplissement réussi de votre objectif. C'est la partie qui fait que l'idéalisation, la verbalisation et la visualisation fonctionnent vraiment pour vous. Vos émotions sont la source d'énergie, le carburant pour moteur qui vous pousse vers votre objectif.

Vous avez entendu dire que les humains sont à 10 % logiques et à 90 % émotionnels. Le fait est, cependant, que vous êtes initialement 100 % émotionnel. Vous décidez émotionnellement, puis vous justifiez logiquement. Tout ce que vous faites est régi et contrôlé par vos émotions, d'une certaine manière. La seule question qui se pose est la suivante : « Quelle émotion est aux commandes ? »

MAÎTRE OU ESCLAVE ?

De nombreuses personnes sont esclaves de leurs émotions. Ayant très peu de contrôle sur leurs sentiments, elles réagissent et répondent continuellement aux autres personnes et aux situations. Elles n'ont pas d'esprit propre.

L'une de vos principales responsabilités envers vous-même est de maîtriser vos émotions. Prenez en charge vos émotions positives plutôt que de vous laisser dominer par vos émotions négatives. En utilisant vos émotions de manière délibérée et ciblée, surtout en les gardant positives et concentrées sur ce que vous voulez, vous pouvez mettre une énorme puissance derrière vos visualisations, vos verbalisations et vos idéalisations.

IMAGINEZ VOTRE RÉSULTAT IDÉAL

Une façon de débloquer l'énergie et la puissance contenues dans votre nature émotionnelle est de vous ressentir ce que vous éprouveriez si vous aviez déjà atteint votre objectif. Visualisez-le dans votre esprit et créez en vous les émotions que vous éprouveriez si votre rêve se réalisait à la minute même.

Imaginez, par exemple, que votre objectif est de gagner une certaine somme d'argent. Projetez-vous mentalement dans le futur et voyez vous gagner cette somme d'argent. Voyez la plus grande maison, la plus grosse voiture, les meilleurs vêtements, les plus beaux restaurants et le style de vie plus élégant dont vous bénéficierez lorsque vous gagnerez cette somme d'argent. Imaginez ce que vous ressentiriez si vous profitiez déjà de tous ces ingrédients de la réussite. Imaginez les sentiments de fierté, de bonheur, de satisfaction, de plaisir, de joie et de gratitude que vous éprouveriez une fois cet objectif atteint.

Tout comme une personne qui se trempe dans un bain chaud, imprégnez votre esprit de ces sentiments, exactement comme si vous étiez déjà à destination. Ces émotions déclencheront ensuite des pensées, des désirs et des actions qui leur correspondent. Chacune renforcera l'autre.

LA COMBINAISON EST PUISSANTE

Lorsque vous combinez les trois, à savoir une image mentale, une verbalisation et une émotion, vous activez votre subconscient. Votre subconscient transmet ensuite cette impression à votre superconscient, qui travaille sur vos objectifs 24 heures sur 24. Lorsque vous vous exercez à combiner la verbalisation, la visualisation et la création d'émotions sur chaque objectif, vous serez absolument étonné des choses qui commencent à vous arriver, et des objectifs que vous accomplissez.

Une fois que vous aurez activé votre esprit superconscient, vous recevrez un flux continu d'intuitions et d'idées que vous pourrez utiliser pour résoudre vos problèmes et atteindre vos objectifs. Cet esprit vous montrera comment supprimer, contourner ou franchir tout obstacle qui se présente sur votre chemin. Il vous apportera les informations dont vous avez besoin, exactement au bon moment pour vous. Il vous donnera des intuitions et des pressentiments qui vous guideront pour prendre les bonnes décisions. Votre esprit superconscient vous donnera un flux constant d'énergie, d'enthousiasme et de motivation qui vous poussera vers vos objectifs.

La façon dont vous activez ce processus et libérez tous vos pouvoirs mentaux est d'idéaliser, de verbaliser, de visualiser et surtout de susciter des émotions continuellement.

LES RÊVES DEVIENNENT RÉALITÉ

Le cinquième élément de ce processus de puissance en cinq étapes est la réalisation, pour atteindre réellement vos objectifs et voir vos souhaits se réaliser.

C'est la partie la plus importante du processus. Mais vous devez être conscient que chaque objectif prend un certain temps pour se matérialiser. Certains objectifs peuvent être atteints rapidement. D'autres nécessitent des semaines, voire des mois de travail patient et régulier. D'autres sont des objectifs à long terme, nécessitant plusieurs années pour se concrétiser. Votre attitude à l'égard du temps nécessaire à la réalisation d'un objectif a un impact majeur sur le fait que vous l'atteigniez ou non et sur le moment où vous l'atteignez.

Dans la phase de réalisation, après avoir mis en pratique les quatre premières étapes, vous vous détendez simplement et laissez aller le processus. Vous permettez à votre objectif d'apparaître au bon moment. Les choses que vous voulez et dont vous avez besoin viendront à vous exactement au moment où vous êtes prêt à les recevoir.

Les personnes qui réussissent finissent par développer une attitude d'attente calme et confiante. Elles ne sont jamais pressées ou dans l'urgence. Elles sont détendues et confiantes, et elles croient absolument que tout conspire à leur apporter exactement ce qu'elles veulent, au bon moment pour elles. Cette attitude doit être la vôtre également.

MULTIPLIEZ VOS POUVOIRS

Vous pouvez tirer un bénéfice encore plus grand de ce processus en cinq étapes pour atteindre vos objectifs en utilisant des techniques spéciales en réponse aux choses qui vous arrivent chaque jour.

Tout d'abord, quoi qu'il arrive, cherchez le bon côté de chaque situation. Cherchez la précieuse leçon. Cherchez ce que vous pouvez tirer de tout revers ou obstacle temporaire.

Napoleon Hill a étudié et interviewé des hommes et des femmes ayant réussi pendant 25 ans. Il a découvert qu'ils avaient une caractéristique en commun. Chacun d'entre eux avait pris l'habitude de chercher continuellement dans chaque difficulté la graine d'un bénéfice ou d'un avantage égal ou supérieur. Ils cherchaient constamment le bon côté de leur nuage, même le plus sombre.

Lorsque vous cherchez à faire sortir quelque chose de bon de chaque situation problématique, vous réagissez aux difficultés d'une manière plus positive, créative et constructive. Vous serez plus optimiste et confiant. Si vous pensez que vous allez bénéficier de tout ce qui vous arrive, vous développerez l'attitude du penseur de possibilités. Par conséquent, quoi qu'il arrive, vous trouverez presque toujours quelque chose de bon que vous pourrez tourner à votre avantage ou à votre profit.

LE GOUVERNAIL DE LA JOURNÉE

Tout comme vous devenez ce que vous mangez, vous devenez également ce que vous apportez à votre esprit. Votre esprit est plus réceptif aux nouvelles idées dès le matin. Vous pouvez accélérer le processus de modification de votre pensée en commençant chaque matin par lire pendant 30 à 60 minutes quelque chose d'édifiant et d'inspirant avant de commencer votre journée.

Tout comme un exercice physique vigoureux le matin vous préparera à être plus fort et plus résistant physiquement pendant la journée, un exercice mental positif sous la forme de lectures inspirantes vous préparera à être plus en forme mentalement pendant la journée.

La première heure du matin s'appelle le « gouvernail de la journée ». Ce que vous mettez dans votre esprit pendant cette « heure dorée » donne le ton de votre pensée pour le reste de la journée. Lorsque vous vous levez le matin et qu'au lieu de lire le journal ou de regarder la télévision, vous lisez quelque chose de positif, constructif et inspirant, vous préprogrammez votre esprit pour les heures à venir.

Tout au long de la journée, les choses iront mieux pour vous. Vous serez plus calme, plus créatif et plus alerte. Vous serez plus résilient face aux difficultés. Vous réagirez plus efficacement lorsque vous ferez face aux inévitables hauts et bas de votre vie quotidienne. Votre lecture matinale vous aura préparé mentalement à donner le meilleur de vous-même.

NE LAISSEZ RIEN AU HASARD

Vous pouvez devenir une personne plus optimiste en planifiant chaque journée à l'avance. Cet exercice libère votre esprit du stress d'essayer de vous rappeler ce que vous devez faire. Il vous donne un sentiment de contrôle sur votre travail et votre vie. Vous devenez proactif plutôt que réactif. Et tout ce qu'il faut, c'est une liste !

Le moment idéal pour planifier est la veille au soir. Faites une liste de tout ce que vous avez à faire le lendemain. Passez en revue la liste et organisez votre travail par priorité. Sélectionnez votre tâche la plus importante afin de pouvoir vous y atteler dès la première heure. Vous serez étonné de voir combien vous dormez mieux et combien vous vous sentez mieux au réveil si vous avez déjà planifié votre journée à l'avance, de sorte que vous savez ce que vous allez faire et dans quel ordre.

COMMENCEZ VOTRE JOURNÉE DU BON PIED

Commencez votre journée par des aliments sains et nutritifs. Mangez plus de fruits, de légumes et d'aliments protéinés de haute qualité, comme les œufs. Buvez plus de jus de fruits et d'eau. Mangez des céréales complètes pour le petit-déjeuner, des muffins et des yaourts. Évitez les aliments gras qui sont difficiles à digérer et qui vous fatiguent.

Le petit-déjeuner américain standard, composé de bacon, d'œufs et de toasts, est l'une des pires combinaisons que vous puissiez manger le matin. Dans l'heure qui suit la consommation de ces aliments, vous commencerez à somnoler à nouveau. Tout le sang de votre cerveau se précipitera vers votre estomac pour essayer de décomposer ces protéines, graisses et féculents lourds, gras et trop cuits. Vous compenserez alors en buvant du café toute la matinée pour vous réveiller.

Mais lorsque vous commencez chaque journée par un petit-déjeuner léger, sain et nutritif, vous aurez plus d'énergie. Vous serez plus alerte et plus joyeux. Vous serez plus impatient de poursuivre votre journée. Vous serez plus créatif car une plus grande partie de votre sang est disponible pour votre cerveau. Vous serez plus brillant et plus vif. Vous verrez plus de possibilités dans tout ce qui se passe autour de vous. Vous serez une personne plus optimiste.

PRENEZ BEAUCOUP DE REPOS

En plus d'une bonne alimentation mentale et physique, vous devez prendre beaucoup de repos. Vince Lombardi, le légendaire entraîneur de football des Green Bay Packers, a dit un jour : « La fatigue fait de nous tous des lâches ». Lorsque vous ne vous reposez pas suffisamment, vous êtes beaucoup plus susceptible d'être négatif, irritable et de manquer de confiance en vous.

Mais lorsque vous êtes pleinement reposé et que vous mangez bien, lorsque vous nourrissez continuellement votre esprit de messages positifs, lorsque vous lisez de manière inspirée et que vous visualisez constamment vos objectifs comme une réalité, vous devenez un être humain plus positif, optimiste et joyeux.

Vous vous réveillerez le matin avec le sentiment qu'il n'y a rien que vous ne puissiez faire si vous y mettez du vôtre. Si vous maintenez cette pensée assez longtemps et assez fort, elle deviendra vraie dans votre vie. Vous commencerez à vous sentir inarrêtable.

* * *

EXERCICES PRATIQUES
1. Prenez la résolution aujourd'hui de vous parler positivement, en utilisant des affirmations formulées au présent, personnel et positif. Soyez votre propre supporter.
2. Fabriquez un ensemble de fiches de trois sur cinq sur lesquelles chacun de vos objectifs est écrit sous la forme d'une affirmation. Revoyez ces fiches deux fois par jour, matin et soir.
3. Cherchez quelque chose de bon dans chaque problème ou difficulté. Entraînez-vous à être un paranoïaque inversé, convaincu qu'il existe une vaste conspiration pour vous faire réussir.
4. Créez une image mentale de votre objectif le plus important, exactement comme s'il était déjà une réalité. Si possible, découpez des images de votre objectif dans des magazines et étudiez-les régulièrement pour les programmer dans votre subconscient.
5. Ayez le sentiment qui accompagnerait le succès ou l'objectif que vous désirez. Imaginez que vous devez feindre l'émotion de la joie, du bonheur ou de la satisfaction lors d'une audition pour un rôle dans un film. Faites semblant jusqu'à ce que vous y arriviez !

6. Imaginez que votre vie soit parfaite dans un domaine particulier. À quoi ressemblerait-elle ? Comment vous sentiriez-vous ? Comment la décririez-vous ?
7. Avant de vous endormir chaque soir, répétez mentalement les événements clés de la journée à venir. Visualisez et ressentez-les en les rendant parfaits à tous points de vue. Puis, allez vous coucher avec le sourire aux lèvres.

CHAPITRE 11

CRÉEZ VOTRE PROPRE AVENIR

Le miracle, ou la puissance, qui élève le petit nombre se trouve dans son industrie, son application et sa persévérance sous l'impulsion d'un esprit courageux et déterminé.
—MARK TWAIN

Il ne peut y avoir de grand courage là où il n'y a pas de confiance ou d'assurance, et la moitié de la bataille réside dans la conviction que nous pouvons faire ce que nous entreprenons.
—ORISON SWETT MARDEN

Toute personne qui réussit a connu d'innombrables revers temporaires, des obstacles, et même de franches défaites, au cours de sa vie. Mais c'est la capacité à répondre de manière positive et constructive à ces défaites et à rebondir qui a finalement assuré le succès. Cette qualité de rebondir plutôt que de se briser déterminera également votre réussite.

Le Dr Abraham Zaleznik de la Harvard Business School a réalisé il y a quelques années une étude sur le rôle que joue la déception dans la vie. De nombreuses personnes avaient fait des recherches et écrit sur la motivation et sa relation avec le succès.

Mais Zaleznik est la première personne à avoir examiné l'autre côté de la médaille.

PENSEZ À L'AVENIR

Si vous êtes une personne normale et intelligente, vous organiserez chaque domaine de votre vie pour éviter autant que possible l'échec et la déception. Vous penserez à l'avance et anticiperez ce qui pourrait mal tourner. Vous prendrez alors les précautions nécessaires pour vous prémunir contre les revers et les problèmes. Vous pèserez et équilibrerez différentes options. Vous choisirez la ligne de conduite qui offre la plus grande probabilité de succès.

Néanmoins, quelle que soit la qualité de votre réflexion et de votre planification, les choses ne se dérouleront pas toujours comme prévu. La loi de Murphy dit : « Tout ce qui peut mal tourner tournera mal. De toutes les choses qui peuvent aller mal, la pire chose possible ira mal au pire moment possible et coûtera le plus d'argent. » La loi de Cohen ajoute ensuite : « Murphy était un optimiste ! »

Par conséquent, la déception arrive sans prévenir. La déception arrive malgré tous vos efforts pour l'éviter. La déception est inévitable et inéluctable. Aussi sûr que le soleil se lève à l'est et se couche à l'ouest, vous allez connaître des déceptions dans la vie. Et plus vous vous fixez d'objectifs et plus vous essayez de choses, plus vous aurez de difficultés et de problèmes.

LA SEULE CHOSE QUE VOUS POUVEZ CONTRÔLER

Le Dr Zaleznik a découvert que les personnes qui réussissent réagissent aux déceptions différemment des personnes qui échouent. Sa conclusion était que la façon dont vous gérez la déception est un très bon indicateur de votre réussite dans votre domaine, ou dans la vie en général.

Puisque vous ne pouvez pas toujours éviter la déception, quoi que vous fassiez, la seule chose qui compte est la façon dont vous la gérez lorsqu'elle vous tombe dessus, non désirée et inattendue. La laissez-vous vous submerger ? Est-ce que vous explosez, vous vous mettez en colère, et vous blâmez ou attaquez les autres ? Ou est-ce que vous encaissez les coups et réagissez efficacement ?

Les personnes qui réussissent font face à la déception en la prenant à bras le corps. Les personnes qui ne réussissent pas laissent la déception les arrêter. Les personnes qui réussissent se remettent et continuent à avancer. Les personnes qui ne réussissent pas abandonnent souvent et reviennent en arrière. Le conférencier en motivation Charlie Jones dit : « Ce n'est pas la distance à laquelle vous tombez, mais la hauteur à laquelle vous rebondissez qui compte ! »

LE DÉCLENCHEUR DE LA NÉGATIVITÉ

La plupart des émotions négatives sont déclenchées par des attentes frustrées. Vous souhaitez, espérez ou planifiez que quelque chose se passe d'une certaine manière, et quand ce n'est pas le cas, vous réagissez avec impatience et colère. C'est tout à fait normal. Si vous tenez à un résultat, vous allez être blessé si vous ne l'obtenez pas.

Le problème est que les émotions se déclenchent instantanément. C'est pourquoi vous avez très peu de contrôle sur vos émotions et vos réactions au moment où quelque chose vous arrive. Il est trop tard. Lorsque la déception survient, vous réagissez de manière instinctive et habituelle, en fonction de vos expériences précédentes. Lorsque les choses tournent mal, il est trop tard pour que vous ayez de belles et nobles pensées, vous réagissez simplement.

Épictète, le philosophe stoïcien grec, a écrit un jour : « Les circonstances ne font pas l'homme ; elles ne font que le révéler à lui-même », et aux autres, d'ailleurs. Ce n'est pas tant la situation défavorable qui construit votre caractère que celle qui révèle votre caractère tel qu'il existe à ce moment-là.

PRÉPAREZ-VOUS À L'AVANCE

L'une des meilleures façons de changer votre façon de penser, et votre vie, est de vous préparer à l'avance à la déception. Préparez-vous à rebondir rapidement en vous exerçant à la préparation mentale.

La préparation mentale vous permet de vous préparer intérieurement aux déceptions inévitables de la vie et du travail, même si vous ne savez pas ce qu'elles sont ni quand elles arriveront. Il s'agit de l'une des plus puissantes techniques de pensée que vous pouvez utiliser pour gagner et garder le contrôle de vos émotions, en vous assurant qu'elles sont principalement positives et constructives, quoi qu'il arrive.

Dans la préparation mentale, vous partez du principe que vous allez être confronté à toutes sortes de problèmes et de difficultés lorsque vous décidez d'accomplir quelque chose de valable dans la vie. En fait, si vous vous fixez un objectif important et stimulant, qui vous oblige à sortir de votre zone de confort, vous allez rencontrer d'innombrables obstacles et difficultés que vous ne pouvez pas imaginer maintenant.

Cette épreuve d'endurance semble aller de pair avec le territoire. Chaque fois que vous essayez d'être ou de faire quelque chose de plus ou de différent, des problèmes de toutes sortes se dresseront sur votre chemin. Si vous n'êtes pas préparé à l'avance, ils peuvent vous décourager et vous repousser dans votre zone de confort.

Au lieu d'attendre que les problèmes inévitables surviennent, vous vous préparez mentalement à ces difficultés inévitables avant qu'elles ne surviennent. Vous vous dites : « Aujourd'hui, je vais devoir faire face à toutes sortes de hauts et de bas, de difficultés et de revers, mais je ne les laisserai pas m'abattre. Une fois que j'aurai commencé à me diriger vers mon objectif, je serai inarrêtable ! »

PRATIQUEZ L'ANTICIPATION DES CRISES

Dans le conseil aux entreprises, nous enseignons un mode de pensée appelé « anticipation des crises ». J'encourage les décideurs à se projeter six mois à un an dans l'avenir et à se poser la question suivante : « Quelles sont les choses négatives qui pourraient se produire et faire dérailler nos plans ? Parmi toutes ces choses, quelles sont les pires qui pourraient se produire ? »

Nous dressons ensuite une liste de tous les différents revers ou urgences inattendues qui pourraient survenir et menacer l'entreprise. Par exemple : un concurrent pourrait sortir un nouveau produit ou service qui serait meilleur et/ou moins cher que le nôtre. Les taux d'intérêt pourraient augmenter. Le gouvernement pourrait imposer de nouvelles taxes et réglementations sur nos activités. Les coûts du carburant ou des matières premières pourraient augmenter. Une ou plusieurs personnes clés de l'organisation pourraient partir pour une raison quelconque. Un ou des clients clés pourraient partir et aller chez un concurrent. Les concurrents pourraient baisser leurs prix en dessous des coûts afin de récupérer des marchés. L'économie pourrait basculer dans la récession et le marché global pourrait se contracter de façon spectaculaire.

Dans chacun de ces cas, la capacité de l'entreprise à réagir rapidement et efficacement pourrait déterminer sa survie même. Il convient d'anticiper ces éventuels reviriments et revers. La meilleure règle est « sans surprise » !

La société néerlandaise Royal Dutch/Shell possède l'un des processus de planification prospective les plus complets au monde. Elle a élaboré plus de 600 scénarios pour faire face aux problèmes qui pourraient survenir dans le monde entier, dans les régions où elle a des activités pétrolières et gazières. Par conséquent, l'entreprise est rarement surprise par ce qui se passe. Elle n'est jamais prise au dépourvu. Elle a toujours un plan de secours prêt à fonctionner. Elle est également devenue l'une des entreprises les plus continuellement rentables et prospères au monde. L'anticipation est vraiment payante.

REGARDEZ VERS L'AVENIR

Ce qui fonctionne pour les grandes et petites entreprises peut également fonctionner pour vous. Vous devriez vous exercer régulièrement à l'anticipation des crises dans tout ce que vous faites. Regardez la route de votre vie, comme un voyageur, et imaginez certaines des choses négatives qui pourraient se produire et comment vous pourriez y répondre. Vous serez étonné de constater à quel point vous vous sentirez plus positif et confiant lorsque vous aurez déjà élaboré des plans d'action alternatifs à certaines des pires choses qui pourraient se produire dans un domaine particulier.

Par exemple, que feriez-vous si vous perdiez votre emploi aujourd'hui ? L'idée de perdre son emploi est une peur majeure pour la plupart des gens, touchant 37 % de la population active selon une étude. J'ai récemment reçu une lettre d'un homme qui me disait que sa peur de perdre son emploi, qu'il reconnaissait être complètement irrationnelle, était si grande qu'elle le paralysait. Cela l'empêchait en fait de faire le travail qu'il devait faire pour garder son emploi. Sa peur et son manque d'alternatives augmentaient en fait la probabilité qu'il soit licencié.

VOTRE NOUVEL EMPLOI

Parfois, je demande aux gens de mon public, « Quel sera votre prochain emploi ? » Pour la plupart, cette question est une surprise. Ils n'ont même pas pensé à ce que sera leur prochain emploi. Mais nous savons que le monde du travail évolue à un rythme rapide. Le fait est que vous avez déjà changé d'emploi plusieurs fois. Il est pratiquement inévitable que vous changiez à nouveau d'emploi, et peut-être plus tôt que vous ne le pensez. Quel sera probablement votre prochain emploi ?

Lorsque j'explique que chaque personne doit se préparer à son prochain emploi, c'est une idée nouvelle pour la plupart des gens. Soit ils n'y ont pas pensé, soit ils ne veulent pas y penser. Mais la seule question à se poser est la suivante : « De quel niveau de connaissances, de compétences et d'aptitudes aurez-vous besoin dans votre prochain emploi pour continuer à gagner l'argent que vous voulez gagner à l'avenir ? »

Si vous ne réfléchissez pas à cette question à l'avance, vous serez peut-être obligé d'y penser lorsque votre temps sera écoulé et que la question vous sera imposée.

VOTRE NOUVELLE CARRIÈRE
Lorsque les membres du public ont réfléchi à ce que sera leur prochain emploi, je pose ensuite la deuxième question : « Quelle sera votre prochaine carrière ? » Dans quel domaine, industrie, entreprise ou secteur d'activité entièrement nouveau serez-vous d'ici 5 à 10 ans ?

Selon les experts en matière d'emploi, une personne qui commence à travailler aujourd'hui aura en moyenne 14 ou 15 emplois à temps plein, chacun durant deux ans ou plus, au cours de sa vie professionnelle. Elle aura également jusqu'à cinq carrières différentes, dans des domaines complètement différents, dont chacune exigera de nouveaux types de connaissances et des compétences différentes.

Une grande partie de ce que vous savez sur votre travail actuel sera obsolète d'ici cinq ans. En raison des changements rapides qui se produisent dans tous les domaines, votre stock actuel de connaissances, d'informations, d'idées et de compétences aura peu de valeur. Elles n'auront aucune pertinence ou application pour le marché du travail et l'économie de l'avenir. Vous aurez besoin de nouvelles connaissances et compétences si vous voulez survivre et prospérer dans une société de plus en plus compétitive.

C'est pourquoi Peter Drucker a déclaré : « La seule compétence qui ne deviendra pas obsolète dans les années à venir est la capacité d'apprendre de nouvelles compétences ».

PENSEZ CONTINUELLEMENT À L'AVENIR

Vous vous souvenez probablement du célèbre commentaire de la star du hockey Wayne Gretzky. Lorsqu'un journaliste lui a demandé le secret de son succès sur la glace, il a répondu en disant : « La plupart des joueurs sont plutôt bons, mais ils vont là où se trouve le palet. Je vais là où le palet va se trouver. »

Cette observation vous concerne directement. Où sera votre palet dans trois à cinq ans ? Où sera votre palet dans 10 ans ? Adopter une perspective à long terme sur votre vie professionnelle vous permet de prendre de meilleures décisions à court terme. Comme le dit le planificateur stratégique Michael Kami : « Ceux qui ne pensent pas à l'avenir ne peuvent pas en avoir ».

Regardez votre avenir et commencez à imaginer et à anticiper certains des rebondissements qui pourraient se produire. Si vous perdiez votre emploi aujourd'hui, comment réagiriez-vous ? Quelle serait votre première pensée ? La grande majorité des gens, lorsqu'ils pensent à la perte de leur emploi, entrent dans une forme de panique. Ils n'ont aucune idée de ce qu'ils feraient.

Cependant, dans mon travail avec des milliers de personnes ayant réussi, j'ai constaté qu'elles avaient une attitude particulière en commun. Elles savent toutes avec une totale assurance que si elles perdaient leur emploi, elles pourraient traverser la rue et trouver un autre emploi demain. Elles sont si bonnes dans ce qu'elles font, et si confiantes dans leurs capacités, que la perte d'un emploi ne serait pour elles qu'un simple désagrément. Elles ont beaucoup d'options.

Comme je l'ai mentionné au chapitre 6, il existe un moyen de déterminer à quel point vous êtes bon dans votre domaine. Quel est le nombre d'offres d'emploi que vous recevez régulièrement ? Tout comme un magasin ou un restaurant peut mesurer son succès par le nombre de clients ou de consommateurs qu'il attire, vous pouvez mesurer à quel point vous êtes apprécié et respecté pour ce que vous faites en comptant le nombre de personnes qui veulent vous embaucher et utiliser vos services. Comment vous en sortez-vous ?

ATTENDEZ-VOUS À L'INATTENDU

Parfois, je demande à des publics ce qu'ils feraient si toute leur industrie disparaissait du jour au lendemain. Ils secouent la tête et disent que cela ne peut pas arriver. Je leur fais alors remarquer que l'industrie de la défense en Californie s'est littéralement effondrée au début des années 1990 et que plus de 400 000 ingénieurs et cadres de la défense hautement compétents, avec de nombreuses années d'éducation et d'expérience, ont été rendus obsolètes. Leurs emplois n'ont pas seulement disparu ; ils ont disparu pour toujours. Chacun de ces milliers d'hommes et de femmes compétents et capables a été contraint de se lancer sur le marché, de développer de nouvelles compétences et d'aller travailler dans des domaines entièrement nouveaux.

L'effondrement de la dot-com mania a fait disparaître plus de 90 % des emplois et des entreprises Internet qui avaient vu le jour dans tout le pays. L'effondrement du secteur des télécommunications a entraîné le licenciement de plusieurs milliers de travailleurs. Le déclin, ces dernières années, de l'activité d'investissement frénétique que l'on avait connue dans les années 1990 a déclenché les mises à pied et les licenciements de dizaines de milliers de personnes dans les industries des services financiers. La liste est longue et elle va continuer. Seuls les noms des industries changeront. Ce changement rapide des emplois et des industries va se produire de plus en plus souvent pour de plus en plus de personnes.

VOTRE VIE FINANCIÈRE

Le monde de la finance et des investissements est en constante évolution. Les marchés sont de plus en plus volatils. L'ancienne philosophie d'« achat à long terme » n'est plus valable pour le monde d'aujourd'hui, et de demain. Si vous avez investi de l'argent, vous devriez penser en permanence à ce qui pourrait se passer si vos investissements tournaient mal et que vous perdiez tout votre argent. Vous devriez toujours vous préparer au pire résultat possible d'un investissement particulier.

Il existe une relation directe entre le temps que vous consacrez à réfléchir et à planifier votre vie financière et vos chances de devenir financièrement indépendant. D'après les entretiens menés par le Dr Thomas Stanley avec des milliers de millionnaires autodidactes, ceux-ci partagent une caractéristique commune : ils passent beaucoup plus de temps à réfléchir aux questions financières que la personne moyenne.

L'adulte moyen, même s'il s'inquiète de l'argent la plupart du temps, ne consacre que deux à trois heures par mois à penser réellement à ses finances, généralement au moment de payer ses factures. L'Américain moyen aisé, en revanche, consacre 20 à 30 heures par mois à penser à son argent. Par conséquent, il prend de bien meilleures décisions en matière de dépenses et fait des investissements plus intelligents que la majorité. Il devient de plus en plus compétent en matière d'argent, et finit par devancer ses pairs.

LA STRATÉGIE DE NAPOLÉON

Le général français Napoléon a dominé le continent européen pendant près de 20 ans. Il a mené ses armées à la victoire dans des dizaines de batailles, et n'a perdu que trois batailles dans toute sa carrière. Il a perdu près de 600 000 hommes lorsqu'il a envahi la Russie, n'ayant pas su anticiper le froid de l'hiver russe. Grandement affaibli par la campagne russe, il a ensuite perdu la bataille de Leipzig, ce qui lui a valu d'être exilé sur l'île d'Elbe. Et enfin, il a perdu à la bataille de Waterloo en raison d'une série de mauvaises communications avec ses généraux de campagne.

On oublie souvent qu'il a remporté de nombreuses autres batailles, petites et grandes, et qu'il est considéré comme l'un des trois plus grands génies militaires de l'histoire. (Alexandre le Grand et Genghis Khan étaient les deux autres). Napoléon avait développé une qualité qui l'a aidé à remporter la victoire, que vous pouvez également développer. Elle s'appelle la pensée extrapolatoire. Il s'agit de la capacité à penser et à planifier plusieurs coups d'avance dans tout ce que vous faites. Cette façon de penser implique que vous envisagiez tous les événements possibles qui pourraient se produire, puis que vous preniez des dispositions en conséquence, bien à l'avance.

Napoléon estimait personnellement que sa minutie et sa préparation précise, en considérant soigneusement chaque détail, étaient la clé de sa victoire. Cette qualité était démontrée par sa capacité phénoménale à arriver sur le champ d'une bataille potentielle, puis à réfléchir à tous les rebondissements possibles de la bataille jusqu'à sa conclusion logique, avant le premier coup de feu.

Une fois ses préparatifs terminés, il pouvait prendre position dans son centre de commandement pour diriger la bataille. Quelles que soient les nouvelles qu'il recevait de n'importe quelle partie du champ de bataille, il était toujours prêt avec une réponse immédiate. Beaucoup de gens pensaient que sa rapidité de réaction sous le feu était due au fait qu'il était un brillant penseur, ce qu'il était, mais ce n'était pas le secret de son succès. Son secret était qu'il avait pensé à toutes les éventualités possibles, à l'avance.

EXTRAPOLEZ À PARTIR DU PRÉSENT
Cette capacité, qui consiste à réfléchir à l'avance à chaque situation majeure de votre vie, est un mode de pensée que vous pouvez apprendre avec de la pratique. Plus vous deviendrez doué pour anticiper les événements futurs sur la base des faits actuels, meilleure sera votre vie. Vous serez en mesure de minimiser les revirements de situation et de maximiser les opportunités. Penser de cette manière vous donnera un avantage sur les autres qui se contentent de réagir et de répondre à tout ce qui se passe.

Si vous travaillez pour une entreprise, vous devriez réfléchir aux pires choses qui pourraient se produire dans les six mois à un an à venir et qui pourraient affecter votre emploi et votre sécurité. Si vous êtes propriétaire de l'entreprise, vous devriez identifier les pires choses possibles qui pourraient affecter la survie et la santé de votre entreprise. Vous et votre conjoint devriez discuter des problèmes et des difficultés qui pourraient survenir dans votre vie familiale, puis établir des plans pour vous en prémunir.

PRENEZ LES PRÉCAUTIONS FINANCIÈRES NÉCESSAIRES
Vous lisez souvent des articles sur des personnes qui n'ont pas réussi à s'assurer correctement et qui ont par conséquent perdu leur voiture, leur maison et parfois tous leurs biens. Ils ont omis de regarder vers l'avenir et de se demander quelles seraient les conséquences sur leur vie si un incendie se déclarait dans leur maison ou s'ils avaient un accident de la route et qu'ils n'étaient pas suffisamment assurés.

L'une des choses les plus intelligentes que vous puissiez faire pour préserver votre bien-être financier est d'élaborer un programme d'épargne régulier. Votre objectif devrait être d'épargner 10 % et plus de vos revenus, chaque mois, sur chaque paie ou source de revenus. Il y a peu de choses qui vous donneront un plus grand sentiment de confiance et de contrôle que de savoir que vous avez une réserve d'argent mise de côté en cas d'urgence inattendue. À l'inverse, il n'y a rien qui vous causera plus de stress et de tension que de vivre à la limite de vos ressources financières, incapable de faire face à une urgence financière ou à un besoin quelconque.

W. Clement Stone a dit un jour : « Si vous ne pouvez pas économiser de l'argent, alors les graines de la grandeur ne sont pas en vous. »

VIVEZ EN FONCTION DE VOS REVENUS

Votre capacité à économiser de l'argent et à vous discipliner pour vivre dans les limites de vos revenus est une mesure clé de votre capacité à réussir dans la vie. Si vous n'avez pas la maîtrise interne de vous-même pour vous abstenir de dépenser tout ce que vous gagnez, cela suggère que vous n'avez probablement pas la discipline nécessaire pour réussir dans d'autres domaines de votre vie. Bien que la Bible dise que l'amour de l'argent est la racine de tous les maux, il est bien plus probable que le manque d'argent soit la racine de tous les maux.

Le plus grand avantage de l'épargne et de la constitution d'une réserve d'argent est peut-être qu'elle vous permet de profiter des opportunités lorsqu'elles se présentent, comme toujours. Dans le film Jusqu'au bout du rêve, une idée profonde a été exprimée : « Si vous construisez, ils viendront. » Dans le monde financier, cela signifie que si vous accumulez de l'argent en travaillant dur et en épargnant, vous attirerez dans votre vie des opportunités d'investir cet argent pour gagner encore plus.

DEVENIR UN AIMANT À ARGENT

La loi de l'attraction est très puissante en matière monétaire. Lorsque vous économisez ne serait-ce qu'une petite somme d'argent et que vous la placez sur un compte bancaire ou dans un fonds commun de placement soigneusement choisi, vous créez un certain champ de force d'énergie autour de cet argent. Cette énergie commence en quelque sorte à attirer encore plus d'argent dans votre vie. Au fur et à mesure que votre épargne et vos investissements augmentent, le pouvoir magnétique de votre argent devient encore plus fort. Plus vous accumulez d'argent, plus il sera attiré vers vous, et plus vous aurez d'opportunités d'en accumuler encore plus.

Lorsque vous pensez à votre argent et au plaisir qu'il vous procure d'avoir de l'argent à la banque, vous augmentez le champ énergétique autour de votre argent et vous en attirez encore plus. Ce champ de force devient encore plus puissant lorsque vous aimez votre argent. Lorsque vous pensez à vos réserves financières croissantes avec un bonheur intense, vous intensifiez l'énergie autour de votre argent et vous en attirez encore plus.

Lorsque les gens disent qu'il faut de l'argent pour faire de l'argent, ils ont raison de deux façons particulières. Premièrement, votre capacité à économiser de l'argent et à vous constituer un pécule permet de savoir si vous avez la capacité de gagner encore plus d'argent et si on peut vous faire confiance concernant l'argent.

Deuxièmement, lorsque vous réunissez ne serait-ce qu'une petite somme d'argent, vous attirez les opportunités d'accumuler une somme encore plus importante.

UNE BELLE RÉUSSITE

Un participant est récemment venu à moi lors d'un séminaire et m'a demandé si je me souvenais de lui. Je lui ai répondu que, malheureusement, je parlais à trop de personnes chaque année pour me souvenir de toutes. Il m'a rappelé qu'il avait participé à mon séminaire de deux jours environ six ans auparavant. Comme il était assez timide, il a attendu à la pause déjeuner que tout le monde soit parti. Il m'a ensuite raconté une série d'événements tout à fait remarquables qui lui étaient arrivés depuis le séminaire.

Lorsqu'il est venu à mon séminaire, il était vendeur de voitures d'occasion. Il avait deux enfants et était au début de la trentaine. Il gagnait un revenu moyen et était endetté jusqu'au cou. Il vivait dans une maison en location avec sa famille.

Lors du séminaire, il a décidé que sa plus grande source d'inquiétude était le fait qu'il était endetté et n'avait pas d'argent en banque. Il s'est donc fixé comme objectif de se débarrasser de ses dettes et d'économiser 30 000 $ au cours des cinq prochaines années. C'était un objectif énorme pour lui, compte tenu de sa situation et de son passé. Il ne s'était pas libéré de ses dettes depuis son adolescence.

PASSER À L'ACTION

Néanmoins, en toute bonne foi, il a noté son objectif, a établi un plan et a commencé à y travailler chaque jour. Cette décision a activé ses pouvoirs mentaux. Grâce à la loi de la correspondance, à la loi de l'attraction et à la loi de l'activité subconsciente, entre autres, les choses ont commencé à changer pour lui bien plus rapidement qu'il ne l'avait imaginé. Il a en fait atteint son objectif financier en seulement trois ans. Il n'avait plus de dettes et avait 30 000 $ en banque.

Un jour, son patron, le propriétaire de la concession, l'a appelé et lui a demandé s'il était intéressé par une opportunité d'affaires. Il était très flatté et a demandé à son patron de lui expliquer. Son patron lui a dit qu'il avait observé à quel point il s'était amélioré en tant que vendeur, et qu'il avait également entendu dire qu'il avait économisé de l'argent grâce à ses revenus.

Ce vendeur, timide et prudent, a demandé à son patron ce qu'il avait en tête. Son patron lui a dit qu'il avait été approché par le constructeur automobile de Détroit et qu'il lui avait demandé de recommander quelqu'un qui serait intéressé par l'ouverture d'une nouvelle concession automobile dans la même ville, dans un quartier en pleine expansion. Le patron a dit qu'il était prêt à le recommander et à le soutenir dans cette concession. Il l'accompagnerait en tant que partenaire à part entière s'il était prêt à investir son argent également.

Le résultat final de cette histoire est que son patron l'a aidé à mettre en place la nouvelle concession ; il l'a aidé à prendre toutes les décisions concernant les achats, les stocks, les pièces, le service après-vente et le personnel. Après deux ans, son patron lui a revendu la moitié de sa part, de sorte qu'il a fini par être propriétaire à 100 % de la concession.

Puis il m'a dit : « Et aujourd'hui, je suis millionnaire ». Il a dit : « Il y a six ans, j'étais vendeur de voitures d'occasion, et aujourd'hui, je suis millionnaire ». C'était l'une des personnes les plus heureuses que j'aie jamais rencontrées. Il a dit que s'il n'avait pas suivi les conseils du séminaire et commencé à économiser son argent et à se désendetter, il n'aurait pas été en mesure de profiter de cette opportunité lorsqu'elle s'est présentée. Il a déclaré : « Suivre votre séminaire m'a probablement épargné 20 ans de dur labeur, et peut-être même toute une vie ».

Cette histoire s'applique également à votre vie. L'une des actions les plus importantes que vous pouvez entreprendre pour rester positif et optimiste est de vous préparer mentalement, financièrement et physiquement à l'avance. Réfléchissez à ce qui pourrait éventuellement se produire et faites des plans pour vous préparer aux opportunités. Faites des plans et mettez de côté des réserves pour minimiser ou échapper aux conséquences d'un revers financier. Cette façon de penser, de planifier à l'avance dans tous les domaines, est la marque de l'individu supérieur.

LES DEUX QUESTIONS MAGIQUES

Voici deux questions que vous pouvez poser pour transformer l'échec en succès. Je les appelle les questions magiques en raison de l'incroyable pouvoir qu'elles ont d'améliorer votre vie. Vous pouvez les poser et en tirer profit après chaque expérience.

La première question est : « Qu'est-ce que j'ai fait de bien ? » Peu importe ce que vous faites, ou comment cela se termine, que ce soit un succès ou un échec, vous devriez faire une relecture mentale instantanée de l'événement et évaluer tout ce que vous avez fait de bien dans cette situation.

Même si cela tourne mal, ou si c'est un échec complet, il y a toujours eu des choses que vous avez faites qui étaient correctes. Si vous pouvez isoler les parties positives de votre performance et les écrire, vous préprogrammerez votre esprit pour qu'il répète les choses que vous avez bien faites dans la prochaine situation similaire.

La deuxième question magique est : « Que ferais-je différemment ? » C'est une excellente question, car elle vous oblige à penser positivement à ce qui s'est passé et à la façon dont vous pourriez mieux faire. Demandez-vous, si vous deviez recommencer, comment changeriez-vous ou amélioreriez-vous votre performance ou votre comportement dans cette situation ? Que feriez-vous en plus ou en moins ?

Veillez à noter vos réponses sur papier. Vous vous assurez ainsi de les saisir avant de les oublier. Chaque fois que vous essayez quelque chose de nouveau ou de différent, asseyez-vous immédiatement avec un bloc de papier et répondez à ces deux questions : « Qu'est-ce que j'ai fait de bien ? » et « Qu'est-ce que je ferais différemment ? » Ces deux questions sont positives et elles appellent des réponses positives. Vos réponses vous préparent, consciemment et inconsciemment, à faire encore mieux la prochaine fois. Les deux séries de réponses vous permettent de rester concentré sur l'amélioration plutôt que sur le regret.

PENSÉE POSITIVE CONTRE PENSÉE NÉGATIVE

Les gagnants comme les perdants examinent leurs performances après un événement important. Mais les sous-performants ressassent presque invariablement les erreurs qu'ils ont commises, les dépenses qu'ils ont engagées et les échecs qu'ils ont subis. Les personnes très performantes, en revanche, celles qui ont une opinion positive d'elles-mêmes et de leur vie, passent constamment en revue les meilleurs aspects de leur performance et font des plans pour répéter ces actions la prochaine fois.

Lorsque vous pensez à ce que vous avez bien fait et à ce que vous pourriez faire différemment la prochaine fois, votre esprit sera complètement positif. Votre créativité sera stimulée. Vous verrez toutes sortes d'opportunités et de possibilités d'amélioration que vous auriez complètement manquées si vous vous laissiez aller à vous apitoyer sur vous-même après un événement infructueux.

AFFAIRES ET VENTES

Si vous êtes dans les affaires, vous devriez vous poser régulièrement ces questions, ainsi qu'à vos principaux collaborateurs : « Qu'avons-nous fait de bien ? » et « Que ferions-nous différemment la prochaine fois ? » N'oubliez pas que la plupart des choses que vous essayez seront infructueuses les premières fois. En posant ces questions, vous extrayez la plus grande valeur possible de la situation. Traitez chaque expérience comme une opportunité d'apprendre quelque chose qui pourra vous aider la prochaine fois.

Si vous êtes dans la vente, utilisez cette méthode après chaque vente. Immédiatement après un appel commercial, fructueux ou non, posez les questions magiques. Cette révision rapide augmentera considérablement la vitesse à laquelle vous apprenez et évoluez en tant que professionnel de la vente.

Faites de cette relecture instantanée une partie de votre vie. Utilisez cette méthode de manière répétée afin qu'elle devienne automatique. Aussi décevant que soit le revers ou la difficulté, vous serez bientôt préprogrammé pour apprendre le plus possible de la situation et pour extraire chaque élément positif que vous pouvez en tirer.

Lorsque vous combinez cette méthode avec le mindstorming, en vous forçant à trouver 20 réponses à chaque question, vous serez absolument étonné du nombre d'idées et de perspectives de croissance et d'amélioration qui vous viendront à l'esprit. Ces idées augmenteront considérablement la vitesse à laquelle vous deviendrez l'un des meilleurs dans votre domaine.

L'APPROCHE EDISON

Thomas Edison, le plus grand inventeur de l'ère moderne, était convaincu que l'expérimentation était un simple processus d'élimination. Il tenait donc des registres précis de chaque expérience. Une fois qu'il avait décidé qu'une invention était possible, il se consacrait à éliminer les moyens qui ne fonctionneraient pas jusqu'à ce que la seule méthode restante soit celle qui fonctionnerait. En conséquence, il est devenu le plus grand inventeur de l'ère moderne et l'un des hommes d'affaires les plus riches du pays. Vous devez faire de même.

À partir de maintenant, chaque fois que vous essayez et échouez, considérez-le comme une expérience d'apprentissage qui vous a rapproché du succès. Comme Henry Ford l'a dit un jour, « L'échec est simplement une occasion de recommencer plus intelligemment ».

VOTRE VITESSE DE RÉCUPÉRATION

Lorsque vous subissez une déception, quelle qu'elle soit, votre réaction naturelle est de vous sentir assommé émotionnellement. Vous avez l'impression d'avoir reçu un coup de poing dans votre plexus solaire émotionnel. Vous vous sentez blessé, déçu et découragé. Vous avez parfois envie d'abandonner complètement et de faire quelque chose de complètement différent. Ces sentiments sont normaux et naturels lorsque vous éprouvez de la frustration ou un sentiment d'échec quelconque. La seule question est de savoir combien de temps ils durent.

Lorsque vous allez chez un médecin ou dans une clinique pour un examen médical complet, on vous fera souvent passer un test d'effort. Tout d'abord, ils prendront votre pouls à votre rythme cardiaque au repos. Ensuite, ils vous demanderont de faire quelques exercices aérobiques pour augmenter votre fréquence cardiaque. Une fois que votre fréquence cardiaque aura atteint un point particulier, ils la mesureront à nouveau. Ils attendront une, deux et cinq minutes après l'exercice, et prendront à nouveau votre pouls. La marque de votre forme physique est la rapidité avec laquelle votre cœur revient à son pouls de repos après l'exercice.

REBONDIR

Avec votre personnalité, c'est la même chose. La marque de votre santé mentale peut être mesurée par la rapidité avec laquelle vous vous remettez après avoir vécu une déception. Bien sûr, un revers ou un revirement fait mal. Cela fait toujours mal si ce que vous essayez de faire est important pour vous. Mais ce n'est pas le point principal. Le point principal est la rapidité avec laquelle vous rebondissez. Votre vitesse de récupération est essentielle. Si vous prévoyez à l'avance les revers et les problèmes, et si vous préprogrammez votre esprit de la manière que nous avons décrite dans ce chapitre, votre vitesse de récupération sera beaucoup plus rapide.

Votre vitesse de récupération est sous votre contrôle. Elle est entièrement déterminée par la façon dont vous pensez à ce qui vous arrive. Ce n'est pas l'événement lui-même qui vous affecte, mais plutôt la façon dont vous interprétez l'événement pour vous-même. Et c'est en grande partie un choix que vous faites.

VOTRE DIALOGUE INTÉRIEUR

Voici plusieurs affirmations puissantes que vous pouvez utiliser pour prendre immédiatement le contrôle mental et émotionnel d'une situation négative. Ces mots neutralisent rapidement tout sentiment négatif éventuel.

La première chose que vous dites lorsque quelque chose va mal, ce sont les mots : « Je suis responsable ! »

Votre tendance naturelle lorsque quelque chose va mal sera de vous mettre en colère et de vous énerver et de blâmer quelqu'un ou quelque chose d'autre ou de trouver des excuses. Mais dès que vous dites « Je suis responsable ! », vous cessez de rejeter la responsabilité du problème sur quelqu'un d'autre. En acceptant la responsabilité, même si ce n'est que pour votre façon de réagir, vous court-circuitez vos sentiments de déception, de colère et de frustration. À l'instant où vous dites « Je suis responsable ! », votre esprit redevient calme et clair. Vous commencez à penser à des choses positives et constructives que vous pouvez faire pour minimiser les dommages ou pour maximiser l'opportunité.

INTERPRÉTEZ-LA POSITIVEMENT

Voici une affirmation qui m'a été extraordinairement utile au fil des ans. Peu importe ce qui s'est passé, et peu importe ma déception, je me dis immédiatement : « Toute expérience est positive si je la considère comme une opportunité de croissance et de maîtrise de soi ».

Cette déclaration vous permet d'affirmer votre contrôle sur vos émotions. Elle vous oblige à réfléchir à la façon dont vous pouvez apprendre et grandir à partir de ce problème. Comme l'affirmation « Je suis responsable », ces mots vous donnent un sentiment de contrôle et de pouvoir personnel dans toute situation. « Toute situation est positive si je la considère comme une opportunité de croissance et de maîtrise de soi. »

Vous examinez alors la situation et vous vous demandez ce que vous pouvez éventuellement apprendre de ce qui vient de se passer. Comment pouvez-vous grandir à la suite de cette difficulté ? Qu'est-ce que cette situation vise à vous enseigner ? Si vous aviez une force divine qui contrôlait votre destin, et que cette force vous envoyait des expériences d'apprentissage spécifiques pour vous aider à réussir, quelles leçons pourriez-vous trouver dans votre problème actuel ?

UNE SEULE PENSÉE À LA FOIS

Votre esprit ne peut contenir qu'une seule pensée à la fois, positive ou négative. Si vous recherchez de manière constructive une solution ou une leçon précieuse pour chaque difficulté, vous ne pouvez pas être contrarié ou en colère en même temps. Si vous appliquez la loi de substitution et que vous vous forcez délibérément à penser aux aspects positifs de la situation, vous les trouverez toujours, et vous pourrez alors les tourner à votre avantage.

Une attitude mentale positive, c'est-à-dire une réponse positive et constructive aux déceptions et aux revers, est largement déterminée par votre sentiment de contrôle. Avoir un sentiment de contrôle signifie que vous avez l'impression de contrôler votre propre vie, d'être aux commandes. Vous sentez que vous êtes à la place du conducteur. Vous avez l'impression d'avoir le dessus sur les choses.

PENSEZ À VOS OBJECTIFS

L'un des moyens les plus puissants de rebondir après un échec est de replacer la situation négative dans sa juste perspective. N'oubliez pas que l'échec n'est jamais définitif. La plupart des erreurs que vous faites sont minimes par rapport au grand ordre des choses. Si vous y réfléchissez, vous ne serez probablement même pas capable de vous souvenir de ce qui vous inquiétait il y a un an, et encore moins il y a trois, quatre ou cinq ans.

La clé pour avoir le sens du contrôle est de développer et de maintenir un sens clair de l'orientation. Ce sens de l'orientation vient du fait d'avoir des objectifs clairs, spécifiques et écrits. L'un des moyens les plus puissants de garder votre esprit positif est de simplement penser à vos objectifs. Lorsque quelque chose va mal, pensez à vos objectifs. Lorsque vous perdez une vente, ou même un emploi, pensez à vos objectifs. Lorsqu'un investissement échoue ou qu'une affaire commerciale tombe à l'eau, pensez à vos objectifs.

Vos objectifs à long terme sont, entre autres, d'être financièrement indépendant, de jouir d'une excellente santé, d'avoir des relations merveilleuses et de faire un travail qui apporte quelque chose au monde.

Lorsque vous gardez votre esprit focalisé sur ces objectifs, et sur ce que vous faites pour atteindre chacun de ces objectifs, vous constaterez qu'il est presque impossible de vous sentir contrarié ou en colère. Le fait de penser à vos objectifs vous donne du pouvoir et fait de vous une personne plus positive et plus confiante.

PENSEZ EN TERMES DE CYCLES ET DE TENDANCES

Considérez votre vie comme une série de cycles et de tendances. Pensez en termes de hauts et de bas réguliers. Pensez en termes d'étés et d'hivers, d'automnes et de printemps. Lorsque vous développez cette perspective à long terme et que vous voyez les choses qui se produisent comme faisant partie d'un schéma plus large, vous ne serez pas trop pris par les fluctuations à court terme de votre fortune. Vous devenez beaucoup plus capable de répondre efficacement aux petits problèmes et aux difficultés de la vie quotidienne. Vous pouvez mettre les choses en perspective.

La courbe sigmoïde, qui ressemble à un « S » couché sur le côté, explique une grande partie de la vie humaine. Elle comporte trois phases. Dans la première phase, vous luttez et travaillez dur pour comprendre les choses et vous établir. C'est le cas pour un emploi, une relation, la création d'une nouvelle entreprise ou l'introduction d'un nouveau produit ou service.

La deuxième phase vient après que vous avez appris les leçons essentielles de la première phase. C'est la phase de croissance, où vous faites de grands progrès et obtenez d'excellents résultats : votre entreprise se développe, vos produits et services se vendent bien, votre carrière décolle et vos relations sont excellentes.

Puis vient la phase trois, la phase de déclin, qui suit la phase deux tout comme l'hiver suit la saison des récoltes. Dans cette phase, il devient de plus en plus difficile d'obtenir les mêmes résultats et satisfactions que dans la phase deux. Les ventes et la rentabilité sont plus difficiles à atteindre. Votre travail ou votre relation n'est plus aussi agréable. Votre entreprise se bat pour survivre ou prospérer.

Dans quelle phase vous trouvez-vous aujourd'hui, dans chacun des domaines importants de votre vie et de votre travail ? Que pourriez-vous faire pour entrer ou revenir dans la phase deux, la phase de croissance ? Quels sont les cycles et les tendances dans votre vie et votre entreprise ?

LE « DÉNI » N'EST PAS UN FLEUVE D'ÉGYPTE

Beaucoup de nos problèmes pour faire face aux revers et aux déceptions viennent de notre résistance à la réalité. Nous nous engageons dans le déni. Nous nous mettons en colère et insistons sur le fait que cela n'aurait pas dû nous arriver ou que cela n'aurait pas dû arriver du tout. Nous rejetons cela et souhaitons que cela n'ait pas eu lieu en premier lieu.

C'est cette résistance et ce déni qui causent la plupart de notre stress. Lorsque vous dites : « Ce qui ne peut être guéri doit être enduré », vous abaissez votre point d'éclair. Vous devenez plus détendu. Vous devenez plus calme et vous développez une perspective plus détachée. Vous prenez du recul et vous regardez la situation comme si elle arrivait à quelqu'un d'autre. Par conséquent, vous devenez plus constructif quant à la meilleure façon de résoudre la situation. Vous ne vous permettez pas de vous impliquer émotionnellement dans chaque petite chose qui vous arrive.

Abraham Lincoln a écrit : « La plupart des gens sont aussi heureux qu'ils décident de l'être ». Dans le Cours des miracles de la Fondation pour la paix intérieure, il est dit : « Vous donnez un sens à tout ce que vous voyez ». Sans le sens ou l'émotion que vous attachez à un événement ou à une circonstance, il n'a aucune signification émotionnelle pour vous. Et vous pouvez changer cette signification en contrôlant votre pensée. Vous pouvez même éliminer complètement son effet négatif sur vous en refusant de vous impliquer émotionnellement dans un revers à court terme. Cela ne dépend que de vous.

LE FACTEUR DÉCISIF

Votre capacité à gérer les déceptions de manière positive et constructive fera plus pour vous permettre de réussir et en dira plus sur vous aux autres que tout autre facteur unique. Il s'agit d'une capacité apprise, acquise par la pratique. Les hommes et les femmes efficaces sont invariablement ceux qui ont développé la capacité de répondre de manière constructive aux petites et grandes crises qui surviennent de manière imprévue, inattendue et inévitable. Vous devez faire de même.

Décidez à l'avance que, quoi qu'il arrive, rien ne vous arrêtera jamais. Décidez à l'avance que, même si vous traverserez d'innombrables hauts et bas au cours de votre vie, vous persévérerez jusqu'à ce que vous atteigniez vos objectifs. Lorsque vous prenez cette décision à l'avance, vous serez prêt. Lorsque vous vous engagez dans une préparation mentale, vous serez rapidement sur pieds lorsque les inévitables problèmes apparaîtront, et vous serez prêt à rebondir au lieu de sombrer. Vous serez pratiquement inarrêtable.

* * *

EXERCICES PRATIQUES

1. Prenez la résolution de rebondir plutôt que de sombrer. Examinez votre plus grande déception dans la vie en ce moment et déterminez comment vous pouvez en tirer une leçon ou un avantage.
2. Identifiez les trois pires choses qui pourraient vous arriver dans les mois à venir. Quel est votre plan pour éviter ou minimiser leurs éventuels effets négatifs ?

3. Sélectionnez votre plus gros souci ou problème actuel et déterminez comment vous pouvez apprendre et évoluer à partir de cette difficulté. Quelle est la leçon la plus importante qu'elle contient ?
4. Utilisez l'approche Edison de la vie. Acceptez calmement que chaque revers temporaire n'est qu'un moyen d'identifier une méthode qui ne fonctionne pas. Par conséquent, il s'agit d'un succès.
5. Quoi qu'il arrive, pensez à vos objectifs et à ce que vous pouvez faire dès maintenant pour les atteindre. Mettez-vous au travail.
6. Identifiez les tendances de votre activité. Dans quelle direction va le marché ? Si les choses continuent comme aujourd'hui, quelles décisions ou quels changements devrez-vous prendre ?
7. Posez deux questions sur votre expérience importante la plus récente : qu'avez-vous fait de bien ? Et que feriez-vous différemment la prochaine fois ? Prenez la résolution de tirer toutes les leçons possibles de chaque revers ou difficulté.

CHAPITRE 12

VIVEZ UNE VIE FORMIDABLE

La seule vraie mesure du succès est le rapport entre ce que nous aurions pu faire et ce que nous aurions pu être d'une part, et les choses que nous avons faites et ce que nous avons fait de nous-mêmes d'autre part.

—H. G. WELLS

La loi de la correspondance est peut-être la plus importante de toutes les lois pour déterminer votre réussite ou votre échec dans la vie. Comme nous l'avons évoqué dans les chapitres précédents, cette loi dit que votre monde extérieur est le reflet de votre monde intérieur. Elle dit que, quelle que soit votre attitude intérieure, vous en verrez bientôt les résultats à l'extérieur. Lorsque vous changez votre façon de penser, vous changez votre vie.

Cette loi s'applique à tout ce que vous faites. Votre monde intérieur de connaissances et de préparation déterminera votre monde extérieur de revenus et de réussite professionnelle. Votre monde intérieur de développement de la personnalité déterminera votre monde extérieur d'amitiés et de relations. Votre attitude intérieure envers la santé et la forme physique déterminera l'état de votre corps physique. Vos croyances et vos attentes intérieures détermineront vos attitudes extérieures et vos comportements envers les autres. Votre monde extérieur sera toujours le reflet de votre monde intérieur.

LE BONHEUR EST LE BUT SUPRÊME

Aristote, peut-être le plus grand des philosophes, a écrit il y a plus de 2300 ans que le but ultime de toute action humaine est le bonheur. Il en concluait que tout ce que fait une personne vise à atteindre un bonheur quelconque. Parfois ils réussissent, parfois ils échouent, mais le bonheur est toujours la cible que chaque personne vise.

Il a conclu que chaque acte n'est qu'une étape intermédiaire dans la direction du bonheur. Par exemple, vous voulez obtenir un bon emploi. Pourquoi ? Pour pouvoir gagner de l'argent. Pourquoi ? Pour pouvoir avoir une maison confortable et une belle voiture. Pourquoi ? Pour pouvoir avoir de bonnes relations et une belle famille. Pourquoi ? Pour pouvoir avoir une vie de famille satisfaisante. Pourquoi ? La réponse finale, le but ultime, c'est pour pouvoir être heureux. Tout ce que vous ou quiconque fait vise à atteindre le bonheur, quelle que soit la définition que vous en donnez et quel que soit le succès que vous rencontrez pour l'atteindre.

LE RÔLE DE LA BONTÉ

L'une des plus grandes intuitions d'Aristote sur le sujet du bonheur est sa conclusion selon laquelle « seuls les bons peuvent être heureux, et seuls les vertueux peuvent être bons ».

C'est l'une des observations les plus importantes de l'histoire de la pensée et de l'expérience humaines. « Seuls les bons peuvent être heureux, et seuls les vertueux peuvent être bons. »

Ce que j'ai découvert au cours de mes nombreuses années de recherche en philosophie et en psychologie, c'est que seules les personnes qui sont véritablement bonnes à l'intérieur peuvent être heureuses pendant une période donnée. Et au cours de mes années d'étude des qualités fondamentales de la confiance en soi, j'ai découvert que seuls les hommes et les femmes ayant des valeurs claires et positives sont capables de développer le type de confiance en soi inébranlable qui leur permet de faire face efficacement à tout ce qui leur arrive.

Le moyen le plus rapide pour vous de construire ou de retrouver votre confiance en vous est de devenir absolument clair sur vos valeurs et convictions les plus profondes, puis de commencer à vivre en fonction de celles-ci. La solution à presque tous les problèmes humains est un retour aux valeurs. À bien des égards, votre malheur et votre stress sont causés par le fait que vous évitez de faire et de dire les choses que vous savez être justes.

L'INTÉGRITÉ EST ESSENTIELLE

La qualité unique la plus importante pour le succès est la qualité d'intégrité. Aristote insistait sur le fait que seule une vie basée sur des valeurs telles que l'intégrité, l'honnêteté, le courage, la générosité, la persévérance et la sincérité conduisait au bonheur et à l'épanouissement personnel.

J'avais l'habitude de considérer l'intégrité comme une seule des valeurs clés, égale et distincte des autres. Puis un jour, un homme sage et riche m'a fait remarquer que l'intégrité est vraiment la valeur qui garantit toutes les autres. L'intégrité est la valeur de base sur laquelle reposent toutes vos autres valeurs. Avoir une véritable intégrité signifie que vous vivez et agissez toujours en cohérence avec vos valeurs. Si vous manquez d'intégrité, vous compromettrez vos autres valeurs à la moindre tentation.

CLARIFIEZ VOS VALEURS

Dans nos séances de planification stratégique, tant pour les entreprises que pour les particuliers, nous commençons par demander aux gens de définir et de clarifier leurs valeurs. Vous devez faire de même dans votre propre planification stratégique personnelle. Quelles sont vos valeurs ? En quoi croyez-vous ? Qu'est-ce que vous défendez ? Qu'est-ce que vous ne défendrez pas ?

Votre capacité à définir clairement vos valeurs est le point de départ du développement du type de caractère qui incite les gens à vouloir s'associer à vous et qui vous conduira inévitablement à jouir d'une bonne vie. Si vous avez un caractère fin et noble, enraciné dans des valeurs solides et porteuses de vie, vous serez une personne authentiquement bonne. Par conséquent, vous serez heureux intérieurement, peu importe ce qui se passe autour de vous.

ORGANISEZ VOS VALEURS

Une fois que vous avez défini vos valeurs, vous devez les organiser par ordre de priorité. Pour commencer, vous n'avez besoin que de trois à cinq valeurs clés afin de créer une base pour votre caractère et votre personnalité. Il s'agit des valeurs que vous considérez personnellement comme plus importantes que toutes les autres. L'ordre dans lequel vous classez vos valeurs est également terriblement important. Ce classement des valeurs détermine en grande partie le genre de personne que vous êtes, et le genre de vie que vous menez.

Tout ce que vous faites est le résultat d'un choix. Vous faites constamment des choix d'une sorte ou d'une autre, pour faire une chose ou pour faire autre chose. Cette capacité à faire des choix vous distingue de toutes les autres créatures. Chaque choix que vous faites est basé sur vos valeurs principales à ce moment-là. Chaque action est basée sur ce que vous considérez comme la valeur la plus importante à ce moment-là du choix.

AGISSEZ EN FONCTION DE VOS VALEURS

Lorsque vous choisissez, vos valeurs d'ordre supérieur ont toujours la priorité sur vos valeurs d'ordre inférieur. Chaque acte que vous posez, chaque décision que vous prenez, est basé sur votre valeur dominante à ce moment-là. Vous ne pouvez faire qu'une seule chose à la fois, et vous devez toujours choisir ce que ce sera. Vous choisissez toujours ce qui a le plus de valeur pour vous à ce moment précis.

Comment pouvez-vous savoir quelles sont vos valeurs ? C'est simple. Vos valeurs s'expriment uniquement et toujours dans vos actions. C'est ce que vous faites plutôt que ce que vous dites qui vous indique, ainsi qu'aux autres, ce que vous valorisez le plus. En particulier, c'est ce que vous faites sous pression, lorsque vous êtes obligé de choisir, qui révèle vos véritables valeurs et croyances sur vous-même et le monde qui vous entoure.

LE DÉTERMINANT DE LA PERSONNALITÉ

Tant votre choix de valeurs que l'ordre de vos valeurs sont essentiels pour déterminer votre personnalité et votre vie. Voici un exemple. Imaginez que deux personnes ont chacune fait un exercice de clarification des valeurs et se sont arrêtées sur les trois mêmes valeurs. Seul l'ordre est différent.

La personne A a décidé que ses trois valeurs principales, par ordre d'importance, sont d'abord la famille, ensuite la santé et enfin la réussite professionnelle. Cette personne dit qu'elle place sa famille avant sa santé et sa carrière, et sa santé avant sa carrière. Cela signifie que si elle doit choisir entre sa famille et sa carrière, la famille vient en premier. Si elle doit choisir entre la santé et la carrière, la santé passe en premier.

La personne B a les trois mêmes valeurs, sauf que ses valeurs sont dans un ordre légèrement différent. Sa première valeur est la réussite professionnelle. Sa deuxième valeur est sa famille, et sa troisième valeur est la santé.

Cela signifie que la personne B fera passer sa carrière avant sa famille si elle doit choisir. Elle fera passer sa carrière et sa famille avant sa santé si elle doit choisir.

LA GRANDE QUESTION

Voici maintenant quelques questions pour vous. Y aura-t-il une différence entre la personne A et la personne B ? Y aura-t-il une petite ou une grande différence ? Préféreriez-vous être ami avec la personne A ou avec la personne B ? Seriez-vous capable de distinguer la personne A de la personne B si vous les rencontriez socialement ou en affaires ?

La réponse est que la personne B, qui choisit la réussite professionnelle comme valeur principale, sera un être humain totalement différent de la personne A, qui décide que sa famille est la plus importante pour elle. L'ordre de la famille, de la santé et de la carrière est une organisation des valeurs qui enrichit la vie. Une personne qui vit sa vie en accord avec ces valeurs sera une personne bien plus heureuse qu'une personne qui place sa carrière avant sa famille et surtout avant sa santé. C'est pourquoi vous devez choisir vos valeurs et leur ordre d'importance avec soin. Vos valeurs et leur ordre déterminent toute votre vie.

L'INTÉGRITÉ EST UNE FAÇON DE VIVRE

Une fois que vous avez déterminé vos valeurs, votre niveau d'intégrité peut être mesuré par la rigidité avec laquelle vous y adhérez. Une valeur n'est pas quelque chose que vous compromettez lorsque cela vous arrange. Soit vous l'avez, soit vous ne l'avez pas. Votre choix de valeurs et votre résolution à vivre selon ces valeurs forment votre caractère et votre personnalité.

Tout au long de l'histoire, les grands hommes et femmes ont été des hommes et des femmes de caractère. Ils ont été des personnes qui ont vécu sur la base de valeurs élevées et nobles. Ils ont été honorés et respectés pour les valeurs qu'ils défendaient et représentaient.

L'un des grands problèmes de notre société actuelle est le phénomène des « valeurs situationnelles » ou de l'« éthique situationnelle ». Celles-ci sont le résultat de personnes qui changent leurs idées du bien et du mal en fonction de la situation, et souvent de la tentation du moment. Ce qui est encore pire, c'est lorsqu'ils se trompent eux-mêmes en croyant qu'ils sont des personnes de caractère alors qu'ils ne sont en réalité que des personnes de complaisance.

CE QUE VOUS FAITES SOUS PRESSION

Les valeurs situationnelles sont démontrées lorsque les gens disent croire en une chose, mais en font une autre. Ils disent qu'ils croient qu'il faut dire la vérité, mais ensuite ils mentent quand cela les arrange, ou excusent les mensonges d'un autre. Un individu est défini par ce qu'il fait, et non par ce qu'il dit.

Certaines personnes sont désorientées par leurs émotions. Elles pensent que si leurs intentions sont sincères, leurs actions n'ont pas d'importance. Elles pensent que si elles souhaitent ou espèrent quelque chose, c'est la même chose que de le faire réellement. Mais ce n'est que ce que vous faites réellement lorsque vous êtes obligé de choisir, surtout sous pression, qui indique qui vous êtes vraiment à l'intérieur.

Il est vital pour votre réussite et votre bonheur d'avoir une honnêteté irréprochable avec tous ceux que vous connaissez et avec qui vous interagissez, tant dans votre vie personnelle que dans votre carrière. Rien ne vous permettra de gagner plus rapidement le soutien des gens que de développer la réputation d'être une personne de caractère et d'intégrité. En même temps, rien ne nuira à votre réputation et ne sabotera votre carrière plus rapidement que d'avoir la réputation d'être le genre de personne en qui les autres ne peuvent pas avoir confiance ou se fier.

SOYEZ FIDÈLE À VOUS-MÊME

L'honnêteté signifie que vous êtes toujours fidèle à ce qu'il y a de meilleur en vous. Comme le dit Polonius dans le Hamlet de Shakespeare : « Avant tout, sois loyal envers toi-même ; et aussi infailliblement que la nuit suit le jour, tu ne pourras être déloyal envers personne. ».

Être fidèle à soi-même est le point de départ du développement d'un grand caractère. Cela commence par le fait que vous vivez toujours en restant fidèle à vous-même. Vous ne vous faites pas d'illusions et ne jouez pas à des jeux avec votre propre esprit. Vous n'essayez pas de croire des choses qui sont totalement impossibles. Vous n'espérez pas et ne priez pas pour que les choses soient différentes de ce qu'elles sont. Vous faites face au monde tel qu'il est, et non tel que vous souhaiteriez qu'il soit.

FAITES TOUJOURS DE VOTRE MIEUX

Chaque travail porte la signature de la personne qui l'a accompli. Être fidèle à vous-même signifie que vous faites toujours de votre mieux, quel que soit le travail ou la responsabilité que vous assumez. L'honnêteté et l'intégrité à l'intérieur s'expriment par la qualité et l'excellence de votre travail à l'extérieur. Vous pouvez savoir de quoi vous êtes fait à l'intérieur par la quantité de temps et d'attention que vous consacrez à faire le meilleur travail possible dans tout ce qu'on vous donne à faire. N'entreprenez rien si vous n'êtes pas prêt à le faire de manière excellente.

L'intégrité signifie que vous êtes toujours franc, direct et honnête avec tous ceux qui font partie de votre vie. Tout comme vous êtes fidèle à vous-même, vous êtes également fidèle aux autres. Vous êtes en accord avec les autres, la maison et le travail.

Si vous demandez aux gens s'ils sont honnêtes, presque tous vous diront qu'ils le sont. La plupart des gens ne mentent pas, ne trichent pas, ne volent pas et ne s'engagent pas dans des comportements malhonnêtes de quelque nature que ce soit. Mais être vraiment honnête signifie que vous êtes honnête avec toutes les personnes de votre vie. Cela signifie que non seulement vous ne mentez jamais, mais que vous ne vivez jamais dans le mensonge. Vous ne restez jamais dans une situation qui ne vous convient pas ou dans un état qui porte atteinte à votre intégrité ou vous rend malheureux. Vous ne compromettez jamais votre intégrité en vous mordant la lèvre et en refusant de dire ce que vous pensez et ressentez vraiment.

VOTRE OBJECTIF LE PLUS ÉLEVÉ

L'une des caractéristiques de la personne vraiment honnête est qu'elle fait de la tranquillité d'esprit son objectif le plus élevé. Lorsque vous avez fait de la tranquillité d'esprit votre objectif principal dans la vie, vous organisez vos autres objectifs et activités autour d'elle. Être vraiment honnête signifie que vous refusez de compromettre votre tranquillité d'esprit pour quoi que ce soit ou qui que ce soit. Vous ne faites et ne dites que les choses qui vous semblent justes dans chaque situation.

L'honnêteté et l'intégrité signifient que vous vous écoutez et que vous faites confiance à votre voix intérieure. Vous écoutez votre intuition et vous la laissez vous guider pour faire et dire les bonnes choses au bon moment. Lorsque vous êtes perturbé ou malheureux, vous vous asseyez tranquillement dans la solitude, attendant et écoutant les conseils qui arrivent toujours. Lorsque vous avez une idée ou un aperçu de la bonne chose à faire, vous la mettez en œuvre. Vous faites confiance à votre esprit supérieur. C'est la clé pour vivre en accord avec vous-même et avec les autres.

L'INTÉGRITÉ DE VOTRE PROPRE ESPRIT

Ralph Waldo Emerson, dans son essai « Compter sur soi », a dit : « Protégez votre intégrité comme une chose sacrée ». Il a poursuivi en disant : « Rien n'est plus sacré que l'intégrité de votre esprit ».

La véracité est la condition indispensable au développement du caractère, et le développement du caractère doit être un objectif central de votre vie. Aristote a dit : « Le but de l'éducation est de développer le caractère des jeunes ». Aujourd'hui, aux États-Unis, de nombreux jeunes n'ont pas été élevés avec un sens clair du bien et du mal. On a dit à beaucoup de gens que les valeurs sont relatives. On a dit à beaucoup de gens, par exemple, que s'ils aiment voler à l'étalage, alors cette valeur particulière est tout aussi bonne que celle d'une personne qui croit que le vol à l'étalage est mal.

Cette forme de relativité des valeurs mène à une impasse. Elle mène à l'échec, à la frustration et au malheur. Le fait est que les valeurs ne sont pas relatives. Certaines valeurs améliorent la vie et d'autres la détruisent. Si une valeur est positive, vivre selon elle améliore la qualité de votre vie et vos relations avec les autres. Une valeur négative nuit à vos relations et à la qualité de votre vie. Vous pouvez facilement faire la différence, car vivre selon une valeur positive vous rend heureux, et pratiquer une valeur négative vous rend malheureux.

AFFRONTEZ LA VÉRITÉ

Vivre dans la vérité signifie que vous affrontez la vérité sur vous-même et sur le monde qui vous entoure. Vous affrontez la vérité sur votre travail et vos relations. Vous vous regardez directement dans les yeux et vous vivez en cohérence avec vos convictions les plus intimes. Vous ne jouez pas à des jeux avec vous-même ou ne souhaitez et n'espérez pas que les choses puissent être différentes de ce qu'elles sont.

L'intégrité signifie que vous acceptez que votre monde ne peut s'améliorer que lorsque vous vous améliorez. Personne ne va venir et changer les choses pour vous. Si vous voulez que les choses changent, vous allez devoir faire les changements vous-même.

L'intégrité signifie que vous acceptez que votre mariage ne s'améliore que lorsque vous devenez un meilleur conjoint. Votre entreprise ne s'améliore que si vous devenez un meilleur manager ou un meilleur dirigeant. Vos résultats commerciaux et vos clients ne s'améliorent que si vous devenez un meilleur vendeur. Votre vie financière ne s'améliore que si vous devenez plus intelligent et discipliné en matière d'argent.

ACCEPTEZ LES GENS COMME ILS SONT
En particulier, l'honnêteté signifie que vous acceptez les gens tels qu'ils sont, sans exiger qu'ils soient comme vous le souhaitez. Vous ne traversez pas la vie en souhaitant, en espérant et en vous attendant à ce que les gens changent et soient différents afin de vous convenir. L'un des principes de base de la vie humaine est que, à quelques exceptions près, les gens ne changent pas.

En fait, sous la pression, non seulement les gens ne changent pas, mais ce qu'ils sont à l'intérieur ressort encore plus. Si une personne a une personnalité difficile, sous la pression, elle deviendra encore plus difficile. Si une personne est têtue ou inflexible, lorsqu'elle est mise sous pression, elle deviendra encore plus têtue et inflexible. Si une personne est légèrement malhonnête, lorsqu'elle est soumise à la pression ou à la tentation, elle deviendra totalement malhonnête. Les gens ne changent pas.

AFFAIRES ET CONCURRENCE
L'honnêteté dans notre monde en évolution rapide signifie également que vous voyez le monde des affaires et de la concurrence tel qu'il est, et non tel que vous souhaiteriez qu'il soit, notamment en ce qui concerne l'explosion de l'information et de la technologie. De nombreuses personnes pensent qu'elles peuvent faire un effort pour suivre l'évolution des connaissances dans leur domaine et la croissance de la technologie dans leur travail. Mais cet effort minimal n'est pas acceptable pour la personne

honnête. La personne vraiment honnête se rend compte qu'aujourd'hui, il faut courir pour rester à la même place. La personne vraiment honnête se rend compte que les connaissances doublent dans tous les domaines tous les deux ou trois ans, ce qui signifie que vos connaissances doivent également doubler tous les deux ou trois ans.

Jack Welch, l'ancien président et PDG de General Electric, a dit un jour : « Si le rythme de changement à l'extérieur de votre organisation est supérieur au rythme de changement à l'intérieur de votre organisation, la fin est proche ». Ce principe s'applique également à vous en tant que personne. Si vous n'apprenez pas et n'améliorez pas continuellement vos compétences, vous risquez de devenir obsolète.

QUE VALEZ-VOUS ?

Dans tout le pays aujourd'hui, les gens sont licenciés ou renvoyés par milliers, et même par centaines de milliers, chaque année. Dans de nombreux cas, ces personnes ont laissé leur niveau de connaissances et de compétences baisser au point que leur entreprise ne pouvait plus se permettre de les garder parmi leurs salariés.

Beaucoup d'entre elles n'étaient pas complètement honnêtes avec elles-mêmes. Elles n'ont pas continué à améliorer leurs connaissances et leurs compétences afin de pouvoir apporter de plus en plus de valeur à leur entreprise. Elles espéraient que les changements spectaculaires qui se produisaient dans les économies nationales et internationales ne les affecteraient pas. Et par conséquent, elles ont été prises dans les licenciements lorsque le marché pour leurs produits ou services a ralenti.

Il faut en moyenne deux à sept mois aux professionnels pour trouver un autre emploi, en subissant généralement une baisse de salaire de 14 à 40 %. Certaines personnes sont licenciées d'emplois très bien payés et ne gagnent plus jamais la même somme. Et si elles ne prennent pas la peine d'actualiser leurs connaissances et leurs compétences, cela peut se reproduire.

CONCENTREZ-VOUS SUR LA VALEUR AJOUTÉE

L'honnêteté signifie que vous acceptez que votre revenu est totalement déterminé par votre capacité à apporter de la valeur à votre entreprise et, à travers elle, à vos clients. Une personne doit générer trois dollars de bénéfice net pour chaque dollar de salaire ou de revenu qu'elle reçoit de l'entreprise. Si vous ne générez pas actuellement trois dollars de bénéfices ou d'économies sur les résultats de votre entreprise, votre poste est un candidat de choix pour l'externalisation, la réduction des effectifs ou la suppression. L'honnêteté signifie que vous acceptez cela comme un fait et que vous faites ensuite tout ce qui est en votre pouvoir pour maintenir et augmenter votre valeur.

La véritable honnêteté signifie que vous ne vous attendez jamais à retirer plus que ce que vous avez investi, ni à obtenir quelque chose pour rien. Vous ne jouez pas ou n'achetez pas de billets de loterie, ce qui, d'une certaine manière, est un acte de malhonnêteté. C'est une tentative d'obtenir quelque chose que vous n'avez pas gagné. La personne vraiment honnête ne tente jamais d'obtenir des récompenses sans travailler, ou de s'enrichir rapidement ou facilement.

Aux États-Unis aujourd'hui, des millions de personnes sont attirées par la solution rapide. Si elles sont employées ou cadres, elles veulent de nouveaux et meilleurs emplois, et elles les veulent immédiatement. Elles sont toujours à la recherche de raccourcis, et par conséquent, elles sont toujours frustrées et malheureuses.

Elles espèrent que des problèmes qui ont mis des mois et des années à se développer pourront être résolus par une sorte de solution miracle. Elles sont impatientes et veulent des résultats immédiats. Mais être une personne honnête exige de résister à la tentation de la solution miracle dans n'importe quelle partie de votre vie.

LA CONFIANCE EST LE CIMENT
Les relations sont essentielles à une vie heureuse, saine et gratifiante. Toutes les relations sont basées sur la confiance. La confiance est le ciment qui maintient les relations. Vous pouvez avoir toutes sortes de problèmes et de désaccords avec une autre personne, mais tant que la confiance et le respect sont toujours là, la relation peut perdurer. Mais, si la confiance est compromise, la relation peut s'effondrer rapidement, comme un château de cartes qui s'écroule.

Toutes les relations d'affaires sont basées sur la confiance. Toutes les relations qui impliquent de l'argent dépendent de la parole de l'emprunteur ou du créancier. Toutes les relations avec vos banquiers, vos fournisseurs, vos clients, votre personnel et toutes les autres personnes de votre monde financier sont basées sur cet élément critique qu'est la confiance.

Les hommes et les femmes d'une grande intégrité sont fastidieux quant aux niveaux de confiance qu'ils ont établis et maintenus. Ils font attention à leur crédit et à leurs engagements et arrangements financiers. Ils tiennent toujours leur parole. Ils font attention à leurs relations bancaires, à leurs cartes de crédit, à leurs factures et à tout l'argent qu'ils doivent à tout moment.

UNE HISTOIRE DE DEUX FAILLITES

Il y a quelques années, deux personnes que je connaissais bien, dans deux entreprises différentes, ont été contraintes à la faillite en raison de la récession économique. Mais les résultats de leurs faillites ont été complètement différents.

Le premier de mes amis avait été méticuleusement attentif à toutes ses factures et à ses finances tout au long de sa carrière. Il avait toujours payé au moins les montants minimums sur ses cartes de crédit. Si jamais il avait un problème financier, il allait voir la personne concernée et réorganisait les paiements et les intérêts. Lorsqu'il a finalement été contraint à la faillite, par un défaut financier massif et inattendu sur lequel il n'avait aucun contrôle, il n'a eu d'autre choix que d'aller au tribunal, de renoncer à tous ses actifs et de s'en aller sans un sou.

Mais en l'espace d'une semaine, des gens l'ont approché et lui ont proposé de l'argent, des prêts, des bureaux, des cartes de crédit, un endroit où vivre et une nouvelle voiture. L'un de ses anciens associés, assez riche, lui a envoyé par la poste un chèque en blanc déjà signé, en lui disant : « Remplissez simplement le montant dont vous avez besoin et faites-le moi savoir pour mes dossiers ; j'ai une confiance totale en vous ». Outre le fait qu'elle lui a enlevé un grand fardeau de dettes, cette faillite ne l'a guère affecté.

Le deuxième homme d'affaires, cependant, a vécu une expérience complètement différente. Lorsqu'il a commencé à avoir des problèmes financiers, il a continuellement induit en erreur et trompé ses créanciers, des personnes qui lui avaient fait confiance. Il a négligé de faire les paiements qu'il avait promis, et a fait des chèques qu'il ne pouvait pas honorer. Il évitait ses créanciers lorsqu'ils téléphonaient, et il a fini par changer de numéro de téléphone. Il a déménagé et n'a donné à personne sa nouvelle adresse. Il a traité les personnes qui lui avaient fait confiance en lui prêtant de l'argent comme si elles étaient stupides. Lorsqu'il a finalement fait faillite, personne ne voulait avoir affaire à lui. Il lui faudra des années pour s'en remettre, si jamais il y parvient. Il ne peut même pas obtenir une carte de crédit ; il doit maintenant payer tout en liquide.

LA CLÉ DU SUCCÈS DANS LA VENTE
Dans la vente, la confiance est le fondement de toute relation. Une personne n'achètera pas chez vous tant qu'elle ne vous fera pas entièrement confiance. Tous les meilleurs vendeurs investissent une bonne partie de leur temps à établir des relations de confiance de haute qualité avec leurs clients avant même de tenter de vendre leurs produits ou services.

Une association à laquelle j'appartiens a commandé l'an dernier une enquête de 50 000 $ auprès de ses clients. Étant donné que la plupart de nos organisations vendent des formes de formation et des services de conseil assez similaires, ils voulaient savoir ce qui poussait un acheteur à s'adresser à une entreprise et pas à une autre.

L'une des questions qu'ils ont posées aux clients visait à savoir ce qui les préoccupait le plus dans leur décision d'achat. Plus de 80 % des personnes qui ont répondu à l'enquête ont déclaré que l'honnêteté et l'intégrité du vendeur étaient plus importantes que tout autre facteur.

Lorsqu'on leur a demandé ce qu'ils entendaient par honnêteté et intégrité chez un vendeur, les clients ont répondu que cela signifiait que le vendeur faisait passer leurs intérêts en premier. Ils croyaient que le vendeur tiendrait sa parole. Ils croyaient les affirmations du vendeur sur le produit. Ils croyaient que le vendeur ferait ce qu'il promettait et que l'entreprise respecterait tous les engagements pris par le vendeur. Ils avaient un haut niveau de confiance dans la parole du vendeur et dans tout ce qu'il faisait ou disait dans ses interactions avec eux.

Un fait intéressant qui est ressorti de cette enquête est que la qualité du produit ou du service a été à peine mentionnée. Lorsque les clients ont été interrogés sur leurs préoccupations concernant la qualité des produits, ils ont répondu qu'ils estimaient que la plupart des produits ou services d'un niveau donné étaient assez similaires et permettraient d'obtenir les résultats proposés. La clé de la vente était leur sentiment sur le caractère du vendeur, et à travers le vendeur, l'entreprise elle-même.

L'HONNÊTETÉ EST LA CLÉ DU CARACTÈRE

La véritable essence du caractère, et l'expression la plus reconnaissable de l'honnêteté et de l'intégrité, est la vérité. Si vous êtes totalement honnête avec vous-même et avec les autres, vous serez presque toujours considéré comme une personne de haute moralité.

Dans notre société, les hommes et les femmes qui ont ce type de caractère semblent attirer les opportunités. Les portes s'ouvrent pour eux partout où ils vont. On leur présente des personnes qui peuvent les aider. De l'argent et d'autres ressources sont mis à leur disposition. C'est pourquoi la qualité la plus importante que vous pouvez inculquer à vos enfants est le sens de l'honnêteté et l'habitude de la sincérité dans tout ce qu'ils font ou disent.

PARENTS ET ENFANTS

J'ai quatre enfants. Chacun de mes enfants a été élevé avec l'importance de la sincérité à l'esprit dès son plus jeune âge. Aujourd'hui, tous les quatre sont d'irréductibles personnes sincères. Ils sont complètement honnêtes. Je peux leur poser n'importe quelle question et ils me diront toujours la vérité.

Lorsqu'ils grandissaient, je leur ai fait à chacun une promesse. J'ai dit : « Vous n'aurez jamais d'ennuis avec moi pour avoir dit la vérité ». Et j'ai tenu parole. Lorsqu'ils faisaient une bêtise, comme le font tous les enfants, j'écoutais leurs histoires sans juger ni critiquer, puis je leur demandais : « Eh bien, qu'avez-vous appris ? » Ils ont vite appris qu'ils pouvaient toujours dire la vérité et ne jamais subir de critique ou de désapprobation. Ils ont adoré ça.

Parfois, ils font des bêtises, mais il me suffit de leur demander la vérité et ils me la donnent toujours, quelle qu'elle soit. Je suis très fier d'eux. C'est absolument incroyable à quel point les relations entre parents et enfants sont meilleures lorsqu'ils se font absolument confiance.

MARIS ET FEMMES

Ce qui est vrai pour les communications entre parents et enfants est encore plus important pour les maris et les femmes. L'une des meilleures définitions de l'amour que j'ai jamais entendues est celle d'Ayn Rand : « L'amour est une réponse à des valeurs ».

Vous aimez une autre personne parce qu'elle représente des valeurs que vous respectez et chérissez. L'autre personne incarne des qualités que vous admirez. En bref, vous aimez une autre personne pour son caractère. Tout le reste changera ou s'effacera avec le temps, mais le caractère demeure.

La sincérité et l'honnêteté entre les couples exigent une fidélité et une franchise de tous les instants entre les deux. Si un couple est idéal, ils se font absolument confiance et sont les meilleurs amis l'un de l'autre. Il n'existe personne avec qui ils préfèrent parler ou s'exprimer plus honnêtement que l'autre. Le caractère, l'intégrité et l'honnêteté sont les qualités fondamentales d'une relation amoureuse, et sont plus importants que tout le reste.

LA MAXIME UNIVERSELLE

Il existe un merveilleux test que vous pouvez vous donner régulièrement pour mesurer si un acte est bon ou mauvais, juste ou faux. Il est simple et vous pouvez l'utiliser tout au long de votre vie. Il est basé sur la maxime universelle du philosophe allemand Emmanuel Kant, postulée il y a plus de 200 ans. Il disait que vous devriez vivre votre vie comme si chacun de vos actes devait devenir une loi universelle.

En d'autres termes, avant de prendre une décision ou d'entreprendre une action, imaginez que tous les autres vont faire exactement la même chose. Imaginez que votre décision va devenir une loi pour vous-même et pour tous les autres. C'est le véritable test pour savoir si votre décision est bonne. C'est le véritable test d'une valeur ou d'un comportement. Quel genre de société aurions-nous si tout le monde vivait et se comportait exactement comme vous le faites ?

Bon nombre des problèmes de notre société n'existeraient pas si ce test était appliqué régulièrement dans les débats sur les politiques publiques et sociales. Les gouvernements seraient plus lents à approuver certaines actions dans les domaines de la criminalité, de l'éducation, du bien-être et des affaires s'il y avait une probabilité que tout le monde s'engage dans ces actions.

FIXEZ-VOUS DES CRITÈRES ÉLEVÉS POUR VOUS-MÊME
Voici quelques questions que vous pouvez vous poser régulièrement : tout d'abord, demandez-vous : « Quel genre de monde serait mon monde si tout le monde était comme moi ? » Imaginez ! Si tous les habitants du monde étaient comme vous, serait-ce un monde meilleur dans lequel vivre ? Si tous les habitants du monde étaient comme vous, ce serait un monde plus heureux, plus sain, plus prospère et plus harmonieux, ou pas ?

Ensuite, demandez-vous : « Quel genre de pays serait mon pays si tous ses habitants étaient comme moi ? » À quoi ressemblerait ce pays si tout le monde se comportait exactement comme vous le faites ? Si tout le monde faisait les choses que vous faites dans votre vie quotidienne et votre travail, ce pays serait-il meilleur ? Ou y a-t-il des choses que vous pourriez faire différemment ?

La troisième question que vous pouvez vous poser est la suivante : « Quel genre de société serait ma société si tout le monde était comme moi ? » Regardez autour de vous dans votre entreprise et demandez-vous si votre entreprise serait plus prospère et plus harmonieuse si tous ses membres faisaient leur travail exactement comme vous le faites tout au long de la journée.

La dernière question que vous pouvez vous poser est la suivante : « Quel genre de famille serait ma famille si tous ceux qui la composent étaient comme moi ? »

Si tous les membres de votre famille étaient comme vous, votre famille serait-elle un endroit merveilleux pour vivre et grandir ? Est-ce que tous les membres de votre famille s'épanouiraient, seraient plus heureux et auraient plus de succès ? Auriez-vous le genre de famille que les autres mettraient en avant, admireraient et voudraient être comme eux ?

Le fait est que personne ne peut répondre « oui » à toutes ces questions. Chacun de nous est un travail en cours. Chacun de nous a un long chemin à parcourir. Chacun de nous a une grande marge d'amélioration.

LA QUALITÉ DU COURAGE

En examinant 3300 études sur le leadership menées par James McPherson au fil des ans, il a trouvé un dénominateur commun. Il s'agissait de la qualité du courage. Winston Churchill a dit un jour : « Le courage est considéré à juste titre comme la première des vertus, car de lui dépendent toutes les autres ».

Vous avez entendu dire que le chemin de l'enfer est pavé de bonnes intentions. Le monde est plein de gens qui ont des objectifs et des ambitions élevés et nobles, mais il y a très peu de gens qui ont le courage, la discipline et la volonté de les réaliser.

La meilleure partie de la mise en pratique de la qualité du courage est que chaque fois que vous vous comportez courageusement, vous vous sentez plus fort et mieux dans votre peau. Votre estime de vous augmente et vous vous aimez davantage. Vous vous sentez plus confiant et compétent, et vous êtes plus heureux à l'intérieur.

En revanche, chaque fois que vous vous compromettez dans le domaine du courage, votre estime de vous diminue. Vous vous sentez plus faible et moins compétent. Vous ne vous aimez pas et vous respectez peu.

FAITES CE VOUS CRAIGNEZ

Une partie fondamentale pour devenir personnellement puissant exige que vous viviez en cohérence avec les plus hautes valeurs que vous connaissez, dans tous les domaines de votre vie. Ces vertus et ces valeurs ne sont pas seulement renforcées, elles sont aussi gratifiantes. Vous gagnez immédiatement une satisfaction intérieure chaque fois que vous vous forcez à faire ce que vous savez devoir faire, même si vous n'en avez pas envie.

La peur de l'échec est le plus grand obstacle à la réussite dans la vie adulte. L'antidote à la peur de l'échec est le courage d'agir. Le courage est une qualité si importante que, comme la forme physique, il nécessite une série d'exercices pour le développer et l'entretenir.

La meilleure façon de développer le courage est d'affronter ses peurs. Ralph Waldo Emerson a écrit : « Faites ce que vous craignez et la mort de la peur est certaine ».

Lorsque vous faites ce dont vous avez peur, vous prenez le contrôle de vos émotions et de votre vie. Vous faites passer votre attitude de neutre ou négative à positive et optimiste. « Faites de que vous craignez et la mort de la peur est certaine. »

PRATIQUEZ LA DÉSENSIBILISATION SYSTÉMATIQUE

Beaucoup de gens ont peur de parler en public. Mais Toastmasters International a développé une méthode puissante pour enseigner l'art oratoire même aux personnes qui sont absolument terrifiées à l'idée de parler devant d'autres personnes. Il s'agit du processus de « désensibilisation systématique ». Vous pouvez l'utiliser dans tous les domaines de votre vie pour réduire la peur et développer le courage.

La désensibilisation systématique est un terme psychologique qui fait référence au fait de faire quelque chose encore et encore jusqu'à ce qu'elle ne vous inspire plus aucune crainte. Au sein de Toastmasters International, chaque membre est tenu de se lever et de prendre la parole, ne serait-ce que quelques secondes, à chaque réunion. Après plusieurs mois de réunions hebdomadaires, les personnes qui étaient si terrifiées à l'idée de parler devant d'autres personnes qu'elles ne pouvaient pas mener une prière silencieuse dans une cabine téléphonique deviennent si sûres de leur capacité à se lever et à parler devant des pairs qu'elles se battent pour obtenir des occasions plus longues de parler.

EXPRIMEZ-VOUS EN PUBLIC

J'ai travaillé avec d'innombrables cadres qui ont suivi mes conseils et se sont inscrits à Toastmasters International ou ont suivi un cours de l'organisation Dale Carnegie. Au bout de six mois, ils me disent qu'ils sont devenus des personnes complètement différentes. De timides et effacés lors des réunions et des présentations, ils deviennent calmes, confiants, audacieux et même éloquents lorsqu'ils expriment leurs points de vue avec d'autres personnes. Et leur carrière décolle également.

Lorsque vous pouvez vous exprimer en public, vous apparaissez comme plus intelligent et plus compétent qu'une personne qui ne le peut pas. De nombreux cadres, hommes et femmes, ont vu leur carrière décoller, leurs revenus augmenter et leurs responsabilités s'étendre en affrontant leurs peurs en parlant encore et encore et jusqu'à ce qu'ils deviennent très bons sur leurs pieds.

FAITES FACE AU DANGER

Dans la plaine du Serengeti, en Afrique, les zoologues ont mis au point une technique simple pour déterminer lequel des animaux du troupeau est le chef.

Lorsqu'un prédateur (un lion ou un guépard) s'approche d'un troupeau d'animaux en train de paître, les membres du troupeau captent l'odeur dans le vent et commencent à s'éloigner dans la direction opposée. À ce moment-là, le chef du troupeau émerge. Le chef sera l'animal qui se place entre le prédateur et le troupeau pendant que le troupeau commence à fuir. Le chef, risquant sa vie face au lion ou au guépard qui se dirige vers le troupeau, va néanmoins tenir bon pour permettre aux autres de s'échapper.

Le chef « fait toujours face au danger ». Ceci est aussi vrai pour les êtres humains que pour les animaux. Vous devenez un leader dans la mesure où vous vous obligez également à faire face au danger. Vous identifiez les domaines de votre vie qui provoquent en vous de la peur et du stress, et au lieu de les éviter et d'espérer qu'ils disparaissent, vous les affrontez directement.

FAITES-LE QUAND MÊME

L'acteur Glenn Ford a dit un jour : « Si vous ne faites pas ce que vous craignez, la peur contrôle votre vie ».

C'est presque comme si la peur était le marionnettiste et que vous étiez la marionnette. Si vous n'affrontez pas la peur, et ne coupez pas les ficelles qui vous retiennent à la peur, la peur vous fera danser émotionnellement et psychologiquement. Si vous laissez une peur durer trop longtemps, elle aura tendance à croître et à grandir et finira par dominer toutes vos pensées.

Chaque fois que vous penserez à la situation ou à la personne effrayante, votre cœur battra plus vite et votre estomac se retournera. Vous serez incapable de bien dormir la nuit. La peur affectera votre santé, votre bonheur, vos relations et vos interactions avec vos clients et vos collègues. Au fil du temps, vous serez tellement préoccupé par la situation qui vous fait peur que vous ne pourrez penser à rien d'autre. Ce n'est pas une façon de vivre.

AFFRONTEZ LA PEUR
La façon de gérer la peur est de l'affronter. Vous décidez d'affronter la peur, de la gérer et d'y mettre un terme.

Lorsque j'étais un jeune homme et que j'étais confronté à une situation effrayante, j'ai lu une citation de Mark Twain qui a changé mon attitude pour toujours. Elle disait : « Le courage n'est pas un manque de peur ou une absence de peur. C'est la maîtrise de la peur, le contrôle de la peur. »

Ces mots ont eu un impact énorme sur moi. J'ai réalisé que nous avons tous peur de beaucoup de choses. Avoir peur est normal et naturel. En fait, plus vous êtes intelligent, plus vous aurez un grand nombre de peurs possibles. Vous aurez une plus grande sensibilité à votre monde et aux choses qu'il est logique pour vous de craindre.

ALLEZ VERS LA PEUR

La seule différence entre la personne courageuse et le lâche est que la personne courageuse affronte la peur et la gère alors que le lâche se détourne de la peur et la fuit.

Et voici une grande découverte. Lorsque vous affrontez une peur et que vous allez vers elle, elle diminue et devient plus petite. Elle perd son emprise sur vous. Mais si vous reculez devant une peur, elle grandit et prend bientôt le contrôle de vos pensées et de vos ressentis.

Lorsque vous vous tournez habituellement vers le danger, faites la chose que vous craignez, faites face à la peur et avancez vers elle avec courage, elle perd son pouvoir d'influence. Vous dominez rapidement la peur plutôt que de vous laisser dominer par elle. Vous ressentez un énorme sentiment de contrôle. La qualité dont vous avez besoin pour affronter vos peurs, plus que toute autre chose, est la qualité de l'autodiscipline.

De manière merveilleuse, lorsque vous vous obligez à affronter vos peurs, à agir courageusement, même lorsque vous n'en avez pas envie, votre situation de peur disparaît. Vous vous sentirez très bien dans votre peau. Vous aurez un sentiment de pouvoir et de contrôle sur votre vie.

SAUTEZ ET LE FILET APPARAÎTRA

La première partie du courage est le courage de se lancer en direction de votre objectif. C'est la capacité et la volonté pour vous de vous fixer un objectif et de faire le premier pas dans la direction de sa réalisation.

Dans une étude menée pendant 12 ans au Babson College, le Dr Robert Ronstadt, formateur en entrepreneuriat, a recherché les raisons du succès ou de l'échec des diplômés de l'école de commerce. Certains ont créé des entreprises prospères, mais la plupart n'ont pas réussi. Il a découvert que ceux qui ont construit des entreprises prospères avaient une qualité particulière : ils ont eu le courage de lancer leurs entreprises sans garantie de succès. Ils étaient prêts à risquer l'échec dans la poursuite de leurs rêves.

Le professeur Ronstadt a appelé cela le « principe du couloir ». Il a dit que lorsque vous vous lancez vers votre objectif, aussi lointain soit-il, vous commencez à vous déplacer dans un couloir du temps. À mesure que vous avancez dans ce couloir, d'autres portes d'opportunité s'ouvrent de part et d'autre. Mais vous n'auriez pas été en mesure de voir ces autres portes d'opportunité si vous ne vous déplaciez pas déjà dans ce couloir psychologique vers votre objectif.

La plupart des gens qui réussissent dans la vie obtiennent leur succès dans un domaine complètement différent de celui dans lequel elles ont commencé. Mais parce qu'ils étaient en mouvement, ils ont vu des opportunités et des possibilités dont ils n'auraient pas eu conscience s'ils avaient attendu que tout soit parfait. Et le fait est que tout ne sera jamais tout à fait parfait.

LA QUALITÉ DE FER DU SUCCÈS
Si la première partie du courage est la volonté de commencer, la deuxième partie du courage est la volonté de résister. C'est le courage de s'accrocher. C'est le courage de garder le cap. C'est le courage de persévérer face à chaque revers et difficulté.

L'autodiscipline est la qualité de fer du caractère. C'est ce qui vous permet d'endurer. L'autodiscipline est la seule qualité qui vous donne la force dont vous avez besoin pour prendre des risques et aller de l'avant face au danger et à l'incertitude. C'est l'autodiscipline, et le courage qui en découle, qui développe en vous la puissance personnelle qui vous permet de surmonter tout obstacle sur votre chemin.

LES DIFFÉRENTES FORMES DE COURAGE

Il existe plusieurs formes de courage que vous pouvez développer avec la pratique. Ces formes de courage vous aideront à atteindre le grand succès qui vous attend. Elles s'apprennent toutes avec de la pratique.

FAITES DE GRANDS RÊVES

La première forme de courage est le courage de faire de grands rêves et de se fixer de grands objectifs. C'est là que la plupart des gens s'arrêtent. L'idée même de se fixer de grands objectifs, stimulants, excitants et valables est si impressionnante qu'ils abandonnent avant même de commencer. Mais ce n'est pas pour vous. Asseyez-vous, écrivez vos objectifs comme si tout était possible pour vous, et n'ayez jamais peur de faire de grands rêves.

PRENEZ UN ENGAGEMENT

Le deuxième type de courage est le courage de s'engager totalement, en se lançant à corps perdu dans ce que vous décidez de faire. Toutes les personnes qui réussissent selon mon expérience sont des personnes qui vivent pleinement engagées. Elles sont pleinement impliquées dans leur vie et dans leurs objectifs. Elles ne font pas les choses à moitié. Elles n'ont peut-être aucune garantie, mais elles n'ont pas peur de mettre tout leur cœur dans leurs activités. Si elles échouent, elles échouent en essayant jusqu'au bout, pas en jouant la sécurité, en souhaitant et en espérant que tout se passera bien.

SORTEZ DE VOTRE ZONE DE CONFORT

Le troisième type de courage dont vous avez besoin est le courage de sortir de votre zone de confort. C'est le courage d'entrer dans votre zone d'inconfort, où vous vous sentez mal à l'aise, maladroit et seul. La zone de confort est l'un des plus grands ennemis du potentiel humain. Lorsque les gens entrent dans une zone de confort, ils s'efforcent de rester dans cette zone de confort. Souvent, leur vie entière leur échappe pendant qu'ils meublent et renforcent leur petite ornière de performance moyenne.

Vous devez avoir le courage d'aller continuellement vers vos plus grands objectifs et ambitions. Vous devez être prêt à affronter l'inconfort pour pouvoir grandir.

DÉFENDEZ VOS IDÉES

Le quatrième type de courage dont vous avez besoin est le courage de défendre vos idées, notamment vos valeurs, votre vision et vos croyances. Vous devez défendre ce que vous croyez être juste. Vous devez défendre les autres personnes qui épousent ces principes. Vous devez avoir le courage de défendre fermement les plus hautes valeurs que vous connaissez, puis refuser de vous compromettre ou de compromettre votre caractère parce que d'autres peuvent désapprouver.

AVANCEZ DANS LA FOI

Vous devez avoir le courage de vous lancer dans la foi sans aucune garantie de succès. Quelqu'un a écrit un jour : « Si chaque obstacle doit d'abord être surmonté, rien ne sera jamais fait ».

Les personnes courageuses sont celles qui ont un rêve et se fixent un objectif, élaborent un plan et font le premier pas, sans assurance et sans garantie que leurs efforts aboutiront au succès. Cependant, si vous considérez chaque pas en avant comme un apprentissage et chaque revers comme une leçon précieuse qui vous a été envoyée pour vous rendre plus fort et meilleur, vous n'aurez pas peur de vous lancer avec confiance dans l'inconnu.

PRENEZ LE RISQUE D'ÉCHOUER

Vous devez avoir le courage de prendre le risque d'échouer. Vous devez avoir le courage d'endurer des revers constants, des déceptions et des défaites temporaires. Vous devez apprendre à gérer l'échec en réalisant qu'il s'agit d'une condition préalable indispensable à la réussite. Vous devez avoir le courage de traiter l'échec comme une occasion de recommencer plus intelligemment. Vous devez surmonter la peur de l'échec en faisant les choses que vous craignez encore et encore, puis en prenant la résolution de rebondir plutôt que de sombrer lorsque les choses ne fonctionnent pas pour vous.

Plus les objectifs que vous vous fixez sont grands et excitants, plus vous trébucherez et tomberez souvent. Mais tant que vous avez des objectifs clairs, vous échouerez et tomberez toujours dans le sens de la marche. Vous vous relèverez toujours un peu plus près du but que vous ne l'étiez auparavant.

AFFRONTEZ VOS PEURS

Vous devez avoir le courage de faire continuellement face au danger. Identifiez toutes les situations qui engendrent la peur dans votre vie qui vous causent du stress ou de l'anxiété aujourd'hui. Décidez quelle pourrait être la pire issue possible de chacune de ces situations. Prenez la résolution d'accepter le pire, s'il se produit. Puis prenez des mesures pour résoudre chacune de ces situations. Refusez de permettre à une situation qui engendre la peur de rester dans votre vie, de dominer votre pensée et vos émotions et de vous retenir.

PRATIQUEZ LA PENSÉE ZÉRO

Vous devez avoir le courage de pratiquer la pensée zéro en permanence dans votre vie. Demandez-vous : « Y a-t-il quelque chose dans ma vie, sachant ce que je sais maintenant, que je n'entreprendrais pas ou ne recommencerais pas aujourd'hui si c'était à refaire ? »

Il existe des situations dans la vie de chaque personne dans lesquelles elle ne se retrouverait pas si c'était à refaire, sachant ce qu'elles savent maintenant. Si vous décidez qu'il y a une chose que vous ne feriez pas à nouveau, votre prochaine question est de savoir comment vous en sortir et à quelle vitesse.

Vous ne pouvez pas vous avoir une vie formidable si, en plein milieu de votre vie, il y a quelque chose que vous ne feriez même pas si c'était à refaire. Et vous savez toujours quand vous avez affaire à un cas de pensée zéro. Cela vous cause beaucoup de stress. Cela vous préoccupe continuellement. Cela vous empêche parfois de dormir la nuit et domine votre conversation. Vous savez toujours de quoi il s'agit.

ADMETTEZ VOS ERREURS

Vous devez avoir le courage d'admettre que vous pouvez avoir tort et que vous avez fait une erreur lorsque vous obtenez de nouvelles informations sur une situation quelconque. Il est étonnant de constater combien de personnes restent enfermées dans un faible niveau de performance parce qu'elles ne veulent pas admettre qu'elles ne sont pas parfaites. Elles ne veulent pas admettre qu'avec le temps, quelque chose qui semblait être une bonne idée s'est avéré être un mauvais choix ou une mauvaise décision.

N'ayez pas peur de réduire vos pertes. N'ayez pas peur d'admettre que vous aviez tort et de vous retirer. N'ayez pas peur de mettre de côté une ligne de conduite et de vous lancer dans quelque chose de complètement différent. C'est la marque du courage, du pouvoir personnel et de la pensée efficace.

SOYEZ PRÊT À FAIRE DES ERREURS

Vous devez avoir le courage d'être prêt à faire des erreurs et à en tirer des leçons. Toutes les personnes les plus performantes prennent continuellement des décisions, font des erreurs, en tirent des leçons, s'autocorrigent et continuent.

Les personnes qui réussissent ne sont pas celles qui prennent nécessairement les bonnes décisions tout le temps, mais elles prennent leurs décisions correctement. Si elles commettent une erreur, elles l'acceptent, en tirent le plus de leçons possible, puis continuent. N'oubliez pas que vous ne pouvez apprendre à réussir qu'en échouant et en faisant des erreurs. Plus vous échouez et plus vous faites d'erreurs, plus vous devenez intelligent et plus il est probable que vous finissiez par atteindre vos objectifs.

ACCEPTEZ LA RESPONSABILITÉ TOTALE

Vous devez avoir le courage d'accepter la responsabilité totale de votre vie, ce qui signifie assumer la responsabilité des résultats. Vous devez avoir le courage de refuser de trouver des excuses ou de vous dédouaner. Vous devez avoir le courage de dire, encore et encore, « Je suis responsable ! ».

Lorsque quelque chose ne va pas, vous vous concentrez sur la solution plutôt que sur le problème. Vous vous demandez : « Que faisons-nous à partir de maintenant ? Quelle est la prochaine étape ? Quelle est la solution ? »

Vous vous reprenez ensuite et continuez, en tirant le meilleur de la situation et en jetant l'inutile.

SOYEZ PATIENT

Vous avez besoin de ce que l'on appelle la « patience courageuse ». Il s'agit d'un type de courage particulier qui est requis après que vous vous êtes lancé vers votre objectif mais que vous n'avez pas encore vu de résultats. Il est étonnant de voir combien de personnes se découragent et foncent dans cette zone entre le moment où elles commencent et celui où elles commencent à voir des résultats. Leurs doutes et leurs craintes les submergent.

Mais ce n'est pas pour vous. Une fois que vous avez commencé à avancer vers votre objectif, prenez la résolution de rester calme et confiant jusqu'à ce que vous commenciez à obtenir des résultats. Soyez patient et persévérant, peu importe ce qui se passe à court terme.

PERSÉVÉREZ PLUS LONGTEMPS

Le dernier courage dont vous avez besoin est le courage de persévérer plus longtemps que quiconque. La persévérance est la qualité qui garantira finalement votre succès. Votre volonté de persévérer face à toute adversité peut être votre plus grand atout. Elle peut être le seul facteur qui garantit votre succès.

Si vous refusez d'abandonner, vous finirez par réussir. Tout comme au baseball, vous ne réussirez pas un home run si vous ne continuez pas à frapper. En 30 ans d'étude des personnes ayant réussi, j'ai découvert un fait à maintes reprises. Personne n'a jamais été vaincu avant d'avoir accepté la défaite comme une réalité. Personne ne peut jamais vous vaincre, sauf vous-même.

Lorsque vous vous obligez pour faire ce que vous devez faire, que vous en ayez envie ou non, et que vous utilisez cette force intérieure pour développer en vous des niveaux élevés de courage et de persévérance, vous deviendrez une personne incroyablement puissante. Vous aurez bientôt l'impression qu'il n'y a rien que vous ne puissiez accomplir. Vous finirez par vous améliorer au point de vous sentir complètement inarrêtable.

VOUS ÊTES FINALEMENT AUTODIDACTE

Quelqu'un a dit un jour : « Je suis un self-made man, mais si c'était à refaire, je demanderais un peu d'aide ». Vous et moi sommes tous autodidactes. Nous avons tous beaucoup de domaines dans lesquels nous pourrions nous améliorer. Nous avons tous besoin de nous fixer des critères plus élevés. Nous devons tous travailler continuellement au développement de nos caractères. Nous devons tous nous efforcer de devenir de meilleures personnes. Nous ne pouvons jamais nous permettre d'être complaisants, quel que soit le niveau d'accomplissement. Nous devons sans cesse relever la barre pour nous-mêmes.

L'une des marques des personnes supérieures est qu'elles peuvent se gérer elles-mêmes. Si elles travaillent pour une entreprise, elles peuvent le faire en imaginant leur patron assis à côté d'elles, les observant et remplissant leur évaluation annuelle des performances à chaque minute de chaque jour. Ou, en se considérant comme des modèles, elles pourraient se fixer des critères bien plus élevés que ceux que quiconque pourrait leur imposer.

Seuls les 2 % de personnes les plus performantes de notre société peuvent se superviser et se gérer elles-mêmes. Elles peuvent se conduire tout au long de la journée comme si tout le monde les regardait, même si personne ne les regarde.

LA VRAIE RÉCOMPENSE

Lorsque vous vous fixez des critères élevés pour vous-même, votre estime et votre respect de vous-même augmentent. Lorsque vous décidez que vous allez vivre en cohérence avec vos valeurs les plus élevées et vos convictions les plus profondes, vous vous sentez merveilleusement bien dans votre peau. Lorsque vous devenez complètement honnête, vous cessez de vous compromettre dans vos relations avec les autres. Vous parlez sincèrement à tous ceux avec qui vous vivez et travaillez. Vous mettez en pratique la sincérité absolue avec vous-même et avec les autres.

Plus vous êtes honnête avec vous-même, plus vous aurez de courage et de confiance en vous. Vous deviendrez plus positif et enthousiaste à propos de vous-même. Vous développerez un formidable sentiment de puissance intérieure et de force personnelle. Plus vous vivrez en cohérence avec les valeurs les plus élevées que vous connaissez, plus votre caractère s'affinera. Finalement, vous atteindrez le point où vous êtes absolument inarrêtable !

* * *

EXERCICES PRATIQUES

1. Déterminez vos trois valeurs les plus importantes dans votre vie personnelle et familiale. En quoi croyez-vous et à quoi tenez-vous le plus ?
2. Prenez la résolution de vivre en restant fidèle à vous-même et aux autres, sans compromis. Dans quel domaine de votre vie n'êtes-vous pas parfaitement honnête avec une autre personne ?
3. « Soyez fidèle à vous-même. » Examinez les domaines de votre vie où vous ressentez du stress, de l'insatisfaction ou du mécontentement et déterminez si vous faites des compromis sur l'une de vos valeurs.
4. Quel genre de société serait votre entreprise si tous ses membres étaient comme vous ? Que pourriez-vous changer immédiatement pour faire de votre entreprise un endroit meilleur ?
5. Que feriez-vous et comment passeriez-vous votre temps si vous appreniez aujourd'hui qu'il ne vous reste que six mois à vivre ? Vos réponses à cette question révéleront vos véritables valeurs.

6. « Les gens ne changent pas. » Puisque c'est l'une des lois de la vie, quels changements devriez-vous apporter dans votre vie et vos relations, à la maison et au travail, pour prendre compte ce fait.
7. Mettez en pratique la sincérité en toutes choses. Dans quels domaines devez-vous accepter le monde tel qu'il est, plutôt que tel que vous aimeriez qu'il soit ? Soyez honnête avec vous-même.

RÉSUMÉ ET CONCLUSIONS

Le monde est comme un grand miroir. Il vous renvoie ce que vous êtes. Si vous êtes aimant, si vous êtes agréable, si vous êtes serviable, le monde se montrera aimant, agréable et serviable envers vous. Le monde est ce que vous êtes.

—THOMAS DREIER

Le principe le plus important de la vie humaine est que vous devenez ce à quoi vous pensez la plupart du temps. Cette intuition est le fondement de la religion, de la philosophie, de la métaphysique, de la psychologie et de toute réussite. Votre monde extérieur est en grande partie le reflet de votre monde intérieur. Si vous changez votre façon de penser, vous changez votre vie.

Votre plus grand défi et votre plus grande responsabilité consistent à créer en vous l'équivalent mental de ce que vous voulez vivre à l'extérieur. En faisant cela, vous activez tous vos pouvoirs mentaux, et mettez les forces de l'univers à l'œuvre en votre faveur. Vous prenez le contrôle total de votre vie.

On a demandé à des milliers de personnes à quoi elles pensaient la plupart du temps. Encore une fois, les hommes et les femmes qui ont le mieux réussi rapportent les mêmes choses. Ils pensent à ce qu'ils veulent et à la façon de l'obtenir la plupart du temps. Les personnes qui ne réussissent pas et qui sont malheureuses, en revanche, pensent et parlent de ce qu'elles ne veulent pas. Elles pensent et parlent de leurs problèmes et de leurs soucis, et des personnes dans leur vie qu'elles n'aiment pas. Mais ce n'est pas pour vous.

Lorsque vous pensez et parlez continuellement de ce que vous voulez et de la façon de l'obtenir, cette façon de penser devient rapidement une habitude. Lorsque vous pensez et parlez de ce que vous voulez, vous devenez plus positif, plus volontaire et plus créatif. Lorsque vous restez concentré sur votre objectif, vous devenez une personne plus productive et plus efficace.

LA FORCE DE L'OPTIMISME

La qualité la plus importante que vous pouvez développer pour obtenir plus de succès et de bonheur est peut-être la qualité de l'optimisme. Vous pouvez apprendre l'habitude de l'optimisme en pensant comme les optimistes le font la plupart du temps. D'après des entretiens avec des milliers de personnes parmi les plus heureuses et les plus performantes dans tous les domaines, les optimistes semblent avoir deux façons particulières d'aborder la vie. Ce sont des attitudes de l'esprit que vous pouvez développer avec de la pratique.

Tout d'abord, les optimistes cherchent le bon côté de chaque situation, surtout lorsqu'ils subissent des revirements et des revers. Ils restent positifs en cherchant le bon côté, le côté positif, de chaque problème. Et ils trouvent toujours quelque chose.

Deuxièmement, les optimistes recherchent la précieuse leçon dans chaque problème ou difficulté. Ils croient que chaque échec ou obstacle temporaire a été envoyé pour leur apprendre quelque chose. Ils se demandent continuellement : « Que suis-je censé apprendre de cette situation ? » Et ils trouvent toujours quelque chose.

Votre esprit est structuré de telle manière que vous ne pouvez pas chercher le bon côté des choses et rechercher la précieuse leçon sans prendre le contrôle total de votre esprit conscient. Lorsque vous le faites, vous vous sentez plus positif et optimiste envers vous-même et votre situation. Vous contrôlez totalement votre vie. Vous donnez le meilleur de vous-même.

LES SEPT ÉTAPES POUR UNE VIE TRÈS PRODUCTIVE

En plus de rechercher le bon côté et de chercher la bonne leçon, les optimistes ont sept orientations, ou manières généralisées de penser à eux-mêmes et à leur vie. Ce sont les sept sujets auxquels ils pensent le plus souvent.

PENSEZ À L'AVENIR

Premièrement, les personnes positives et heureuses sont focalisées sur l'avenir. Elles pensent et parlent de l'avenir la plupart du temps. Elles pensent et parlent de l'endroit où elles vont, plutôt que de ce qui s'est passé dans le passé. Elles créent une vision future claire et excitante de ce qui est possible pour elles. Selon la loi de l'attraction, elles se trouvent attirées vers leurs espoirs et rêves futurs, et leurs espoirs et rêves futurs sont attirés vers elles.

PENSEZ À VOS OBJECTIFS

Deuxièmement, elles sont axées sur leurs objectifs. Elles pensent et parlent de leurs objectifs la plupart du temps. Une fois qu'elles ont rêvé et fantasmé sur leurs visions d'avenir idéales, elles les transforment en objectifs et plans clairs et écrits sur lesquels elles travaillent chaque jour. Elles focalisent leur attention et concentrent leurs énergies. Elles utilisent leurs objectifs pour prendre le contrôle de leur avenir.

PENSEZ À L'EXCELLENCE

Troisièmement, elles sont axées sur l'excellence. Elles s'engagent à devenir excellentes dans ce qu'elles font, à rejoindre les 10 % de personnes les plus performantes dans leur domaine, quel qu'il soit. Elles identifient leurs domaines de résultats clés et se fixent des critères d'excellence dans chacun d'eux. Elles travaillent sur elles-mêmes chaque jour, et ne cessent de s'améliorer.

PENSEZ À LA SOLUTION

Quatrièmement, elles sont axées sur les solutions. Elles pensent à la solution plutôt qu'au problème. Elles pensent à ce qui doit être fait plutôt qu'à qui est à blâmer. Elles utilisent des méthodes de pensée créative pour débloquer leur créativité et celle des personnes qui les entourent. Elles considèrent leurs objectifs comme des problèmes à résoudre, et elles croient qu'il existe une solution logique à chaque difficulté qui n'attend qu'à être trouvée.

PENSEZ AUX RÉSULTATS

Cinquièmement, les personnes heureuses et qui réussissent sont fortement orientées vers les résultats. Elles planifient soigneusement chaque journée à l'avance. Elles établissent des priorités claires sur leurs activités. Elles travaillent ensuite sur les tâches qui représentent l'utilisation la plus valable de leur temps. Elles abattent d'énormes quantités de travail et sont connues pour être des personnes hautement productives. Parce qu'elles sont si efficaces et efficientes, elles en font plus, elles avancent plus vite et elles apportent une plus grande contribution à leur travail et à leur environnement.

PENSEZ À LA CROISSANCE

Sixièmement, les personnes très performantes sont axées sur la croissance. Elles lisent continuellement, écoutent des programmes audios et suivent des cours et des séminaires supplémentaires. Elles sont déterminées à rester à la pointe de leur domaine. Elles savent que l'avenir appartient aux compétents, à ces quelques personnes qui en savent plus que leurs concurrents. Elles savent qu'une course est en cours, et qu'elles y participent. Elles sont déterminées à gagner.

PENSEZ À L'ACTION

Septièmement, et peut-être plus important que tous les autres, les personnes qui réussissent le mieux sont extrêmement concentrées sur l'action. Elles pensent à ce qu'elles peuvent faire, tout de suite, pour avancer plus vite vers leurs objectifs. Elles sont en mouvement constant. Elles travaillent en temps réel. Elles ont un sentiment d'urgence. Elles couvrent plus de terrain et obtiennent beaucoup plus de résultats que la personne moyenne. Plus elles en font, plus elles s'améliorent, plus elles deviennent utiles et plus elles gagnent d'argent.

VOS POSSIBILITÉS SONT ILLIMITÉES

Nous vivons l'âge d'or de l'humanité. Il n'y a jamais eu autant d'opportunités et de possibilités pour vous de devenir tout ce que vous êtes capable de devenir, et d'atteindre le plus grand nombre de vos objectifs, qu'aujourd'hui. Vous pouvez utiliser ce livre comme un guide vers plus de succès et de bonheur pour le reste de votre vie. Voici à nouveau les 12 idées principales :

1. Changez votre manière de penser. La manière dont vous pensez à vous-même, à vos capacités et à votre potentiel, votre image de vous-même, détermine tout ce que vous êtes aujourd'hui et tout ce que vous serez un jour. Heureusement, l'image de soi s'acquiert. En prenant le contrôle total des mots, des images et des idées que vous laissez entrer dans votre esprit, vous prenez le contrôle total de votre avenir.
2. Changez votre vie. Vous venez au monde en tant que pur potentiel, avec des capacités illimitées dans d'innombrables domaines. À la suite de critiques destructives durant l'enfance, vous pouvez développer par inadvertance des peurs de l'échec, de la perte, du rejet et de la critique. Vous pouvez développer des croyances autolimitantes qui vous retiennent. En vous débarrassant de ces émotions négatives, vous libérez votre potentiel et changez votre vie.
3. Faites de grands rêves. Le véritable point de départ pour vivre le genre de vie qui vous est possible est de créer une vision future passionnante de ce que vous voudriez que votre vie soit, dans tous les domaines, si vous n'aviez aucune limite Imaginez que vous pourriez être, avoir ou faire n'importe quoi dans votre famille, vos finances et votre vie personnelle. Fixez ensuite des objectifs clairs et écrits, accompagnés de plans détaillés, pour réaliser vos rêves.

4. **Décidez de devenir riche.** Prenez la résolution aujourd'hui de prendre le contrôle total de votre avenir financier. Commencez à faire les choses que d'autres ont faites pour devenir financièrement indépendants, en partant de là où vous êtes aujourd'hui. Déterminez exactement combien vous voulez gagner, conserver et acquérir, fixez ces montants comme objectifs et pensez-y en permanence. Tout ce que les autres ont fait, vous pouvez le faire aussi.
5. **Prenez votre vie en main.** Vous êtes la principale force créatrice de votre propre vie. Tout ce que vous êtes ou serez un jour sera le résultat de ce que vous faites ou ne faites pas. Prenez la résolution aujourd'hui d'accepter la responsabilité à 100 %, sans blâme ni excuses, de tout ce qui arrive. Exercez votre pouvoir personnel et prenez le contrôle de vos pensées, de vos paroles et de vos actions. Devenez le maître de votre propre destin.
6. **Engagez-vous à atteindre l'excellence.** Les plus grandes récompenses et les plus grandes satisfactions vont à ceux qui sont très bons dans ce qu'ils font. Prenez la résolution de rejoindre les 10 % de personnes les plus performantes dans votre domaine. Déterminez les compétences clés dont vous aurez besoin pour exceller dans ce que vous faites, fixez comme objectif une performance supérieure, établissez un plan, puis efforcez-vous de vous améliorer chaque jour.
7. **Les gens d'abord.** La qualité et la quantité de vos relations auront plus d'impact sur votre réussite et votre bonheur que tout autre facteur. Organisez votre vie autour de l'établissement et du maintien de relations de qualité et de confiance avec les personnes les plus importantes de votre entourage. Constituez régulièrement un réseau pour élargir votre éventail de contacts. Travaillez et réfléchissez avec d'autres personnes positives et axées sur la réussite.

8. Pensez comme un génie. Vous êtes en fait un esprit, avec un corps pour le transporter. Vous n'êtes pas ce que vous pensez être, mais ce que vous êtes ce que vous pensez. Vous avez la capacité de penser mieux et plus efficacement que vous ne l'avez jamais fait auparavant. Lorsque vous commencez à penser de la même manière que les personnes les plus intelligentes et les plus performantes, vous obtiendrez bientôt les mêmes résultats qu'elles.
9. Libérez vos pouvoirs mentaux. Les idées sont les principales sources de richesse aujourd'hui. Plus vous développez d'idées pour vous aider à atteindre vos objectifs, plus la loi des probabilités veut que vous trouviez exactement l'idée qui vous convient, au bon moment. Votre capacité à générer de nouvelles idées est illimitée. Par conséquent, votre avenir est lui aussi illimité.
10. Optimisez votre réflexion. Plusieurs stratégies et techniques de réflexion clés sont utilisées par les personnes de premier plan partout dans le monde. N'importe laquelle de ces méthodes d'analyse et d'évaluation de votre situation peut vous donner des idées essentielles qui peuvent changer votre perspective, et même changer votre vie. Plus vous disposez d'outils de réflexion, plus la vie que vous pouvez vous construire est merveilleuse.
11. Créez votre propre avenir. La capacité à regarder vers l'avenir et à prendre aujourd'hui les mesures qui vous assureront le futur que vous désirez est un mode de pensée essentiel utilisé par les personnes qui ont le mieux réussi dans l'histoire. Les personnes les plus efficaces planifient leur vie avec soin et s'efforcent d'anticiper ce qui pourrait mal tourner, bien à l'avance. En conséquence, elles pensent mieux et prennent de meilleures décisions que les personnes qui les entourent.

12. Vivez une vie formidable. Le monde qui vous entoure est largement déterminé par le monde qui est en vous. Les personnes les plus heureuses, les mieux payées et les plus respectées dans tous les domaines sont celles qui sont connues pour la qualité de leur caractère. Lorsque vous organisez votre vie autour des qualités jumelles que sont l'intégrité et le courage, toutes les portes s'ouvriront pour vous et vous serez une personne véritablement heureuse. Vous changerez votre façon de penser et vous changerez votre vie.

FAITES-LE !
La forme mentale ressemble beaucoup à la forme physique. Il faut beaucoup de temps et de travail pour l'atteindre et la maintenir. Mais elle vaut chaque petit effort que vous y consacrez. Les retombées peuvent être extraordinaires !

Lorsque vous commencez le processus de travail sur vous-même, pour créer à l'intérieur une image claire de ce que vous voulez voir à l'extérieur, les progrès peuvent être lents au début. Mais si vous persévérez, si vous continuez à faire et à dire les bonnes choses de la bonne manière, vous obtiendrez rapidement des résultats bien plus grands que les efforts que vous y mettez.

Il n'y a pas de réelles limites à ce que vous pouvez être, faire et avoir, si ce n'est les limites que vous vous imposez. Vous êtes une personne tout à fait bonne et extrêmement talentueuse, et il y a très peu de choses que vous ne pouvez pas réaliser si vous le voulez assez fort et si vous y travaillez assez longtemps et assez durement. La clé est de commencer aujourd'hui, et ensuite de ne jamais abandonner !

BIBLIOGRAPHIE

Alexander, Bevin. How Great Generals Win. NewYork : W. W. Norton & Company, 2002.

Allen, James. As Man Thinketh. Marina Del Ray, CA : DeVorss & Company, 1983.

Bach, Richard. Illusions. New York : Dell Publishing Company, 1994.

Barker, Raymond Charles. Power of Decision. Marina Del Ray, CA : DeVorss & Company, 1997.

Beatty, Jack. The World According to Peter Drucker. New York : Bantam Books, 1999.

Bloch, Arthur. Murphy's Law. Kansas City, MO : Andrews McMeel Publishers, 2002.

Botton, Alain de. The Consolations of Philosophy. New York : Vintage Books, 2001.

Bristol, Claude. The Magic of Believing. New York : Pocket Books, 1994.

Brown, Les. It's Not Over Until You Win. New York : Fireside, 1998.

Bucke, Richard. Cosmic Consciousness. New York : E. P. Dutton, 1991.

Buckingham, Marcus, and Donald Clifton. Now, Discover Your Strengths. New York : Free Press, 2001.

Butterworth, Eric. The Creative Life. New York : J. P. Tarcher, 2001.

Butterworth, Eric. Discover the Power within You. San Franciso : HarperSanFrancisco, 1992.

Chilton, David. The Wealthy Barber. Roseville, CA : Prima Publishing, 1998.

Collier, Robert. The Secret of the Ages. Oak Harbor, WA : Robert Collier Publications, 1984.

Covey, Stephen. The Seven Habits of Highly Effective People. New York : Simon & Schuster, 1990.

DePorter, Bobbi, with Mike Hernacki. Quantum Learning. New York : DTP, 1992.

Dichter, Ernest. Motivating Human Behavior. New York : McGraw-Hill, 1971.

Drucker, Peter F. Management Challenges for the 21st Century. New York : HarperBusiness, 2001.

Drucker, Peter F. Management : Tasks, Responsibilities, Practices. New York : HarperBusiness, 1993.

Elkins, Dr. Dove Peretz. Self-Concept Sourcebook. Mystic, CT : Growth Associates, 1990.

Epictetus. A Manual for Living. San Francisco : HarperSanFrancisco, 1994.

Ferrucci, Piero. What We May Be. New York : J. P. Tarcher, 1983.

Fox, Emmet. Alter Your Life. San Francisco : HarperSanFrancisco, 1994.

Fox, Emmet. Power through Constructive Thinking. San Francisco : HarperSanFrancisco, 1989.

Fox, Emmet. The Sermon on the Mount. New York : HarperCollins, 1992.

Gardner, Howard. Frames of Mind. New York : Basic Books, 1993.

Goldsmith, Joel. The Infinite Way. Marina Del Ray, CA : DeVorss & Company, 1979.

Gordon, Arthur. A Touch of Wonder. New York : Jove Publications, 1991.

Gowain, Shakti. Creating True Prosperity. Novato, CA : New World Library, 2000.

Haanel, Charles F. The Master Key System. Wilkes-Barre, PA : Kallisti Publishing, 2000.

Hansen, Mark Victor, and Jack Canfield. Chicken Soup for the Soul. Deerfield Beach, FL : Health Communications, 1995.

Hansen, Mark Victor, and Robert G. Allen. The One Minute Millionaire. New York : Harmony Books, 2002.

Heller, Robert. Business Masterminds : Peter Drucker. New York : D. K. Publishing, 2001.

Hill, Napoleon. The Master Key to Riches. New York : Fawcett Books, 1991.

Hill, Napoleon. Think and Grow Rich. New York : Fawcett Books, 1990.

Holmes, Ernest. Creative Mind and Success. New York : J. P. Tarcher, 1997.

Holmes, Ernest. Science of Mind. New York : J. P. Tarcher, 1998.

James, William. The Varieties of Religious Experience. New York : Touchstone Books, 1997.

Keegan, John. A History of Warfare. New York : Vintage Books, 1994.

Leonard, George. Mastery. New York : Plume, 1992.

Lin, Yutang. The Importance of Living. New York : William Morrow & Company, 1998.

Luvaas, J. Napoleon on the Art of War. New York : Touchstone Books, 2001.

McClelland, David. The Achieving Society. New York : Free Press, 1985.

McCormick, Blaine. At Work with Thomas Edison. Irvine, CA : Entrepreneur Press, Inc. 2001.

McGraw, Phillip P. Life Strategies. New York : Hyperion, 2000.

Mises, Ludwig von. Human Action. San Francisco, CA : Fox & Wilkes, 1997.

Mitroff, Ian. Smart Thinking for Crazy Times : The Art of Solving the Right Problems. San Francisco : Berrett-Koehler Publishers, 1998.

Neville. The Law and the Promise. Marina Del Ray, CA : DeVorss & Company, 1984.

Neville. Seedtime and Harvest. Marina Del Ray, CA : DeVorss & Company, 1985.

Newman, James. Release Your Brakes! New York : Warner Books, 1983.

Ouspensky, P. D. The Fourth Way. New York : Random House, 1971.

Ouspensky, P. D. In Search of the Miraculous. San Diego, CA : Harvest Books, 2001.

Parkinson, C. Northcote. Parkinson's Law. Cutchogue, NY : Buccaneer Books, 1996.

Peale, Norman Vincent. Power of Positive Thinking. New York : Ballantine Books, 1996.

Ponder, Catherine. The Dynamic Laws of Healing. Marina Del Ray, CA : DeVorss & Company, 1989.

Qubein, Nido. Stairway to Success. Hoboken, NJ : John Wiley & Sons, 1997.

Rand, Ayn. Philosophy : Who Needs It. New York : New American Library, 1985.

Schwartz, David. The Magic of Thinking Big. New York : Fireside, 1987.

Slywotzky, Adrian J., and David J. Morrison. Profit Patterns. New York : Random House, 1999.

Smiles, Samual. Character. McLean, VA : IndyPublish.com, 2003.

Stanley, Thomas. The Millionaire Mind. Kansas City, MO : Andrews McMeel Publishing, 2000.

Stanley, Thomas, and William Danko. The Millionaire Next Door. New York : Simon & Schuster, 1999.

Stone, Clement W., and Napoleon Hill. The Success System That Never Fails. Upper Saddle River, NJ : Prentice Hall, 1962.

Templeton, John Marks. Worldwide Laws of Life. Radnor, PA : Templeton Foundation, 1998.

Tracy, Brian. Create Your Own Future. Hoboken, NJ : John Wiley & Sons, 2002.

Tracy, Brian. Focal Point. New York : AMACOM, 2001.

Tracy, Brian. Goals! San Francisco, CA : Berrett-Koehler Publishers, 2003.

Tracy, Brian. Many Miles to Go. Irvine, CA : Entrepreneur Press, Inc., 2003.

Tracy, Brian. Maximum Achievement. New York : Fireside, 1995.

Tracy, Brian. The 100 Absolutely Unbreakable Laws of Business Success. San Francisco : Berrett-Koehler Publishers, 2002.

Tracy, Brian. Turbo Strategy. New York : AMACOM, 2003.

Tracy, Brian. The 21 Success Secrets of Self-Made Millionaires. San Francisco : Berrett-Koehler Publishers, 2001.

Tracy, Brian. Victory! New York : AMACOM, 2002.

Treacy, Michael, and Fred Wiersma. The Disciplines of Market Leaders. Cambridge, MA : Perseus Publishing, 1997.

Walters, Dottie, and Lilly Walters. Speak and Grow Rich. Upper Saddle River, NJ : Prentice Hall, 1989.

Wiersma, Fred. Customer Intimacy. Encino, CA: Knowledge Exchange, 1996.

Williamson, Marianne. A Return to Love. New York : HarperCollins, 1996.

À PROPOS DE L'AUTEUR

Brian Tracy : conférencier réputé et spécialiste de la formation et du développement personnel pour les particuliers et les sociétés

Brian Tracy est un homme d'affaires prospère et l'un des meilleurs conférenciers professionnels au monde. Il a créé, construit, géré ou redressé 22 entreprises différentes. Il s'adresse chaque année à plus de 250 000 personnes aux États-Unis, au Canada, en Europe, en Australie et en Asie.

Les discours, conférences et séminaires de Brian sont personnalisés et adaptés à chaque public. Ils sont décrits comme « inspirants, divertissants, informatifs et motivants ». Il a travaillé avec plus de 500 entreprises, donné plus de 2 000 conférences et s'est adressé à plus de 2 000 000 de personnes.

CHERS LECTEURS !

ABP Éditions vous encourage à poursuivre votre développement personnel pour atteindre de meilleurs résultats.

Coming soon : les best-sellers de Brian Tracy au format papier !

À PROPOS DE NOUS

Crée en 2017, ABP Éditions fait partie du groupe international ABP Publishing – www.abp-publishing.com

ABP Éditions est une maison d'édition qui produit des livres imprimés, audio et numériques en français.

Notre coopération avec des auteurs et des éditeurs de renommée mondiale nous permet de rechercher les meilleurs ouvrages du monde et de les publier pour nos auditeurs. Nous travaillons avec Tony Robbins, Brian Tracy, Penguin Random House, Les Éditions Un monde différent, J'ai lu etc. La confiance mutuelle dans le processus de production du livre est le fondement de notre collaboration.

Pour mieux répondre aux besoins de notre public, notre catalogue contient une large sélection de catégories : non-fiction, guides de développement personnel, guides d'investissements, biographies et mémoires. Vous y trouverez aussi des livres consacrés aux affaires, la psychologie populaire, la spiritualité, l'éducation des enfants et bien-être physique et mental.

Notre objectif est de créer une vaste sélection de best-sellers pour tous les goûts. À ce jour, plus de 300 titres sont disponibles sur Audible.fr et les nouveaux livres audio sont publiés chaque mois. Restez à l'écoute !

Des milliers d'histoires, découvrez la vôtre à l'aide d'un livre audio !

Nous vous invitons sur notre site abpeditions.fr où vous pourrez trouver le catalogue intégral de notre maison d'édition, poser vos questions et laisser vos commentaires.

Bonne écoute !